ALTDEUTSCHE TEXTBIBLIOTHEK

Begründet von Hermann Paul
Fortgeführt von Georg Baesecke, Hugo Kuhn
und Burghart Wachinger
Herausgegeben von Christian Kiening
Nr. 124

Unser vrouwen klage / Der Spiegel

Herausgegeben von
Edgar Büttner

DE GRUYTER

Gedruckt mit Unterstützung des Förderungsfonds Wissenschaft der VG Wort

ISBN 978-3-11-048656-8
e-ISBN (PDF) 978-3-11-053186-2

Library of Congress Cataloging-in-Publication Data
A CIP catalog record for this book has been applied for at the Library of Congress.

Bibliografische Information der Deutschen Nationalbibliothek
Die Deutsche Nationalbibliothek verzeichnet diese Publikation in der Deutschen Nationalbibliografie; detaillierte bibliografische Daten sind im Internet über http://dnb.dnb.de abrufbar.

Satz: Dörlemann Satz, Lemförde
Druck und Bindung: CPI books GmbH, Leck
♾ Gedruckt auf säurefreiem Papier
Printed in Germany

www.degruyter.com

Inhalt

Vorbemerkung

Die Veröffentlichung einer neuen Ausgabe von ‚Unser vrouwen klage' und des ‚Spiegel' folgt meiner bei Karl Bertau entstandenen Dissertation zur Überlieferungsgeschichte beider Texte nach drei Jahrzehnten. Nachdem seinerzeit bereits vorbereitende editorische Arbeiten seitens der Deutschen Forschungsgemeinschaft gefördert worden waren, kommt sie reichlich spät und dürfte doch nicht überflüssig sein.

Wenngleich eine verdienstvolle *editio princeps* vorliegt, die der Wolfenbütteler Bibliothekar und Philologe Gustav Milchsack (1850–1919) im Jahre 1878 veröffentlicht hatte, liegt das Erfordernis einer neu bearbeiteten Ausgabe auf der Hand: Zum einen hat sich mit dem Bekanntwerden weiterer Handschriften die textkritische Ausgangslage merklich verbessert, zum anderen hatte die in der Erstausgabe gewählte Form des Abdrucks Umfang und Eigenart beider Redaktionen nur bedingt erkennen lassen, indem sie Gemeinsamkeiten wie Differenzen in einem Textkontinuum und entlang einer einzigen Verszählung darstellte. In der vorliegenden Ausgabe werden beide Texte daher in synoptischer Anordnung abgedruckt, wobei darauf geachtet wurde, den von Milchsack mitgeteilten Sachstand möglichst vollständig transparent zu halten. Nicht weniger Gewicht als den philologischen und methodischen Gründen kommt allerdings dem Interesse zu, einen wichtigen Text der mittelalterlichen deutschen Frömmigkeitsgeschichte, der als eine der volkssprachlichen Übersetzungen des sogenannten ‚Bernhardstraktates' zugleich in einen durchaus europäischen Zusammenhang eingebunden ist, gleichsam wieder zum Sprechen zu bringen.

Das eigene Beharren, die Edition nach langer Zeit zu veröffentlichen, reichte nicht aus. Dass es dazu kommt, ist das Ergebnis zahlreicher Anregungen und Ermunterungen wie auch des Vertrauens und der Geduld einer ganzen Reihe von Personen, namentlich Frau Gisela Kornrumpfs, Herrn Prof. Dr. Ziegelers und in ganz besonderer Weise Herrn Prof. Dr. Wachingers. Nicht zuletzt danke ich Herrn Prof. Dr. Kiening als dem Herausgeber der Reihe, dass er diese Ausgabe in die ‚Altdeutsche Textbibliothek' aufgenommen hat, sowie Herrn Dr. Klingner für die Unterstützung seitens des De Gruyter-Verlags. Den notwendigen Druckkostenzuschuss hat dankenswerterweise die Verwertungsgesellschaft Wort gewährt.

Koblenz, im Februar 2017 Edgar Büttner

Einleitung

1 Die Texte

‚Unser vrouwen klage' (Uvkl.) und der ‚Spiegel' (Sp.) bezeichnen zwei überlieferte Redaktionen einer Marienklage, die etwa in der Mitte des 13. Jahrhunderts im Alemannischen entstanden sein dürfte. Diese ‚Urklage' stellte eine paarweise gereimte Übertragung des in lateinischer Sprache verfassten Traktats dar, der in der Überlieferung häufig Bernhard von Clairvaux zugeschrieben[1] und in verschiedene Volkssprachen übersetzt wurde. Der sogenannte ‚Bernhardstraktat' (BTr.), der wohl vor dem Jahr 1205 verfasst wurde und als Werk des Oglerius von Trino gilt, wie auch die nach 1238 entstandene ‚Interrogatio Sancti Anselmi de Passione Domini' können als zentrale Texte der spätmittelalterlichen Passionsliteratur gelten, die ihrerseits Anregung und Quelle für weitere religiöse Gebrauchsliteratur waren.

Ob die ‚Urklage' selbst jemals eine Verbreitung erfahren haben könnte, ist zwar letztlich nicht zu entscheiden, darf infolge des Fehlens von Belegen aber bezweifelt werden; ob sie eventuell sogar nur ein ‚Prototyp' gewesen sein könnte, der nach Fertigstellung der beiden Redaktionen überflüssig geworden war, bleibt Spekulation. Ohne dass sich ihr Wortlaut im Einzelnen rekonstruieren ließe, wird er in jenen Passagen erkennbar, in denen die beiden überlieferten Redaktionen übereinstimmen. Insgesamt dürfte Uvkl. (Redaktion I) der ‚Urklage' konzeptionell näher stehen als der Sp. (Redaktion II), wie allein der Beginn belegt: Ein sich nicht näher identifizierendes Autor-Ich legt in einem kurzen Prolog dar (v. 1–24 [83–106]), dass es die in Kontemplation anhand eines Büchleins in lateinischer Sprache gewonnene Klarheit über die Compassio Mariens *allen reinen herzen* kundtun wolle; es zitiert das Initium der lateinischen Quelle *Quis dabit capiti meo* (v. 26 [377], Ier 9,1), das später noch übersetzt wird (v. 125–130 [476–481]). Mitgeteilt wird der Verfasser namentlich nicht, wohl aber dass er ein *sunder kappelan* (v. 28 [379]) Marias gewesen sei, dem die Gottes Mutter auf sein teilnehmendes Befragen ihr Mitleiden während Christi Passion kundgetan habe.[2]

---

1 Überliefert ist auch die Zuschreibung auf den heiligen Augustinus, wie sie für die Vorlage der altprovenzalischen Marienklage belegt ist, vgl. Altprovenzalische Marienklage des XIII. Jahrhunderts, hg. von Wilhelm Mushacke. Halle a. d. Saale 1890 (Romanische Bibliothek III). Gleiches gilt für eine dialogische ‚Kurzversion' des BTr., siehe Anm. 18.

2 Allein die Hs. A nennt zu Beginn und am Ende des Textes (fol. 1^v und 45^v) einen *Sant Lucas* als Verfasser; dabei handelt es sich ganz offensichtlich um eine nachträgliche Zuschreibung, die bei

Dem Sp. fehlen – bis auf die Nennung eines ‚Büchleins' in lateinischer Sprache (v. 87 f. [91 f.]) – diese Angaben zur Quelle, sein Bearbeiter folgt in einem langen Prolog einer anderen Konzeption: Nach einem Gebet, das sich in einem ersten Teil an Jesus (v. 1–56 [1–56]) und in einem zweiten an Maria wendet (v. 57–82 [57–82]), gibt er seinem Publikum eine Kontemplationsanleitung, indem er einer ausführlichen Auslegung des leicht variierten Verses Ct 3,11 folgt (v. 111–366 [115–375]). Ausgangspunkt für diese Konzeption könnte durchaus die Ansprache *vos filiae Jerusalem* gewesen sein, wie sie der BTr. (Kap. 2) kennt, ein Element, das wiederum in Uvkl. fehlt. Die angesprochenen *kint* (v. 111 [115], 202 [211]) sollen das *kleine buechelin* (v. 121 f. [125 f.]) als ihrer *sele spiegel* betrachten und *gotes minne* (v. 125 [129]) darin erkennen. Zugleich sollen sie selbst ein *spiegelichez leben* (v. 203 [212]) führen; für dieses gottgefällige Leben gibt der Bearbeiter zahlreiche Hinweise, verbunden mit Warnungen, die vergänglichen Vergnügungen der Welt zu meiden (v. 205–262 [214–271])[3]. Wieder aufgenommen wird das Motiv der Töchter Sion am Ende des Textes (v. 1469–1476 [1655,1–7 und 1657]). Anstelle des ‚reinen heiligen Mannes' (v. 27 [378]), der sich in Uvkl. fragend an Maria wandte, ob sie bei Christi Passion anwesend war (v. 76 [427]), tritt im Sp. die Aufforderung an die *kint*, Maria danach zu befragen (v. 329–335 [338–344]).

Eine unmittelbare Vorlage für diese Auslegung ließ sich bisher nicht nachweisen, und der Bearbeiter des Sp. dürfte sich wohl generell an der hergebrachten Hohelied-Auslegung orientiert haben, wobei er aus eigener Kenntnis auch Anklänge an ihm bekannte literarische Texte einfließen ließ, wie von Freidank (siehe 1,1 f. zu v. 217 f. [226 f.]) und vermutlich auch von Walther von der Vogelweide (siehe 67,28/31 zu v. 235 f. [244 f.]) entlehnte Zitate nahelegen. Es gibt m. E. jedoch ein unübersehbares Indiz dafür, dass es im Überlieferungskontext des BTr. eine Auslegung der genannten Hohelied-Stelle gegeben haben dürfte, auf die der Bearbeiter des Sp. zurückgreifen konnte. Denn man wird es – trotz der zeitlichen Distanz zum Sp. – kaum als bloßen Zufall betrachten können, dass Johannes Kannemann

anderen Textzeugen keinerlei Entsprechung findet und sich vermutlich an die Legende anlehnte, wonach der Evangelist Lukas der Maler des ersten Marienbildes gewesen sei.

3 Vgl. den Kommentar zum St. Trudperter Hohenlied 46,2–4: Danach haben „solche Kataloge von zu Fliehendem" eine Tradition bereits seit Ambrosius (Kommentar zu Ps. 118). „Aufforderungen dieser Art sind seit Beda gang und gäbe [...]. Einen längeren Katalog von zu Fliehendem bietet nur Philipp von Harvengt (PL 203, 363D–264B)", vgl. Das St. Trudperter Hohelied. Eine Lehre der liebenden Gotteserkenntnis. Hg. von Friedrich Ohly unter Mitarbeit von Nicola Kleine. Frankfurt a. M. 1998 (Bibliothek des Mittelalters 2), S. 803 f. Auch der dort genannte Katalog kommt als Vorlage für den Sp. nicht infrage.

(um 1400 bis 1469), ein franziskanischer Theologe und Inquisitor,[4] etwa Mitte des 15. Jahrhunderts einen Traktat über die Passion Christi[5] mit eben diesem *Egredimini*-Zitat einleitete, das Initium *Quis dabit capiti meo* ... zitierend, sich explizit auf den *Planctus* des heiligen Bernhards bezog und eine ausführliche Auslegung des *Egredimini* folgen ließ.[6] Auch ein darin enthaltenes Detail, die Deutung von Christus als König Salomon, der in Anlehnung an Col. 1,20 *per sanquinem crucis* die Welt befriedet habe (*pacificavit*), findet sich im Sp., v. 263–269, belegt:

Gat uz, tochter von Syon,
Und sechent den werden Salomon
Er ist [] Jesus der guote,
Der unz mit sinem pluote
Versuenet der goetheit
Und <mit> der minne suezzikait
Unz frid<e> hat gemachet.

Im Kontext dieser Ausgabe lässt sich der Sachverhalt freilich nicht abschließend klären, weitere Recherchen zum Überlieferungszusammenhang des BTr. könnten möglicherweise zur Identifizierung einer entsprechenden Auslegung von Ct. 3,11 führen.

---

4 Volker Honemann: Artikel ‚Kannemann, Johannes', in: Die deutsche Literatur des Mittelalters. Verfasserlexikon, 2. Auflage, hg. von Kurt Ruh u. a., Band 4, Berlin/New York 1983, Sp. 983–986.

5 Johannes Kannemann: Passio Johannis Kanneman, necnon alius tractatus de Christi passione; una cum legenda beate Katherine virginis, Wiegendruck [Nürnberg], nicht nach 1491, [BSB-Ink K-13 – GW M 16057] . – Zu weiteren Handschriften, u. a. Universitätsbibliothek Greifswald, BW 908, siehe http://www.manuscripta-mediaevalia.de.

6 *Egredimini filie Syon et videte regem salomonem in dyademate quo coronavit eum mater sua. Canti. iii. Verba ista hodie cuilibet fideli anime proponuntur ad meditandam Christi amaram mortem per compassionem. In qua utique flere magis libet quam aliquid dicere. Licet enim quotidie mortis Christi et passionis habenda sit memoria. Eoque nihil sit tam efficax ad curanda conscientie nostre vulnera: et ad purgandum mentis aciem quam Christi vulnerum sedula meditatio, ut dicit beatus Bernardus super cantica sermone: xliii* [Bezug auf Migne: Bernardus Claraevallensis, Sermones in Cantica canticorum, Sermo LXII, PL 183, 1079B] . ... *Egredimini igitur filie Syon scilicet anime fideles et devote: et videte visu interiori: regem Salomonem scilicet Christum verum pacificum qui per sanquinem crucis sive que in celis sive que in terris sunt pacificavit. Ad Colossen. i. Videte inquam eum mente compassiva in dyademate scilicet corona spinea et passionibus illatis: quo coronavit eum mater synagoga Judeorum mortem ei inferendo. Vnde Bernardus super eodem verbo. Egrediamur denique de amore carnis et honore mundi crucis contumelias imitantes. Dicamus igitur in signum compassionis illud quod idem Bernardus in planctu suo dicit. Quis dabit capiti meo aquam et oculis meis fontem lacrimarum ut fleam die ac nocte donec dominus servo suo appareat visu vel somno consolans eum. O lacrime ubi estis venite in cor meum: fluite super genas meas et date mihi planctum amarum. O vos filie Hierusalem sponse dilecte simul mecum lacrimas fundite donec nobis sponus noster in sua speciositate benignus et suavis occurat.*

Die grundsätzliche Ähnlichkeit zwischen der ‚Urklage' und Uvkl., für die namentlich das Zitat ganz am Beginn spricht, lässt jedoch keineswegs eine verallgemeinernde Schlussfolgerung zu, wonach abweichende Textstellen des Sp. sekundär umgeformt sein müssten. In umgekehrter Weise zeigt das Beispiel des Johannes-Lobs, das im Sp. in Form von zwei Initialenabschnitten enthalten ist (v. 1315–1366 [1484–1535]), dass an dieser Stelle sehr wahrscheinlich eine Lücke oder Auslassung in Uvkl. im Vergleich zu der anzunehmenden ‚Urklage' vorliegen dürfte. Denn dieser Abschnitt hat eindeutig sein Vorbild im BTr. (Kap. 41), wenngleich er explizit als eine Art des Exkurses empfunden und auch bezeichnet wurde (*Nu sullen wir widerkeren*, v. 1367 [1536]), der vom eigentlichen Thema, von der *compassio Mariae*, wegführt. Die Nähe zum BTr. muss freilich nicht ausschließen, dass der Sp. ein vorhandenes Johannes-Lob seinerseits auch erweitert haben könnte.[7]

Der Autor der ‚Urklage' verstand sich, wenngleich er sich grundsätzlich an Inhalt und Reihenfolge seiner lateinischen Vorlage orientierte, wohl kaum als bloßer Übersetzer. Eine ganz wesentliche literarische Anreicherung entlehnte er an zwei exponierten Textstellen von Wolfram von Eschenbach:[8]

1.) Uvkl. 803–806 bzw. Sp. 1031–1034 [1154–1157], vgl. Wolfram von Eschenbach, ‚Willehalm' 60,21–24:
Im Zusammenhang mit der Schilderung des unermesslichen Leids Marias unmittelbar nach Christi Tod appelliert der Autor zunächst an *alliu herzen* (Uvkl. 771) bzw. *reinu herzen* (Sp. v. 979), sie sollten sich der Jungfrau erbarmen und mit ihr weinen, um sich schließlich in zwei Gebetsabsätzen, die ohne Entsprechung im BTr. sind, an Maria (Uvkl. 787, Sp. 997) und Jesus (Uvkl. 799, Sp. 1021) zu wenden. Hierbei verwandelt der Autor selbst sich jene Worte an, in denen der Markgraf Willehalm seinen zu Tode verwundeten Neffen voll Trauer und Schmerz beklagte.[9]

7 Zu wechselweisen Übereinstimmungen beider Redaktionen mit dem BTr. vgl. Büttner, S. 32–50.
8 Angedeutet werden können an dieser Stelle lediglich Tradition und Wiederkehr des Motivs der Klage um junge Helden, vgl. Aeneas' Klage um den getöteten Pallas (Vergil, ‚Aeneis', XI, 42 ff.). Mit den Konsequenzen von Trauer und Schmerz verhält es sich in diesen Darstellungen gänzlich anders als im *Planctus Mariae*: Ist die Klage um einen jungen Helden letztlich Motivation und Rechtfertigung von Rache oder weiteren Tötens, folgt der Klage um Jesus eine Schilderung des Empfindens Mariens, modern formuliert: ihrer Trauerarbeit, und vor allem: die Einordnung in das Erlösungswerk Gottes.
9 An einem Detail zeigt sich im Übrigen, dass der Sp. (v. 1033) mit *an erznei* näher am Zitat (Wolfram von Eschenbach, ‚Willehalm' 60,23) blieb als Uvkl. (v. 805) mit *ane trost*.

2.) Uvkl. 935–947 bzw. Sp. 1167–1179 [1286–1298], vgl. Wolfram von Eschenbach, ‚Willehalm' 60,27–61,2; 61,9; 62,12–14; 64,11:
Nachdem der Autor im Anschluss an die Schilderung der Abnahme des Leichnams Jesu vom Kreuz zunächst sein eigenes Unvermögen betont, die *compassio Mariae* angemessen auszudrücken (Uvkl. 917–922, Sp. 1147–1154), fügt er, wiederum ohne Vorbild im BTr., zwei Anreden Marias an den Tod ein (Uvkl. 935 und Sp. 1167, Uvkl. 940 und Sp. 1172).

Dass im BTr. im Zusammenhang mit der Schilderung der Passion Christi den Juden Grausamkeit und Schuld zugeschrieben wird und dass diese Vorwürfe auch Maria in den Mund gelegt werden,[10] gehört zu den Topoi geistlicher Literatur des Mittelalters. Die judenfeindlichen Bemerkungen wurden offensichtlich von der ‚Urklage' übernommen,[11] im Sp. zumindest an einer Stelle wohl noch verschärft.[12]

Trotz des konzeptionellen Unterschieds zwischen Uvkl. und dem Sp. bleibt festzuhalten, dass beide Redaktionen gleichsam im Rahmen der Möglichkeiten bleiben, die im BTr. selbst angelegt waren: Sie füllen diesen Rahmen jedoch unterschiedlich aus bzw. grenzen ihn ein, indem sie, wie mir scheint, die dort nebeneinander vorhandenen Aspekte herausarbeiten, die individuelle und zugleich exemplarische Kontemplation einerseits wie auch die predigthafte und didaktische Hinwendung an die *filiae Jerusalem* (BTr. Kap. 2) bzw. Töchter von Sion anderseits. Unterschiedliche Adressatenkreise kann man vermuten, ohne dass es konkrete beweisende Anhaltspunkte gäbe. Auch fehlen Hinweise auf eine zeitliche Distanz, die zwischen beiden Redaktionen liegen könnte. Möglich ist, dass sie etwa gleichzeitig oder in nur kurzem zeitlichen Abstand hergestellt wurden.

Eine präzise Datierung beider Redaktionen ist nicht möglich, wohl aber lässt sich der Zeitraum ihrer Entstehung eingrenzen. Einen ungefähren Anhaltspunkt für einen *terminus ante quem* liefert der älteste erhaltene Textzeuge K: Der Auszug aus dem Sp. wurde laut Auskunft Karin Schneiders bereits im dritten, allenfalls im vierten Viertel des 13. Jh. geschrieben. Indizien für einen *terminus post quem* bieten nicht allein in beiden Redaktionen überlieferte Zitate aus dem ‚Willehalm' oder auch das Freidank-Zitat im Sp. Wird als Vorlage eine Version des BTr. angenommen, die auch Elemente der ‚Interrogatio Anselmi' enthielt, wofür zumindest

10 Vgl. Kap.12, 17, 31 und 43.

11 Sp. 293, 392–395, 403, 432f, 453, 465 ff., 649 ff., 864, 909–912, 968, 1038–1042, 1082, 1180, 1390, sowie Uvkl. 136 f., 142 f., 148, 178 f., 199, 211 ff., 401 ff., 622 ff., 699–702, 758, 852, 948, 1122.

12 *Si taten gelich den hunden, / Si bizzen und grinen in an*, v. 394 f.

eine signifikante Übereinstimmung in Uvkl. spricht [siehe Abschnitt 2], muss die ‚Urklage' jedenfalls ‚nach 1238' entstanden sein. Wahrscheinlich ist daher von einer Abfassung zwischen ca. 1240 und 1270, d. h. etwa um die Mitte des 13. Jh.s auszugehen, die auch für beide überlieferten Redaktionen gilt.

2 Der Bernhardstraktat als Vorlage

Eine umfassende und systematische Analyse der Überlieferung des sogenannten BTr. und seiner Versionen liegt bisher nicht vor. Auf Barré geht eine Klassifikation zurück, der eine gewisse Evidenz zukommt; sie orientiert sich, da gegen Ende des BTr. z.T. erhebliche Abweichungen unter den bekannten Textzeugen festzustellen sind, an den Initien und unterscheidet folgende drei Versionen:[13]

Planctus A: *Omnis qui ad nostrum Emmanuel …*
Planctus B: *Quis dabit capiti meo …*
Planctus C: *Quis unquam regnans in coelo sursum …*

Letztlich ging Barré von der Ursprünglichkeit der umfangreichsten Version aus, des ‚Planctus A', der Elemente eines gesamten Marienlebens enthält:[14] Zum Ende hin werden dort nicht nur die Auferstehung und Himmelfahrt Christi selbst erwähnt, sondern gemäß apokrypher Überlieferung wird auch vom Tod Mariens erzählt: Christus versammelt alle Apostel um Maria und erscheint selbst, um ihre Seele in Empfang zu nehmen. Wie bei Christi Tod die Engel (BTr., Kap. 36) so empfinden auch die Apostel bei Marias Tod *una cum mulieribus sanctis* zugleich Schmerz wie Freude.[15]

---

13 Henri Barré: Le ‚Planctus Mariae' attribué a Saint Bernard, in: Revue d'ascetique et de mystique 28 (1952), S. 243–266, hier: S. 260 f.

14 Die Edition von Giovanni Battista Adriani (Beati Oglerii de Tridino abbatis Monasterii Locediensis Ordinis Cistercensium in Diocesi Vercellensi opera quae supersunt ad orthographiam ms. codicis Bibliothecae regii Taurinensis athenaei. Nunc primum descripta ac notis declarata cura et studio Joannis Baptistae Adriani, cum proemio Joseph Raviola, Augustae Taurinorum : Ex Officina regia, 1873) ist nur äußerst schwer greifbar; vergleichsweise leicht zugänglich ist der Wiederabdruck in: Karel Christiaan Johan Willem DeVries: De Mariaklachten (Zwolse drukken en herdrukken voor de Maatschappij der Nederlandse Letterkunde te Leiden 48), Zwolle 1964, S. 277–292.

15 Vgl. DeVries, S. 290.

‚Planctus B', jene Version, der auch die Vorlage der ‚Urklage' zuzuordnen ist, müsste im Grunde auf die *compassio Mariae* verkürzt worden sein. Zugleich müsste, folgt man dieser Logik, ‚Planctus B' mit den gut bezeugten Kapiteln 31 und 33, die in ‚Planctus A' fehlen, sekundäre Erweiterungen vorgenommen haben. Der zumindest theoretisch denkbare umgekehrte Weg der sekundär erweiternden Komposition eines begrenzten Ausgangstextes blieb seitens Barrés allerdings unerörtert. Wieweit daher die o. g. Einteilung angesichts leicht feststellbarer Umfangsunterschiede innerhalb der Gruppe ‚Planctus B' trägt, wird m. E. eine genauere Untersuchung der Traditionsverhältnisse des BTr. herausarbeiten müssen.

Ohne das Vorliegen gesicherter Ergebnisse lässt sich – aufgrund bisheriger Einzelbeobachtungen – nur vermuten, dass eine durchaus lebendige und vielfältige Tradition mit Veränderungen, Umformungen, Erweiterungen wie auch Kürzungen einherging: Seinerseits hat der BTr. Zitate aus dem ‚Planctus ante nescia'[16] übernommen. Belegt ist bereits die „Konvergenz von BTr. und Interrogatio",[17] und ganz offensichtlich wurden wesentliche Passagen aus dem BTr. zu einer im Stil der Interrogatio verfassten ‚Kurzversion' eines Zwiegesprächs zwischen Maria und *anima* umgearbeitet.[18]

Die Version des BTr., die dem Bearbeiter der mittelhochdeutschen ‚Urklage' vorgelegen hatte, gehörte eindeutig zu ‚Planctus B', wie der Beginn von Uvkl. mit dem Zitat von Jer 9,1 belegt (v. 25 f. [376 f.] sowie v. 125–130 [476–481]). Sie ist zwar mit keinem der bisher zugänglich gemachten Textzeugen[19] identisch, es lässt sich jedoch eingrenzen, welchen darunter sie vergleichsweise nahe stand: Sie dürfte insgesamt Merkmale aufgewiesen haben, die v. a. dem von Mushacke abgedruckten Text sowie einem Baseler Druck aus dem Jahre 1552 eigen sind. Vermutet – wenngleich nicht zwingend bewiesen – werden kann des Weiteren, dass bereits der lateinische Text am Ende ein an Maria gerichtetes ‚Schlussgebet' enthalten haben könnte, wie es ähnlich in der altprovenzalischen Marienklage vorhanden

---

16 Siehe BTr. Kap. 16 und 17.

17 Hans-Joachim Ziegeler: Unser vrouwen klage, in: Die deutsche Literatur des Mittelalters. Verfasserlexikon. 2. Auflage. Band 10. Berlin, New York 1999, Sp. 90–96, hier: Sp. 92.

18 Diese ist ihrerseits noch unediert, vgl. Carmen Cardelle de Hartmann: Lateinische Dialoge 1200–1400. Literaturhistorische Studie und Repertorium, Leiden/Boston, 2007, dort Nr. R 6 Pseudo-Augustinus, S. 321–323.

19 Vgl. Gerd Seewald: Die Marienklage im mittellateinischen Schrifttum und in den germanischen Literaturen des Mittelalters. Diss. (masch.) Hamburg 1952; diese Untersuchung bietet für ‚Planctus B und C' immer noch eine wenngleich begrenzte Orientierung, allerdings ohne Berücksichtigung der Edition Adrianis (‚Planctus A').

ist;[20] ein ausführlicher Gebetsabschnitt ist allerdings nur im ‚Planctus A', der von Adriani edierten Handschrift, zum Ende hin bezeugt.[21]

Gegen die Annahme, dass der Übersetzer nur eine Vorlage hatte, spricht m. E. kein entscheidender Beleg. Daher hat die Frage, ob eventuell bereits während der Entstehung der ‚Urklage' oder anschließenden Bearbeitung beider Redaktionen weitere abweichende Handschriften des BTr. herangezogen worden sein könnten, eher hypothetischen Charakter. Einzelne inhaltliche Elemente der Passionsgeschichte könnten sich auch allgemeiner Kenntnis verdanken. Die Gleichheit der Thematik in Verbindung mit einer strukturell identischen dialogischen Anlage konnte offenbar zu einer Konvergenz von BTr. und ‚Interrogatio Anselmi' führen: Nachweislich wurden in den Text der Leipziger Hs. 368 Teile des BTr. in die ‚Interrogatio Anselmi' übernommen.[22] Dieselbe Handschrift liefert jedoch zugleich einen m. E. beweisenden – und bisher offenbar übersehenen – Anhaltspunkt dafür, dass die Konvergenz auch in der anderen Richtung stattgefunden haben dürfte: Uvkl. bietet nämlich mit *do ich erhort den hamerslac* v. 292 [645] die präzise Übersetzung einer Lesart, die Karl Schröder – abweichend zu dem von Oscar Schade edierten Text der Interrogatio – mitteilte[23], einer Passage, die sowohl in den von Seewald überprüften Textzeugen wie auch im ‚Planctus A' gänzlich fehlt. Während Schades Text[24] in Anlehnung an den Psalm 44,11 den Wortlaut bietet: … *Quasi dicat filius meus: audi, karissima mater, sonum malleorum, et vide qualiter manus et pedes meos confixerunt* … [es folgt das Schwert Simeons], lautet die Variante in der Leipziger Hs 368: *Cum audirem sonum malleorum et viderem qualiter manus et pedes ejus confixerunt*, worauf folgt *iterum gladius Symeonis animam meam transfixit.*

Uvkl. gibt also eine wörtliche Übersetzung der Passage wieder (*Do ich erhort den hamerslac / und sach daz bluot entspringen*), und zwar in der erzählenden Variante aus Marias Perspektive, wie sie die Leipziger Hs. kennt, und eben nicht in Anlehnung an den Psalm 44,11. Im Übrigen erwähnt Uvkl. das Schwert Simeons auch ‚zweimal', also *iterum*, in v. 140 [491] sowie 310 [663], während dies im Sp. (v. 560) nur an zweiter Stelle geschieht.

---

20 Mushacke, v. 883–908.

21 Vgl. DeVries, S. 291 f.

22 In der Einteilung nach Seewald die Kap.12–23, 31, 33, 38 und 39.

23 Karl Schröder: Rezension von Schade [zur Mischversion in der Leipziger Hs. 368], in: Germania 17, 1872, S. 231–235, hier S. 233.

24 Die ‚Interrogatio Anshelmi de Passione Domini'. Hg. von Oscar Schade. Halle a. d. S. 1870, p. 10,31–33, zitiert auch bei Milchsack, S. 221 und 300; ganz ähnlich auch PL 159, 282B.

Eine wechselseitige Beeinflussung hat also offensichtlich im Kontext des ‚zentralen' Passionsberichts Marias stattgefunden. Möglicherweise ist auch der zweifache Vergleich Jesu mit dem duldsamen *lembelin*, Ergebnis einer solchen Konvergenz: Die erste Erwähnung in Uvkl. 155 und Sp. 409 [506] dürfte zur entsprechenden Passage der Interrogatio stimmen (*tunc stetit quasi agnus mansuetus et innocens et non aperuit os suum*, Schade p. 7,23 f.); die Position der zweiten in Uvkl. 276 f. bzw. Sp. 528 f. [629 f.] hingegen scheint zum BTr. zu passen, in dem dieser Vergleich nur an einer Stelle belegt ist (*Ipse vero tanquam agnus coram tondente se vocem non dabat, nec aperiebat os suum*, Kap. 12). Aus der Interrogatio schließlich entlehnt sein könnte auch die Passage, in der Jesus seiner Kleider beraubt und anschließend sein Gewand zum Objekt des Würfelspiels gemacht wird, Uvkl. 245–254 bzw. Sp. 499–508 [598–607]: *cum venissent ad locum caluarie ... nudauerunt filium meum totaliter vestibus suis, et exanimis facta fui*, Schade, S. 10, 24 f.; *Postquam crucifixerunt filium meum, diuiserunt sibi vestimenta sua, sortem mittentes super vestem inconsutilem*, Schade, S. 11, 3 f.

Gleichfalls in diesem Kontext überliefert allein der von Mushacke edierte Text am Ende des BTr., Kap. 10, einen Zusatz, der von Uvkl. 222–230 bzw. Sp. 476–484 [573–581] vorausgesetzt wird: *Heu, heu! Percutitur facies decora quam desiderant angeli prospicere, quam cherubim et seraphim ardenter prospiciunt, velatur virtus, sputis linitur, alapis cæditur.*[25]

Trotz offener Fragen zu seiner Überlieferung ist es sinnvoll, der Edition beider mittelhochdeutschen Redaktionen im Anhang einen Abdruck auch des BTr. beizugeben. Angesichts der geschilderten Sachlage bleibt allerdings nur eine ‚Annäherung' an die zur Version ‚Planctus B' zu rechnende Textvorlage möglich. Ein neuerlicher Abdruck der von Seewald hergestellten, gleichsam ‚vorkritischen' Edition, erschien trotz der mit ihr verbundenen Orientierung weniger geeignet, da sie letztlich keinem überlieferten Text konsequent folgt und in gewisser Weise den Charakter einer ‚Summe' oder Kompilation verschiedener Handschriften und Drucke hat. Am ehesten erfüllt der Baseler Druck der Werke Bernhards von Clairvaux aus dem Jahr 1552 den Zweck einer Annäherung, denn er umfasst immer-

25 Mushacke, S. 43. – Ein sehr ähnlicher Wortlaut wird in Anschluss an Mt 26,67 bezeugt in der Antonius von Padua (+1231) zugeschriebenen Predigt ‚*In die Parasceves*': „*O pater, caput filii tui Iesu arundine percutitur. Facies in quam angeli desiderant prospicere, Iudaeorum sputis foedatur, alapis caeditur, eius barba depilatur, per capillos trahitur ...*". Sancti Francisci Assisiatis Minorum Patriarchae nec non S. Antonii Padvani eiusdem Ordinis Opera Omnia. ... Hg. Ioannes de la Haye. Paris 1641, S. 263.

hin alle von Seewald abgegrenzten Kapitel.[26] Unzureichend erschienen hingegen andere ältere Abdrucke: So weist der von Mushacke wiedergegebene Text – im Vergleich zu beiden Redaktionen und damit auch zur ‚Urklage' – eindeutig Lücken gegen Ende auf.[27] Die Editionen Adrianis und bei Migne scheiden als Repräsentanten der Versionen des ‚Planctus A' bzw. ‚Planctus C' ohnehin aus.

3 Die Handschriften

3.1 Allgemeines

Eine in jeder Hinsicht gleichartige Tiefe der Beschreibung konnte angesichts des begrenzten Raumes sowie der Anzahl der Textzeugen nicht angestrebt werden, so dass eine subjektive Gewichtung wesentlicher Informationen unvermeidbar war. Übersichten über die Textzeugen geben folgende Zusammenstellungen, auf deren Zitierung bei den einzelnen Hss. verzichtet wurde:

- Rolf Bergmann: Katalog der deutschsprachigen geistlichen Spiele und Marienklagen des Mittelalters. Unter Mitarbeit von Eva P. Diedrichs und Christoph Treutwein. München 1986 (Veröffentlichungen der Kommission für deutsche Literatur des Mittelalters der Bayerischen Akademie der Wissenschaften)
- sowie die Online-Übersicht in: http://www.handschriftencensus.de/werke/393. Dort finden sich auch Links zu digitalisierten Handschriften.[28]

Das nachfolgende Handschriftenverzeichnis orientiert sich grundsätzlich an meiner Untersuchung zur Überlieferung von Uvkl. und des Sp. Seit deren Erscheinen hat sich an der Überlieferungslage nur wenig verändert, hinzuweisen ist insbesondere auf zwei ergänzende Sachverhalte:

1.) Durch die Identifizierung eines weiteren zur Handschrift R gehörenden Fragmentes konnten die Abschnitte der Edition, die sich auf diesen prinzipiell zuverlässigen Text stützen, erweitert werden.

---

26 Der Abdruck folgt dem Exemplar der Bayerischen Staatsbibliothek München, Signatur 2 P.lat. 262–1/2#2. Bereits Seewald hatte überdies auf folgende Übereinstimmungen mit Uvkl. hingewiesen: Uvkl. 1097–1102, Sp. 1305–1314 [1472–1477], zu Kap. 40, sowie Uvkl. 1103–1107 [1478–1482], fehlt Sp., zu Kap. 41.

27 Es fehlen die Kap. 34–36, 37 zum Teil, 41–44.

28 Digitalisate online sind z.Zt. verfügbar für die Hss. B, C, N, G und P. Da sie im Internet leicht auffindbar sind und in Zukunft auch mit der Digitalisierung weiterer Textzeugen zu rechnen ist, ist der Abdruck der gegenwärtigen Internetadressen verzichtbar.

2.) Herausragende Bedeutung kommt, wie bereits erwähnt, einem bekannt gewordenen Detail für die Datierung zu: Die von Karin Schneider ermittelte Entstehungszeit der auszugsweisen Abschrift K in das dritte, allenfalls vierte Viertel des 13. Jahrhundert legt folgerichtig und zwingend nahe, dass beide Fassungen (samt der vermutlich vorausgehenden ‚Urklage') um die Mitte des 13. Jahrhundert entstanden sein müssen.

Zwischen K und den übrigen vergleichsweise frühen Handschriften dürften also etwa 50 bis 100 Jahre liegen: S, T, R, B (mit C und N) entstanden im ersten Viertel, G und E wohl in der zweiten Hälfte des 14. Jahrhunderts. Ohne dass eine Verlustquote präzise benannt werden könnte, dürfte sie im Falle kleinformatiger Gebetshandschriften oder Andachtsbücher erheblich gewesen sein: Die erhaltenen Textzeugen belegen mehrheitlich ein kleines, z.T. zierliches Format, die Hss. A, D, E, O und R für Uvkl. sowie G, J, T und V für den Sp.[29]. Wenngleich Uvkl. auch in drei großformatigen und kunstvoll ausgestatten Handschriften überliefert wird (B, C und N), dürfte der Charakter dieser Codices daher nicht typisch für die Verbreitung beider Redaktionen gewesen sein.

In der Edition berücksichtigt werden grundsätzlich nur diejenigen Handschriften, die den Text einer der beiden Redaktionen selbst überliefern. *Nicht aufgenommen* werden hingegen Vertreter zweier Gruppen von Textzeugen, welche Versabschnitte und Passagen in einem neuen literarischen Kontext verwenden oder die sich von der eigentlichen Textüberlieferung von Uvkl. und des Sp. losgelöst und verselbständigt haben [siehe Abschnitt 3.4]. Nicht zuletzt aufgrund des gelegentlich relativ freien Umgangs mit den Ausgangstexten würden sich dort auftretende Varianten kaum ohne weitere Kommentierung in den ohnehin umfangreichen Apparat einordnen lassen.

3.2 Die Handschriften von ‚Unser vrouwen klage'

A Wolfenbüttel, Herzog August Bibliothek, 165 Novissimi 8°, fol. 1^v–46^r

Milchsack: *A*

Die mittelalterlichen Handschriften der Gruppen Extravagantes, Novi und Novissimi, beschrieben von Hans Butzmann, Frankfurt a.M. 1972, S. 454. – Miscelaneen zur Geschichte der teutschen Literatur, neuaufgefundene Denkmäler der Sprache,

29 Vgl. auch Sp. v. 87, Variante der Hs. J: *klain bůs biechlin.*

Poesie und Philosophie unsrer Vorfahren enthaltend. Hg. von Bernhard Joseph Docen, Erster Band. München 1807, S. 94. – Büttner, S. 91–98.

Entstehungszeit: 1472 (fol. 46r)
Sprache: alemannisch, mit mitteldeutschen Merkmalen
Beschreibstoff: Papier, 46 Bll.
Format: 14 × 10,5 cm
Schriftspiegel: 9 × 6 cm
Layout: einspaltig, 12–14 (meist 13) abgesetzte Verszeilen pro Spalte.

Die Hs. enthält nur Uvkl., möglicherweise wurde sie aus einer Sammelhandschrift herausgetrennt. Neben fehlenden Einzelversen weist sie drei größere vermutlich mechanisch entstandene Lücken auf (v. 289–318 [642–671], 373–424 [726–775], 947–972 [1298–1323]). Singulär im Vergleich mit der übrigen Überlieferung sind zwei Einschübe: 24 Verse nach v. 1068 [1420–1443] sowie 12 Verse nach v. 1110 [1542–1553], beide im Zusammenhang mit Marias Empfindungen und Rückblick nach der Grablegung Jesu. Sie stellen bewusste, aber sehr wahrscheinlich sekundäre Erweiterungen dar, gegen die bereits Milchsack „den verdacht der unechtheit" hegte (S. 323). Ein erneuter Rückgriff auf den BTr. ist für die zweite Passage nicht auszuschließen (vgl. *Sit das mines hertzen leben / Vnder einen stein ist vergraben* mit *et sub lapidibus clausa est vita mea* BTr., Kap. 43), insgesamt ist aber auch individuell motivierte Erweiterung denkbar.

B Heidelberg, Universitätsbibliothek, Cpg. 341, fol. 22ra–29rb
Milchsack: *B*

Der Codex wurde vielfach beschrieben (Auswahl): Vgl. grundlegend Hans-Joachim Ziegeler: Der literarhistorische Ort der Mariendichtungen im Heidelberger Cpg 341 und in verwandten Sammelhandschriften, in: Die Vermittlung geistlicher Inhalte im deutschen Mittelalter. Internationales Symposium, Roscrea 1994. Hg. von Timothy R. Jackson, Nigel F. Palmer und Almut Suerbaum, Tübingen 1996, S. 55–77. – Karl Bartsch: Die altdeutschen Handschriften der Universitätsbibliothek in Heidelberg, 1887, S. 82–93. – Hartmann von Aue, Der arme Heinrich, hg. von Gesa Bonath. 15. Auflage, Tübingen 1984 (Altdeutsche Textbibliothek 3), S. VIII (Sigle Ba). – Der Reinhart Fuchs des Elsässers Heinrich, hg. von Klaus Düwel, Tübingen 1984 (Altdeutsche Textbibliothek 96), S. XII–XIV (Sigle P). – Büttner, S. 99–103.

Entstehungszeit: 1. Viertel 14. Jh.
Sprache: vermutlich aus einer Werkstatt in Südböhmen

Beschreibstoff: Pergament, 374 Bll.
Format: 30,8 × 22,5 cm
Schriftspiegel: 25,0 × 17 cm
Layout: zweispaltig, 40 abgesetzte Verszeilen pro Spalte im Bereich von Uvkl.

Die Handschrift ist ein zentraler Überlieferungsträger für kleinere Reimpaardichtungen, ihr erster Teil enthält Texte, in deren Mittelpunkt Maria und ihre Verehrung stehen. Zusammen mit den Handschriften C und N bildet B eine enge Überlieferungsgemeinschaft, die nicht wenige Sonderlesarten und Fehler aufweist; hierzu gehört auch eine größere Lücke von v. 705 bis 736 [1056–1087] sowie sieben weitere Fehlverse (die drei Verspaare 553 f., 973 f., 1031 f., ein Einzelvers 1120). Im Bereich von Uvkl. ist N wohl teilweise eine Abschrift aus B, C eine Kopie von N.

_C_ Wien, Österreichische Nationalbibliothek, Cod. vindob. 2677 (Rec. 2082), fol. 62rb–69rb
Milchsack: *C*

Hermann Menhardt: Verzeichnis der altdeutschen literarischen Handschriften der Österreichischen Nationalbibliothek. Berlin 1960, S. 89–102. – Siehe zu B.

Entstehungszeit: 1. Hälfte 14. Jh.
Sprache: bairisch-österreichisch
Beschreibstoff: Pergament, 119 Bll.
Format: 30 × 21,5 cm
Schriftspiegel: 24 × 16,5 cm
Layout: zweispaltig, 42 (fol. 65$^{r/v}$ und 68$^{r/v}$: 41) abgesetzte Verszeilen pro Spalte im Bereich von Uvkl.

Im Bereich von Uvkl. ist C eine Abschrift von N, dem seinerseits in Teilen B als Vorlage gedient haben dürfte.

_D (d)_ Wien, Österreichische Nationalbibliothek, Cod. vindob. 3006, fol. 108^{r}–128^{r}
Milchsack: *D (d)*

Hermann Menhardt: Verzeichnis der altdeutschen literarischen Handschriften der Österreichischen Nationalbibliothek. 2. Band, Berlin 1961, S. 751–753. – Büttner, S. 104–109.

Entstehungszeit: 1. Hälfte 15. Jh. (3. bis 5. Hand fol. 85^{r}–102^{r}; fol. 102^{v}–103^{r}; fol. 108^{r}–128^{r}) bis Ende 15. Jh. (2. Hand fol. 82^{r}–84^{v}, 85^{r} unten, fol. 103^{r}–107^{v}), anno 1474 nur die 1. Hand (fol. 1^{r}, 2^{r}–81^{v}); "Hd. 2 schrieb erst, nachdem die ursprünglich selbständigen Teile Bl. 1–84, 85–105, 108–128 vereinigt waren" (Menhardt, S. 753)
Sprache: hessisch
Beschreibstoff: Papier, 128 Bll., Wasserzeichen im Teil von Uvkl.: Briquet Nr. 15050 (1431–1435)
Format: 15,5 × 10,5 cm
Schriftspiegel: 12,0 (12,5) × 7,8 cm
Layout: einspaltig, 19–20 (fol. 109^{v} 21; fol. 120^{v}, 121^{r}, 122^{v} und 128^{r} jeweils 18) Zeilen pro Spalte im Bereich von Uvkl., Verse abgesetzt.

Es handelt sich um eine Sammelhs. ausschließlich geistlichen und religiösen Inhalts, die wohl noch im 15. Jh. aus drei ursprünglich selbstständigen Teilen zusammengebunden wurde. Die Niederschrift von Uvkl. dürfte mit Eile und wenig Sorgfalt geschehen sein, wie insbesondere zahlreiche Lücken etwa ab fol. 121 nahelegen: Während fol. 108^{r}–120^{v} (26 Seiten) 512 Verse aus dem Bereich Uvkl. 1–514 enthalten (einschl. Wiederholung von 38 Versen), folgen auf fol. 121^{r}–128^{r} (15 Seiten) nur noch 286 Verse aus dem Bereich Uvkl. 515–1154. Allein das Schlussgebet verkürzte der Schreiber der Hs. auf 10 Verse. Mit der Sigle *d* werden die Lesarten der wiederholt überlieferten Verse aus dem Bereich Uvkl. 121–160 bezeichnet.

***E* Staatsbibliothek zu Berlin – Preußischer Kulturbesitz, Ms. germ. fol. 737, 12.13. und Ms. germ. fol. 757, 42.48.**
Milchsack: *E* (nur Ms. germ. fol. 737, 12.13.)

Hermann Degering: Kurzes Verzeichnis der germanischen Handschriften der Preußischen Staatsbibliothek, Bd. I Die Handschriften in Folioformat, Leipzig 1925 (Nachdruck Graz 1970), S. 99 und 108. – Heinrich Hoffmann: ‚Marien Klage', in: Altdeutsche Blätter 1 (1836; Nachdruck Hildesheim/New York 1978), S. 384–389 [Abdruck von Ms. germ. fol. 737, 12.13]. – Hans-Georg Richert: Über einige Fragmente geistlicher Deutscher Dichtung, in: Beiträge zur Geschichte der deutschen Sprache und Literatur 91 (1969), S. 302 –312 [zu Ms. germ. fol. 757, 42.48: S. 307–309]. – Briefliche Mitteilung Kurt Gärtners, der die Zusammengehörigkeit beider Fragmente feststellte. – Büttner, S. 110–112.

Entstehungszeit: 2. Hälfte 14. Jh.
Sprache: ostmitteldeutsch

Beschreibstoff: Pergament, erhalten ein Doppelblatt (Ms. Germ. Fol. 737, 12.13.) sowie zwei Streifen aus einem weiteren (Ms. Germ. Fol. 757, 42.48.)
Ursprüngliches Format: 16,5 × 13 cm
Abmessungen: Ms. germ. fol. 757, 42: 7,7–7,8 × 3,8–4,2 cm, Ms. germ. gol. 757, 48. 11,3–11,5 × 3,8–4,0 cm
Layout: einspaltig, 26 Verszeilen pro Spalte, in der Regel zwei Verse pro Zeile, ca. 50 Verse pro Spalte.

Es dürfte sich um Fragmente einer ehemaligen Sammelhandschrift handeln. Abschnittsgrenzen markierte der Schreiber nicht, wie üblich, mit einer Initiale am Beginn eines Abschnitts, sondern mit einem Dreierreim am Ende.

Während das erhaltene Doppelblatt (Ms. germ. fol. 737, 12.13.) 201 Verse überliefert, enthalten die beiden Streifen eines weiteren Doppelblattes (Ms. germ. fol. 757, 42.48.) 66 meist unvollständige Verse:

Fol. 757, 42^{r}: 94 (*Versrest*), *Plusvers* 94a, 95, 97, 100, 101, 103, 105, 107, 109, 111, 113, 114, *Plusvers* 114a, 115.
Fol. 757, 42^{v}: 139 (*Versrest*), 140, 142, 144, 146, 147 (*Versrest*), 148, 150, 152, 154, 156, 157 (*Versrest*), 158, 160, 161, 164.
Fol. 737, 12$^{r/v}$: 171–180, *Plusvers* 180a, 181–196, *Plusvers* 196a, 197–210, *Plusverse* 210a–b, 211–230, *Plusvers* 230a, 231–266.
Fol. 737, 13$^{r/v}$: 885–922, *Plusvers* 922a, 923–946, *Plusvers* 946a, 947–956, *Plusvers* 956a, 957–968, [*969–970 fehlen*], 971–974, Plusvers 974a, 975–982.
Fol. 757, 48^{r}: 999 (*Versrest*), 1001 (*nicht lesbar*), 1003 (*nicht lesbar*), *Plusvers* 1004a, 1005, 1007, 1009, 1011, 1013, 1015, 1017, 1019, 1021, 1023, 1025, 1027, 1029
Fol. 757, 48^{v}: 1050, 1052, 1054, 1056, 1058, 1060, 1062, 1064, 1066, 1067, 1068, 1070, 1072, 1074, 1076, 1078, 1080, 1082.

N Geneve-Cologny, Fondation Martin Bodmer, Cod. Bodmer 72 (früher: Kalocza, Cod. 1), fol. 22vb–30ra

Johann Nepomuk Graf Mailath / Johann Paul Köffinger: Koloczaer Codex altdeutscher Gedichte, Pesth 1817. – Konrad Zwierzina: Die Kalocsaer Handschrift; in: Festschrift Max H. Jellinek. Wien/Leipzig, 1928, S. 209–232. – Bonath, S. VIII–IX (Sigle Bb). – Düwel, S. XIV–XVI (Sigle K). – René Wetzel: Deutsche Handschriften des Mittelalters in der Bodmeriana. Mit einem Beitrag von Karin Schneider zum ehemaligen Kalocsa-Codex (Bibliotheca Bodmeriana Kataloge VII), Cologny-Genève 1994, S. 81–129. – Siehe zu B.

Entstehungszeit: 1. Hälfte 14. Jh. (1320–1330)
Sprache: vermutlich aus einer Werkstatt in Südböhmen
Beschreibstoff: Pergament, 338 B11.
Format: 34,5 × 25,1 cm
Schriftspiegel: 24,6 × 17,1 cm
Layout: zweispaltig, 40 abgesetzte Verszeilen pro Spalte im Bereich von Uvkl.

Im Bereich von Uvkl. ist N wohl teilweise eine Abschrift aus B, C eine Kopie von N.

O Innsbruck, Museum Ferdinandeum, Ms. 1114, fol. 22r–59v

Der Münchner Oswald, hg. von Michael Curschmann. Tübingen 1974 (Altdeutsche Textbibliothek 76), S. XX–XXVI (Sigle I). – Bernhard und Hans Peter Sandbichler: Handschriftenkatalog des Museum Ferdinandeum: Die Codices des Tiroler Landesmuseums Ferdinandeum bis 1600, 1999, S. 71–73. – Büttner, S. 113–115.

Entstehungszeit: Mitte 15. Jh.
Sprache: tirolisch, bairisch-schwäbisch („In der Mundart überlagern sich mehrere Schichten", Curschmann, S. XXIII)
Beschreibstoff: Papier, 172 Bll., Wasserzeichen laut Curschmann, S. XX : „nur schwer und sporadisch erkennbar. In allen Teilen der Handschrift ein Zeichen ähnlich Briquet 14652 (Tirol 1435) und 14682 (Bayern 1458)"
Format: 14,6 × 10,5 cm
Schriftspiegel: 9,4–10,9 × 6,5–7 cm
Layout: 14–17 (fol. 29v und fol. 34r: 18) abgesetzte Verse pro Spalte.

Die Hs. enthält neben vier kurzen Gebetstexten der Marienfrömmigkeit, Uvkl. und dem ‚Jüngeren Marienlob' den ‚Münchner Oswald'. Zu einem prinzipiell ähnlichen Arrangement siehe zu Q.

Im Vergleich zu den übrigen Textzeugen überliefert O den Versumfang insgesamt zuverlässig: Allein 18 der 37 fehlenden Verse wurden am Ende des Schlussgebets kürzend weggelassen (v. 1197–1214 [1640–1657]).

P Wolfenbüttel, Herzog August Bibliothek, Cod. Guelf. 894, Helmst., fol. 73r–89r

Otto von Heinemann: Die Handschriften der Herzoglichen Bibliothek zu Wolfenbüttel, Erste Abteilung. Die Helmstedter Handschriften: II, Wolfenbüttel 1886, S. 287–289. – Kurt Gärtner: Die Überlieferungsgeschichte von Bruder Philipps

,Marienleben'. Habilitationsschrift masch.. Marburg 1978, S. 193–195 (Sigle Wo, Nr. 65). – Büttner, S. 116–118.

Entstehungszeit: 1449 (fol. 257^r)
Sprache: niederdeutsch
Beschreibstoff: Papier, 257 Bll.
Format: 21 × 14,5 cm
Schriftspiegel im Bereich von Uvkl.: ca. 17,5 × 7,6 cm
Layout: einspaltig, 31–33 Zeilen pro Spalte (fol. 81^r: 34 Zeilen), Verse abgesetzt.

Die Sammelhs. enthält ausschließlich religiös-didaktische und geistliche Stücke, darunter auch Bruder Philipps ,Marienleben'. Im Verlauf der Abschrift, insbesondere der zweiten Hälfte des Gedichts, nahm die Neigung des Schreibers zur Kürzung und damit Weglassung von Verspaaren oder kleineren Passagen zu, sodass insgesamt 209 Fehlverse festzustellen sind. Hinzugefügt hat er ein Verspaar nach v. 750 [1101], in dem er bezogen auf das herabfließende Blut Christi die Longinus-Legende anklingen ließ (*Vn gaff dem ridder dat gesichte wedder*), sowie einen Einschub von 26 Versen am Ende des Schlussgebets nach v. 1212 [1655].

_Q_ Dessau, Landesbücherei, Hs. Georg. 24. 8° (4°) (früher: Cod. 4°, 4), fol. 74^r–103^r

Franzjosef Pensel: Verzeichnis der altdeutschen Handschriften der Staatsbibliothek Dessau. Berlin 1977, S. 23–30. – Büttner, S. 119–122.

Entstehungszeit: 2. Hälfte 15. Jh.
Sprache: ostmitteldeutsch
Beschreibstoff: Papier, 296 Bll.
Format: 20,5 × 15 cm
Schriftspiegel: 14–16 × 9–10,5 cm
Layout: einspaltig, 18–33 Zeilen, im Bereich von Uvkl. ca. 19–20, Verse fortlaufend geschrieben (nur in den Stücken 16 ,Spiegel der Tugend' und 17 Freidanks ,Bescheidenheit' abgesetzt); im Bereich von Uvkl. ca. 18–20 Verse pro Spalte.

Die Hs. enthält neben einer Reihe von Heiligenlegenden theologische und religiös-didaktische Texte; einzigartig unter den bisher bekannten Textzeugen ist freilich, dass unmittelbar auf Uvkl. eine deutsche Fassung der ,Interrogatio Anselmi' (fol. 103^r–130^r) folgt. Aus zeitgenössischer Perspektive wurde wohl auch der ,Wiener Oswald' den religiösen Texten zugeordnet, zu einem ähnlichen Arrangement siehe zu O.

Mit Ausnahme der Initiale bei v. 1 [83] verzichtet Q auf die Markierung von Abschnitten. In der fortlaufenden Abschrift weist es Wortersetzungen (Meidung des Wortes *minne* und seiner Ableitungen), Reimersetzungen und -verderbnisse sowie nicht wenige Sonderlesarten auf. Von insgesamt 77 Fehlversen betreffen die meisten (46) ausgelassene Verspaare und vier Gruppen von jeweils vier Versen.

_R_ München, Bayerische Staatsbibliothek, Cgm 5249/52b und 78a–b (Pergamentfragmente entnommen aus Clm 11722 und Clm 11739 bzw. Cgm 663)

Karin Schneider: Die deutschen Handschriften der Bayerischen Staatsbibliothek, München, Tomus V, Pars IV, Cgm 501–690. Wiesbaden 1978, S. 367. – Dies.: Die deutschen Handschriften der Bayerischen Staatsbibliothek München. Die mittelalterlichen Fragmente Cgm 5249–5250. Wiesbaden 2005, S. 95f. – Büttner, S. 123–124 (nur zu Cgm 5249/78a–b).

Entstehungszeit: 1. Hälfte 14. Jh.
Sprache: ostschwäbisch
Beschreibstoff: Pergament, erhalten zwei Doppelblätter (Bl. a aus 4, Bl. b aus 2 Stücken wieder zusammengesetzt)
Ursprüngliches Format: 12 × 8,5 cm
Schriftspiegel: 8,3–8,5 × 5,8–5,6 cm
Layout: einspaltig, 17 abgesetzte Verse pro Spalte, Foliierung des 15. Jh.

Überliefert werden die Verse: 391–458, 561–572, 578–589, 600–611, 617–628, 663–730, 770–781, 787–811, 816–828; Fehl- oder Erweiterungsverse sind nicht feststellbar.

3.3 Die Handschriften des ‚Spiegel'

_G_ München, Bayerische Staatsbibliothek Cgm 107, fol. 1r–26v
Milchsack: *G*.

Erich Petzet: Die deutschen Pergament-Handschriften Nr. 1–200 der Staatsbibliothek in München. München 1920, S. 192. – Büttner, S. 143–152.

Entstehungszeit: 14. Jh. (Milchsack: 2. Hälfte)
Sprache: alemannisch

Beschreibstoff: Pergament, 26 Bll.
Format: ca. 14 × 11,5 cm
Schriftspiegel: ca. 11 × 9 cm
Layout: einspaltig, 21 Zeilen pro Spalte, ca. 30 Verse pro Spalte fortlaufend geschrieben

Die Hs. enthält nur den Sp., der Text bricht mitten in v. 1465 kurz vor dem Ende ab. Da sie starke Gebrauchsspuren aufweist, könnte der Sp. Teil einer umfangreicheren Gebrauchshs. geistlichen Inhalts gewesen sein, aus dem er später herausgetrennt wurde.

_H_ Konstanz, Stadtarchiv, Handschrift A I 1, fol. 77va–85vb
Milchsack: *H.*

Franz Josef Mone: Schauspiele des Mittelalters, Bd. I, Karlsruhe 1846, S. 204–250 [Textabdruck und erste Beschreibung]. – Die Chroniken der Stadt Konstanz, hg. von Philipp Ruppert. Konstanz 1891 (Münsterbau-Verein Konstanz. Das alte Konstanz in Schrift und Stift), S. XIX–XXII (Sigle A). – G.G. van den Andel: Die Margaretenlegende in ihren mittelalterlichen Versionen. Eine vergleichende Studie. Groningen 1933, S. 121–124. – Hartmann von Aue, ‚Gregorius', hg. von Burghart Wachinger. 15. Auflage. Tübingen 2004 (Altdeutsche Textbibliothek 2), S. XII–XIII (Sigle K). – Diana Müller: Textgemeinschaften. Der ‚Gregorius' Hartmanns von Aue in mittelalterlichen Sammelhandschriften. Frankfurt a. M. 2013, S. 44–67. – Büttner, S. 153–156.

Entstehungszeit: 1422–1425 (laut Gerhard Piccard in den Vorsatzblättern der Hs. aufgrund des Wasserzeichens Ochsenkopf)
Sprache: alemannisch
Beschreibstoff: Papier, 129 Bll.
Format: 32,2 × 23 cm
Schriftspiegel: 20,5–21 × 14,5–15 cm
Layout: zweispaltig, 30–33 Zeilen pro Spalte, ca. 35–39 Verse pro Spalte fortlaufend geschrieben. – Auf fol. 82v –85v Fußsteg (auf fol. 83r Kopf-, Außen- und Fußsteg) nachträglich mit Chronik-Einträgen beschrieben.

In der Handschrift wurden offenbar Stücke geistlichen Inhalts, zu denen neben dem Sp. Legenden sowie Hartmanns Gregorius gerechnet worden sein dürften, mit der ‚weltlichen' Chronik der Stadt Konstanz zusammengeführt.

In H fehlen insgesamt 262 Verse die meisten davon in zwei großen, wahrscheinlich mechanisch entstandenen Lücken: v. 323–402 [332–499] (80 Verse) und v. 1165–1325 [1284–1494] (161 Verse). Mit K teilt H das Plusverspaar 1340a–b [1509a–b].

J Wolfenbüttel, Herzog August Bibliothek, 166 Novissimi 8°, fol. 3ᵛ–34ʳ
Milchsack: *J*

Hans Butzmann: Die mittelalterlichen Handschriften der Gruppen Extravagantes, Novi und Novissimi. Frankfurt a. M. 1972, S. 454–455. – Büttner, S. 159–161.

Entstehungszeit: Ende 15. Jh.
Sprache: schwäbisch
Beschreibstoff: Papier, 36 Bll.
Format: 15,5 × 10 cm
Schriftspiegel: 11,5 × 6,7 cm
Layout: einspaltig, 23 abgesetzte Verszeilen pro Spalte.

Die Handschrift enthält nur den Sp. Wahrscheinlich wurde sie aus einer Sammelhs. herausgelöst, worauf eine Registerzunge an fol. 3 hindeutet.

Sie beginnt mit der Gebetsbitte an Maria (v. 57), weggelassen hat der Schreiber das an Christus gerichtete Prologgebet (v. 1–56). Von weiteren 31 Fehlversen entfallen fünf wohl auf die Vorlage (v. 869 f. fehlen JV und v. 915 f. sowie v. 1021 fehlen TJV).

K Breslau, Universitätsbibliothek, Cod. R 69, fol. 7ᵛ und 8ʳ
Milchsack: *K*.

Theodor Jacobi: Bruchstück eines Marienliedes, in: Zeitschrift für deutsches Altertum 3 (1843), S. 130–134. – Konratus Ziegler: Catalogus codicum latinorum classicorum qui in Bibliotheca Urbica Wratislaviensi adservantur. Wratislaviae 1915, S. 33–34. – Macrobii Ambrosii Theodosii Opera, hg. von Ludovicus Ianus, Volumen I. Quedlinburgi et Lipsiae, MDCCCXLVIII, S. LXVIII–LXIX (Sigle R2). – [Die moderne Edition ‚Ambrosii Theodosii Macrobii Saturnalia apparatu critico instruxit in somnium Scipionis commentarios selecta varietate lectionis ornavit Iacobus Willis'. Leipzig 1970, ist ohne diesen Textzeugen auf der Grundlage der frühen Hss. (9.–12. Jh.) hergestellt]. – Gisela Kornrumpf: ‚Unser vrouwen klage', in: Killy Literaturlexikon. Autoren und Werke des deutschsprachigen Kulturraumes, 2., vollständig überarbeitete Auflage, hg. von Wilhelm Kühlmann u. a.. Bd. 11, Berlin/New York 2011, S. 701. – Büttner, S. 157–158.

Entstehungszeit: „3., allenfalls 4. Viertel 13. Jh.“ (Karin Schneider)
Sprache: mittelfränkisch
Beschreibstoff: Pergament
Format der Hs.: 24 × 19 cm
Schriftraum für den ‚Spiegel‘: fol. 7^v ca. 17,5 × 8–8,7 cm, fol. 8^r ca. 15,6 × 4,9 cm
Layout: fol. 7^v 26 Zeilen mit 97, fol. 8^r 14 Zeilen mit 43 Versen, Verse fortlaufend geschrieben.

Der Eintrag mit dem Auszug (Exzerpt) aus dem Sp. findet sich auf zwei gegenüberliegenden Seiten in dem Raum, der unter zwei Schaubildern mit den Titeln *genera somniorvm* und *microcosmvs homo*, jeweils im unteren Drittel bzw. Viertel ursprünglich frei gelassenen war. Er umfasst, beginnend mit dem Johanneslob, die Verse 1315–1455 [1484–1648–55g]. Mit H teilt K das Plusverspaar 1340a–b [1509a–b].

S Krakau, Biblioteka Jagiellonska, Berol. Mgq 1494 (früher: Berlin, Staatsbibliothek, Ms. germ. qu. 1494)

Degering, S. 247. – Identifizierung durch Gisela Kornrumpf (Mitteilung Rolf Bergmanns). –Hans Eggers hatte fälschlich die von Edward Schröder abgedruckte Hs. (Fragment einer frühen Bearbeitung der Interrogatio Anselmi, in: Zeitschrift für deutsches Altertum und deutsche Literatur 68 (1931), S. 251–253) mit diesem Fragment des ‚Spiegel‘ identifiziert, vgl. Artikel ‚Bernhardstraktat‘, in: Die deutsche Literatur des Mittelalters. Verfasserlexikon, 2. Auflage, hg. von Kurt Ruh u. a., Band 1, Berlin/New York 1978, Sp. 793–794. – Klaus Klein: Bekannte Reste einer unbekannten Sammelhandschrift. ‘Unser vrouwen klage‘ und Konrads von Heimesfurt ‚Unser vrouwen hinvart‘, in: Zeitschrift für deutsches Altertum und deutsche Literatur 133 (2004), S. 195–197. – Büttner, S. 162–164.

Entstehungszeit: um 1300 (Degering: 13. Jh.)
Sprache: mittelfränkisch (Degering)
Beschreibstoff: Pergament, zwei erhaltene Blätter (wohl ursprünglich inneres Doppelblatt einer Lage)
Format: Bl. 1: 20,2–4 × 14,9 cm, B1. 2: 19,8–20,4 × 14,9 cm, durch Beschneidung auf dem ersten Blatt jeweils die erste Zeile bis auf Buchstabenenden nicht lesbar
Layout: zweispaltig, ca. 50 Verse pro Spalte fortlaufend geschrieben.

Das Fragment stammt aus einer Sammelhs., die auch Konrads von Heimesfurt ‚Unser vrouwen hinvart' enthielt. Es umfasst die 404 Verse, und zwar v. 567–966 [670–1107] einschließlich zweier Plusverspaare 696a–b und 824a–b.

T Frankfurt a. M., Stadt- und Universitätsbibliothek, Ms. germ. oct. 22, fol. 1r–38v

Birgitt Weimann: Die mittelalterlichen Handschriften der Gruppe Manuscripta Germanica. Frankfurt a. M. 1980 (Kataloge der Stadt- und Universitätsbibliothek Frankfurt a. M., Bd. 5, IV), S. 102. – Nach der Archivbeschreibung von H. Schiel (1937) zuerst erwähnt bei Käthe Zeller: Die Interrogatio Anselmi in zwei deutschen Übersetzungen des frühen 14. Jahrhunderts. Diss. masch., Leipzig 1943, S. XIII Anm. 4. – Wieder erwähnt (ohne Bezug auf Zeller) bei Hans-Georg Richert: Über einige Fragmente geistlicher deutscher Dichtung, in: Beiträge zur Geschichte der deutschen Sprache und Literatur 91 (1969), S. 302–312, hier S. 309. – Büttner, S. 165–167.

Entstehungszeit: Anfang 14. Jh.
Sprache: alemannisch
Beschreibstoff: Pergament, I + 64 + I Bll.
Format: 12,4 × 9 cm
Schriftspiegel: ca. 7,5 × 5 cm
Layout: einspaltig, ca. 16–18 Verse pro Spalte fortlaufend geschrieben

Die kleinformatige Gebrauchshandschrift enthält außer dem Sp. die ‚Fünfzehn Vorzeichen des Jüngsten Gerichts' sowie eine ‚Passion Christi in Reimversen'. Von insgesamt 214 Fehlversen dürfte der Schreiber der Hs. selbst 211 verursacht haben, allein 193 betreffen eine große wohl mechanisch entstandene Lücke von v. 1276 bis 1468 [1410–19d bis 1648–55u]. T, J und V überliefern neben gemeinsamen Fehlern im Vergleich zu H ein erweitertes Schlussgebet.

V Staatsbibliothek zu Berlin - Preußischer Kulturbesitz, Ms. germ. qu. 1891 (früher: Wernigerode, Fürstlich Stolbergische Bibliothek, Zb 41), fol. 1r–28v

Ernst Förstemann: Die Gräflich Stolbergische Bibliothek zu Wernigerode. Nordhausen 1866, S. 115–116. – Conrad Borchling: Mittelniederdeutsche Handschriften in Wolfenbüttel und einigen benachbarten Bibliotheken. Dritter Reisebericht. Göttingen 1902 (Nachrichten von der Königl. Gesellschaft der Wissenschaften zu Göttingen. Philologisch-historische Klasse. 1902. Beiheft), S. 228f. – Hildegard Herricht:

Die Geschichte der Stolberg-Wernigerodischen Handschriftenabteilung. Halle/ Saale 1970 [ohne Nachweis der neuen Signatur]. – Nigel F. Palmer: 'Visio Tnugdali'. The German and Dutch Translations and their Circulation in the Later Middle Ages. München 1982 (Münchener Texte und Untersuchungen zur deutschen Literatur des Mittelalters 76), S. 418. – Büttner, S. 168–170.

Entstehungszeit: 15. Jh.
Sprache: rheinfränkisch
Beschreibstoff: Papier, 28 Bll., Wasserzeichen: Krone, ohne Entsprechung bei Briquet und Piccard
Format: 16,6–16,8 × 13,2 cm
Schriftspiegel: 15 × 9–10,5 cm (Kolumnenbreite 7,8 cm)
Layout: einspaltig, 23–26 abgesetzte Verszeilen pro Spalte.

V wurde aus einer Sammelhs. herausgelöst, zu der auch ein Textzeuge der ‚Visio Tnugdali' gehörte (Staatsbibliothek zu Berlin – Preußischer Kulturbesitz, Ms. germ. qu. 1927).

Bezüglich des Wortlauts wie des Versbestandes gestattete sich der rheinfränkische Schreiber zahlreiche Freiheiten. Wohl fünf Verse fehlten bereits in seiner Vorlage (v. 869 f. fehlen JV und v. 915 f. sowie v. 1021 fehlen TJV), weitere 130 Verse dürfte er selbst ausgelassen haben; allein 65 entfallen auf drei größere Lücken (v. 403–417, 713–726, 1247–1282).

3.4 Nicht berücksichtigte Handschriften

3.4.1 Mittelbare oder sekundäre Überlieferungen

Hierzu rechne ich drei Handschriften, die Interpolationen bzw. Zitate aus ‚Unser vrouwen klage' enthalten; sie sind eher als Belege für die Rezeption zu betrachten denn als Textzeugen selbst:[30]

30 Bei der Hs. Cod. Rom. Vat. pal. lat. 1456 handelt es sich – entgegen H.-Fr. Rosenfeld (in: Beiträge zur Geschichte der deutschen Sprache und Literatur 53 (1929), S. 419 Anm.) – nicht um einen eigenständigen Textzeugen von Uvkl.; sie ist lediglich ein Beleg für die Bekanntheit des Sp.; wohl bei Federproben wurden auf fol. 99r die Verse 93 f. aufgezeichnet (*Ich sas alleine an eime tage/ Vnd nam für mich marien Clage*) sowie ein Vers aus der Augsburger Marienklage (*Maria Clage die was so groß*).

Köln Historisches Archiv, Cod. W* 52, fol. 36ra–39rb

Kurt Gärtner: Die Überlieferungsgeschichte von Bruder Philipps ‚Marienleben'. Habilitationsschrift masch. Marburg 1978, S. 113–117 (Sigle Ko, Nr. 27). – Büttner, S. 10, Sigle U.

Es handelt sich um eine Handschrift von Bruder Philipps Marienleben (ML) aus der ersten Hälfte des 16. Jh., die insgesamt 99 Verse aus Uvkl. enthält. Da im Marienleben selbst eine Klageszene ausgeführt wird, kann als Motiv für diese Interpolation sowie einen weiteren Einschub aus der sog. ‚Augsburger Marienklage' am ehesten angenommen werden, dass der Schreiber eine Art ‚Summe' dieses Motivs bilden wollte.

Nach ML 7331 und vier Überleitungsversen auf fol. 36ra Uvkl. 340, 392–394, 391, Kontraktion 392.394, 395–396, 399–412, 425–426, 429–432; es folgen Verse aus der ‚Augsburger Marienklage'.
Nach ML 7517 auf fol. 37va–37vb Uvkl. 483–502, 507–528.
Nach ML 7765 auf fol. 39ra–39rb Uvkl. 883–886, 891–892, 923–934, 949–954, 957–962.

Böhmische Marienklage, Prag, Domkapitelbibliothek, Ms G XLIX, Bl. 63^{r}–65^{r}

Anton von Schoenbach: Über die Marienklagen. Ein Beitrag zur Geschichte der geistlichen Dichtung in Deutschland, Graz 1874,S. 55–62 (mit Abdruck). – Büttner, S. 10 f., Sigle W.

Von den 307 Versen der Böhmischen Marienklage sind die Verse 139–270 (132 Verse), d. h. gut 40 % des Gesamtumfangs, im wesentlichen Zitat aus dem Bereich der Verse 357 bis 564 von Uvkl., der von den fünf Reden Marias über die Kreuzesworte Jesu bis zur Kommendierung Marias an Johannes reicht. Benutzt wurden dabei die dialogischen Anteile, erzählende Elemente hingegen ausgelassen.

Bordeshomer Marienklage, Kiel, Universitätsbibliothek, Cod. Ms. Bord. 53, fol. 1^{r}–23^{v}.

Die Bordeshomer Marienklage. Hg. und eingeleitet von Gustav Kühl, in: Jahrbuch des Vereins für niederdeutsche Sprachforschung 24 (1898), S. 1–75 und I–XIV (Musiküberlieferung). – Rudolf Bülck: Archivbeschreibung von Rudolf Bülck (1938), 9 Bll., online zugänglich. – Büttner, S. 11 f., Sigle Bo.

In diesem Passionsspiel wurden 68 Verse aus Uvkl. z.T. sehr frei verwendet, meist Verspaare, aber auch Abschnitte von 4, 6, 8 oder 10 Versen. Enthalten ist laut Archivbeschreibung in der Handschrift auch eine Abschrift des Bernhardstraktates (‚*Tractatulus beati Bernardi de planctu beate Marie virginis*', fol. 61^{r}–65^{v}).

Im einzelnen lassen sich folgende Verse identifizieren:

Bo	Uvkl.	
325–332	791–798	[1142–1149]
527–536	459–468	[810–819]
537–542	483–488	[834–839]
543–544	511–512	[862–863]
559–560	559–560	[911, 910]
561–562	503–504	[854–855]
563–564	543–544	[894–895]
565–566	563–564	[914–915]
585–592	635–642	[986–993]
595–596	643–644	[994–995]
754–757	523–526	[874–877]
758–769	495–506	[846–857]
784–791	1061–1068	[1412–1419]

3.4.2 Schlussgebetshandschriften

Eine Anzahl von Handschriften überliefert – losgelöst vom eigentlichen Text der Marienklage – lediglich das Schlussgebet, abgeleitet entweder von Uvkl. 1145 ff., *oder* von Sp. 1399 ff. (siehe dazu Büttner, S. 13–19). Mehrheitlich stehen sie dabei in eigenen, vom jeweiligen Ausgangstext unabhängigen Traditionen. Ein abstrakt denkbarer umgekehrter Weg dergestalt, dass das Schlussgebet *vor* den beiden Redaktionen bereits existiert haben könnte, ist auszuschließen.

Drei Handschriften folgen dem Schlussgebet von Uvkl. in Verbindung mit Bruder Philipps ‚Marienleben'; in Anlehnung an die erste bekannte Handschrift dieses Typs wurden sie vereinfachend als F-Handschriften bezeichnet (Milchsack: F, Büttner, S. 14).

Insgesamt 16 Gebetshandschriften überliefern das Schlussgebet in einer Variante, die vom Sp. abgeleitet wurde; sie lassen sich wiederum in zwei Gruppen zu jeweils acht Handschriften einteilen, die ich in Anlehnung an die ersten bei Milchsack bezeichneten Exemplare L- und M-Handschriften genannt habe.

Bei fünf der L- sowie zwei der M-Handschriften wird damit ein Ablassversprechen verbunden; auffällig ist zumindest die Verbreitung der L-Handschriften in Nürnberg, drei davon stammen aus dem dortigen Katharinenkloster (Büttner, S. 15–19).

Außerhalb dieser Traditionen belegen fünf Textzeugen die Bekanntheit des Schlussgebets, indem sie daraus mehr oder weniger umfangreich, z.T. auch nur einzelne Verse zitieren; sie lassen auf die gelegentliche spontane Abtrennung dieses Textteils schließen. Im Vergleich zu den drei bei Büttner, S. 19–20, genannten Handschriften sind zwei weitere bekannt geworden:

Paris, Bibliothèque Nationale, Ms allemand 150 (Suppl. franç. 633), fol. 341^{v}–342^{r}

Klaus Ridder: Jean de Mandevilles ‚Reisen'. Studien zur Überlieferungsgeschichte der deutschen Übersetzung des Otto von Diemeringen. München 1991 (Münchener Texte und Untersuchungen zur Deutschen Literatur des Mittelalters 99), dort Hs. P.

Umfang: Sp. v. 1399–1402, ein nicht zuordenbarer Vers *(Gnade frauwe du Reine Maget)* sowie ein Vers aus Uvkl. (v. 1190: *Die aller tugenden Crone treit*), v. 1409–1410, 1412, 1411, 1413–1414, 1417–1418, 1443–1444, 1419–1420, 1433–1442; danach folgt *AMEN Et Cetera.*

Besondere Nähe zu einer andern Hs. des Sp. ist nicht erkennbar, die Ähnlichkeit zu K und V in v. 1437 (*So min sele muosz von mir farn*) ist nicht zwingend.

München, Bayerische Staatsbibliothek, Cgm 5249/59 c, fol. 1^{r}–1^{v}

Karin Schneider: Die Fragmente mittelalterlicher deutscher Versdichtung der Bayerischen Staatsbibliothek München (Cgm 5249/ 1–79). Stuttgart 1996 (Zeitschrift für Deutsches Altertum und Deutsche Literatur. Hg. von Franz Josef Worstbrock. Beiheft 1), S. 95–96.

Umfang: Uvkl. 1145–1204, feststellbar vornehmlich Übereinstimmungen mit Lesarten der Hs. Q: *1148 weishait, 1151 paradeiys, 1158 wunnichleicher, 1167 Smaragdus, 1182 Dv awzerwelte chaiserinn, 1199–1200 Dv scholt si machen mit dir vro/ In dem himilreich do.*

4 Grundsätze der Edition

4.1 Zur Textgrundlage

Die Gestaltung der Texte beider Redaktionen sollte zweifellos gleichen Prinzipien folgen. In der praktischen Umsetzung war allerdings auch die unterschiedliche Überlieferungslage zu berücksichtigen, die ein differenziertes Vorgehen nahelegte.

4.1.1 Zu ‚Unser vrouwen klage'

Die Qualität des Fragmentes R legt den Schluss nahe, dass sich diese Handschrift, wäre sie vollständig erhalten, als zuverlässige Leithandschrift für die Ausgabe geeignet hätte; denn der von ihr überlieferte Text dürfte vom Archetyp von ‚Uvkl' nicht allzuweit entfernt und, soweit erkennbar, wohl auch vollständig gewesen sein. Allerdings ist R lediglich mit insgesamt 234 erhaltenen Versen, d. h. knapp 20 % des Umfangs, vertreten. Da es sich jedoch um eine dem authentischen Text von ‚Uvkl.' wohl nahestehende Überlieferung handelt, sollte die Edition auf deren Präsentation nicht verzichten. Im Abdruck werden diese Passagen grau unterlegt und damit in besonderer Weise kenntlich gemacht.

Als Ersatz für den übrigen Textumfang vergleichsweise am ehesten tauglich erscheint die Hs. O, trotz ihrer späten Entstehung und damit auch einer sprachlich-dialektalen Entfernung vom Archetyp von ‚Uvkl.' Im Vergleich zu den übrigen Textzeugen überliefert die Hs. den Versumfang insgesamt zuverlässig: Die 37 Fehlverse, davon 18 am Ende des Schlussgebets (v. 1197–1214 [1640–1657]), lassen sich unschwer anhand der übrigen Textzeugen ergänzen. Dem von O überlieferten Text wird gefolgt, soweit es möglich ist, d. h. soweit nicht individuell bearbeitende Abweichungen anzunehmen sind. Dies bedeutet freilich im Einzelfall immer noch einen subjektiven ‚Ermessensspielraum', dessen Wahrnehmung anhand des Apparats nachprüfbar ist. Die Kombination zweier Textzeugen, des Fragmentes R und der Hs. O, muss dabei kein Nachteil sein: Denn beide zeitlich von einander entfernte Textzeugen machen die konkrete Wirklichkeit der Überlieferung greifbar.

Weniger geeignet im Vergleich zu O erscheinen die Hss. A und B (samt N und C) als Ersatz für den mehrheitlich verlorenen Text der Hs. R. B böte zwar einen insgesamt sprachlich homogenen, ‚glatteren' Text, enthält jedoch zahlreiche individuelle Abweichungen. Und auch mit der Hs. A, die drei größere Lücken aufweist und mit zwei Erweiterungspassagen eine besondere Stellung innerhalb der Textzeugen einnimmt, sind kaum Vorteile im Vergleich zu O verbunden. Die übrigen

Textzeugen D, P und Q sowie das Fragment E scheiden aufgrund der Lückenhaftigkeit, individueller Abweichungen und auch dialektaler Distanz zum Archetyp grundsätzlich aus (vgl. Büttner, S. 140 f.).

4.1.2 Zum ‚Spiegel'

Für den Sp. liegt mit G durchgehend – von individuellen Abweichungen, Unachtsamkeiten des Schreibers und einem mechanisch enstandenen Textverlust am Schluss abgesehen – eine gut brauchbare Leiths. vor, an der sich Milchsack bereits grundsätzlich orientierte und die, auch in dialektaler Hinsicht, dem Archetyp des Sp. noch als relativ nahestehend betrachtet werden kann. Das Fragement S böte zwar einen insgesamt erwägenswerten Text, ist jedoch nur mit 404 Versen vertreten, so dass der übrige Textumfang ohnehin mithilfe von G ersetzt werden müßte. Gegen die Hs. T schließlich sprechen die im Vergleich zu G vom Archetyp entferntere Stellung sowie 214 Fehlverse. H, das seinerseits mit 262 fehlenden Versen erhebliche Lücken und nicht wenige sekundäre Lesarten aufweist, das Exzerpt K sowie J und V kommen als Leithss. prinzipiell nicht infrage (vgl. Büttner, S. 182 f.)

Die Hs. G nimmt innerhalb der Überlieferung des Sp. allerdings auch eine besondere Stellung ein, denn sie enthält im Vergleich zu den übrigen Textzeugen insgesamt fünf Passagen mit Mehrversen, die der Schreiber bereits in seiner Vorlage vorgefunden haben dürfte. Unabhängig von der Frage der Echtheit, die im Einzelfall nicht mit letzter Gewissheit entschieden werden kann, orientiert sich der Textumfang der vorliegenden Ausgabe grundsätzlich an dem der *editio princeps*; die in G überlieferten Mehrverse werden jedoch, unabhängig davon, ob sie im Text oder im Apparat abgedruckt werden, sämtlich mit dem Zusatz von Buchstaben kenntlich gemacht.[31]

Eine Stelle, die relativ sicher Authentizität beanspruchen kann, betrifft die Verse 598a–b [701,1–2]; diese legen eine Übereinstimmung von G mit der lateinischen Vorlage nahe (*sed flebam dicendo et dicebam flendo*, BTr., Kap. 13, Ende), die in den Hss. HTJVS jedoch fehlt:

---

31 Es wäre möglich gewesen, den von G überlieferten Versumfang ‚konsequent' zum Maßstab der Verszählung des Sp. zu machen. Ich hielt es jedoch für besser, an der Entscheidung festzuhalten, die ich seinerzeit bei der Untersuchung der Überlieferung traf. Eine weitere abweichende Verszählung hätte m. E. eher für Verwirrung Anlass gegeben.

Text nach G			Zum Vergleich Uvkl.	
598a	*(701,1)*	*Do er so jemerliche sach*		
598b	*(701,2)*	*Zů mir, al weinend ich sprach:*		
599		*'Ach und o, lieber herre min,*	*349*	*Ich sprach: ‚Ach lieber herre mein,*
600	*(703)*	*Nů last du mich alleine sin.*	*350*	*Nů last du mich aleine sin.*

In Uvkl. wurde an dieser Stelle vermutlich in ähnlicher Weise wie in der Vorstufe der Hss. HTJVS gekürzt, es verblieb jedoch die einleitende Wendung *Ich sprach*.

Zwei weitere Stellen hielt Milchsack „für original, d. h. dem umdichter von II angehörend" (S. 332), und es sprechen Gründe dafür, dieser Einschätzung zu folgen. Echtheit kommt sehr wahrscheinlich der ersten dieser beiden Passagen zu; sie betrifft die Aufforderung an die *töhter Syon*, den gekrönten Salomon zu betrachten:

Text nach G			Text T (stellvertretend für HTJV)
185	*(190)*	*Da von, ir tôchter von Syon,*	*Da von ir thohter von syon*
		Sechent den kunik Salomon,	*Sehent den kvnch salomon*
		Gant uz, egredimini,	*Gant vs her grediemini*
		Und sehent wie schôn der kunik si.	*Vñ sehēt wie schone d^{s} k. si*
		Tůnt uf diu ôgen schon<e>	*Salamon in der crone*
190	*(195)*	*Und sechent in mit der kron<e>,*	*Er ist gecronet schône.*
190a	*(196)*	*Mit der in gekrônet hat*	
190b		*Sin mueter in der hauptstat*	
190c		*Ze Jerusalem an dem tage*	
190d	*(199)*	*Sinez herzen fraůd an clage.*	
191	*(200)*	*Sin mûter hat gekrô//net in.*	*Sin mvter hat gecronet in.*
		Dez herzen augen und den sin	*Dvnt vf div ogen und den sin,*
		Kerent an den werden Krist	*Sehent den minnecliche crist*

Während G eine Übersetzung des Zitats aus Ct 3,11 bietet, das im Anschluss an das *Egredimini* (nach v. 138) ein wesentliches inhaltliches Element des Gebetsprologs im Sp. darstellt, dürfte die Vorstufe der übrigen Textzeugen hier eine kontrahierende Kürzung vorgenommen haben.

Für die zweite der von Milchsack (S. 332) bezeichneten Stellen ließ sich hingegen „nicht mit sicherheit eine entscheidung für G treffen", ob die folgenden Verse Echtheit beanspruchen können:

Text nach G			Text nach S
864 i	*(993–97a)*	*Do der gotes sun der zart*	
864 j	*(993–97b)*	*Důrchmarteret und durchqualet wart*	
864 k	*(993–97c)*	*Als er selbe wolte*	
864 l	*(993–97d)*	*Fur uns und sterben solte,*	
865	*(993–97e)*	*Zelesten an sinem ende*	*866 Er sprach: „In dine hende*
	(994)	*Er sprach: „In dine hende*	*865 Bevelhe ich, vater, min ende*
	(995)	*Bevil ich, vater, minen geist,*	*867 Und ouch minen werden geist,*
	(995a)	*Des beger ich allermeist.*	*868 Des gert min herze allermeist.*
	(993)	*Nu ist ein ende miner not,*	*869 Nu ist ein ende miner not*
870	*(993a)*	*Und nachet mir der swere tot."*	*870 Und nahit mir der sware tot".*

Es bleibt zweifellos ein nur vages Argument, aber zumindest könnte mit der Erwähnung der *marter* in Uvkl. (v. 635–644 [986–995]) ein ähnliches Arrangement gleichen Umfangs für G sprechen; allerdings weist Uvkl. – im Gegensatz zu G und im Vergleich zur biblischen Quelle Lc 23,34 vom eigentlichen Kontext entfernt – die Bitte Jesu um Vergebung für seine Peiniger auf:

In dez jamers zeiten
Sprach er: "Nu sol ein ende sin
Der pitterlaicher martir mein.
Doch, lieber vatter, bit ich dich,
An meinem ende erhoͦr<e> mich,
Vergib in vil ganczlaichen,
Den die mir jamerleichen
Meinen leip hant benomen,
Meines endez zeit ist chomen.
Ich befilche [] in die hende dein
[] Meinen geist, <lieber> vater mein."

Problematisch muss diese Entscheidung zugunsten der Hs. G freilich insofern bleiben, als Milchsack acht weitere unmittelbar vorausgehende Plusverse nach v. 864 [971] für eine sekundäre Erweiterung hielt. Der Anklang im Reim (*volbracht: gedacht*) an die v. 911 f. [1052 f.] sowie die wenig geschickte Wiederholung (*vollebracht wort*) sprechen m. E. jedoch eher für diese differenzierte Einschätzung:

(a) [E]r sprach cōsvmmatvm est
(b) Daz tvtet iwers arges ist daz lest
(c) Nv koment v̄n hant vollebracht
(d) Swaz ir ze mir hetent gedacht
(e) Ir vindent nit me sachen
(f) Von der ir mir mvgent gemachen
(g) Vber dizze vollebracht wort
(h) Qvalen pin v̄n schanden hort.

Schließlich weist G noch zwei weitere zusätzliche Passagen auf, die sehr wahrscheinlich bereits in seiner Vorlage sekundär hinzugefügt waren:
- In 12 Mehrversen nach v. 422 [519] wird die Misshandlung Jesu an Haupt, Wange und Bart geschildert, ganz offensichtlich eine intensivierende Darstellung des bereits erzählten Hergangs der Verspottung und Geißelung (v. 387–422 [482–519]).
- Nach v. 854 [961] folgen 22 Verse, in denen von den beiden Schächern am Kreuz berichtet wird, relativ getreu den Worten des Lukas-Evangeliums folgend (23, 39–43).

Letzte Klarheit ist für die genannten Stellen insgesamt, die im Zusammenhang mit den allgemein bekannten sog. ‚Sieben letzten Worten' Jesu stehen, jedoch nicht zu gewinnen, die von Milchsack bereits vorgenommene Differenzierung folgt Wahrscheinlichkeiten. Denn das bloße Vorhandensein eines dieser Worte allein kann jedenfalls nicht als ‚Beweis' für die Authentizität seiner Erwähnung im BTr. sowie in Uvkl. und im Sp. gelten, eher schon das überstimmende Vorkommen:[32]

Text	Evangelien	BTr.	Uvkl.	Sp.
mulier ecce	Io 19,26	Kap. 22	483	731
dico tibi	Lc 23,43	–	–	G nach 854
Sitio	Io 19,28	Kap. 24	612	856
Consummatum est	Io 19,30	Kap. 24	–	G nach 864
Pater dimitte	Lc 23,24	–	639	–
Pater in manus	Lc 23,46	Kap. 24	643	866
Eli eli	Mt 27,46	Kap. 24	647	873

4.2 Zur Wiedergabe der Textzeugen

Allgemein

Stillschweigend wurden bei der Wiedergabe der Handschriften folgende Regulierungen vorgenommen:
- die üblichen Abbreviaturen, d. h. in aller Regel der Kürzungsstrich für die Nasale *n* und *m* oder den Vokal *e*, die Abkürzung *v̄n* für *und* / *unde* sowie das *er*-Kürzel, wurden aufgelöst;

32 Laut Seewald (S. 61) ist nicht klar, ob infolge schwankender Überlieferung beide Worte, *Pater in manus* sowie *Eli eli* für den BTr. anzunehmen sind.

- Eigennamen wurden in Großschreibung wieder gegeben, auch *Jude(n)*;
- Verbalkomposita wurden zusammengeschrieben;
- eingeführt wurde eine moderne Interpunktion, wobei lediglich Punkt, Komma, Doppelpunkt und Fragezeichen verwendet wurden, auf Ausrufezeichen und Semikolon hingegen wurde verzichtet. Direkte Rede wurde mit den üblichen Anführungszeichen „“ markiert, darin eingelagerte weitere direkte Rede mit den einfachen Zeichen ‚‘.

Normalisiert wurde auch die Schreibung von *Jesus* (*Jhesus* in Anlehnung an die Abbreviatur *jhs* in O v. 369, 472, 974); die Abbreviaturen *jhs* bzw. *jhu* wurden entsprechend aufgelöst, die einmal auftretende übliche Abkürzung *irlm* (O v. 133) zu *Jerusalem*.

Alle Veränderungen und Ergänzungen am Text wurden durch kursive Schrift hervorgehoben, Einfügungen mittels spitzer Klammern kenntlich gemacht; dies gilt namentlich auch für metrische Eingriffe (z. B. v. 432 *an<e> vrist*). Auslassungen wurden mithilfe eckiger Klammern [] angezeigt.

Textstellen, die gerade noch, aber eben nicht mit letzter Sicherheit, lesbar waren, wurden durch unterpunktete Buchstaben markiert. Im Falle des *Fragmentes R* wurde bei nicht lesbaren oder durch Beschneidung verloren gegangenen Stellen der angenommene Text in geschweiften Klammern markiert und kursiv ergänzt (v. 391–394, 770–776 und 787–794). Die Begründung für den ergänzten Text gibt der Apparat.

Die Regeln für den Abdruck der Handschriften sollten möglichst einfach gehalten werden; auf eine sprachliche Normalisierung wurde weitestgehend verzichtet, was angesichts der sprachlichen Gestalt der Hss. R und G auch sehr gut vertretbar ist. Reguliert wurden daher lediglich die Schriftzeichen *u/v/w* (z. B. *wnt* zu *wunt* Uvkl. 15, *Zivch* zu *Ziuch* Uvkl. 391,) und *i/j* gemäß ihrem Lautwert. Das Schriftzeichen *y* wurde belassen[33]. Ebenfalls beibehalten wurden generell übergeschriebene Vokale, wobei im Falle von O konsequent ein *e* übergeschrieben wurde, wenngleich eine Tendenz zur ‚Auflösung‘ des Schriftzeichens in Richtung

33 G kennt *y* nur in *Syon* (v. 136, 139, 185, 195, 234, 263, 287, 305) und *hely* (v. 873), R nur in *hymel* (v. 664, 676).

auf zwei Punkte feststellbar ist. Zeichengetreu wieder gegeben wurde das gelegentlich in der Hs. G verwendete Ligatur-*ae*[34].

Varianten in der Schreibung, wie sie in der *Hs. G* wohl aus dialektalen Gründen auftreten, wurden in der Regel belassen, z. B. *bin* v. 44 = *pîn; Du* v. 67 = *Tuo*, wie auch *dů̂n* v. 98 neben *tů̂n* v. 16; belassen wurde auch das Schwanken der Endung *-u* / *-iu* bei der starken Adjektivflexion (fem. Nom. sg. sowie neutr. Nom./Akk. pl.), z. B. *rainu* v. 33, *reinu* v. 979 = *reiniu* neben *werdiu* v. 1442, *elliu* v. 1142 usw. Der Eindeutigkeit halber wurde jedoch *Du* v. 30 und 39 = *Diu* entsprechend gebessert.

Der Verzicht auf Normalisierung gilt auch für die Hs. O, wenngleich ihre Sprachgestalt erheblich mehr dialektal gefärbte Schwankungen aufweist, als dies in R und G der Fall ist (z. B. *chlage* v. 2 neben *klage* v. 94, *clage* v. 918; *pitrichait* v. 230, 280 neben *pittercheit* v. 100 und *pitterkayt* v. 176). Diese individuelle Varianz grundsätzlich beizubehalten, erschien mir jedoch geeigneter als eine Summe von Einzeleingriffen, die sich m. E. nur schwer begrenzen ließen. Eine Alternative wäre die konsequente Normalisierung mit dem Ziel eines Lautstandes ‚um 1270/1300' gewesen, hätte allerdings den Verlust historischer Konkretheit bedeutet.

Toleriert wurden Reime mit nur einem diphthongierten Reimwort, was in R sehr selten auftritt (*lewte: hiute* v. 403 f.), in O indes häufiger (z. B. *mein : pin* v. 63 f., 113 f., 117 f.). Angezeigt und reguliert wurden jedoch darüber hinausgehende Störungen im Reim in der Hs. O, die ihren Grund im Dialekt, in der Sprachentwicklung oder auch der Unachtsamkeit haben, wie: *lyt (= leit) : pitterkayt* v. 175 f., *taten : chreten* v. 179 f., *rate : Pylato* v. 199 f., *chemen : frumen* v. 521 f., *speis (= spiez): stiez* v. 745 f.

Zum Charakter der Hs. O gehört es schließlich auch, dass die Laute *a* und *o* im Dialekt des Schreibers offenbar nahe beieinander lagen; hinzu kommt, dass mir anhand eines Filmes bzw. von Kopien die Schriftzeichen nicht immer mit allerletzter Sicherheit identifizierbar erschienen. Sofern der Reim nicht gestört erscheint (*gebrochen : ungesprachen* v. 327 f., *behalten : verscholten* v. 493 f., *geboren: verlaren* v. 931 f. und 1061 f., *geparn : erchoren* v. 951 f.), wurde die schwankende Schreibung daher im Versinnern belassen.

---

34 *ægen* v. 92, 210 neben *augen, ougen ; ælliv* v. 158 neben *alle; gnæde(n)* v. 6, 12, 13, 56, 67, 1308, 1415 neben *gnade(n); fræget* v. 329; *fræde* v. 235, 1044 neben *frǒde, frǒde; fræwe* v. 1425 neben *frǒwe* v. 1424; *mægede* v. 108 neben *megede; richtære* v. 1077 neben *richtere* v. 1084; *wæren* v. 1225 neben *weren*.

Gelegentlich im An-, In- oder Auslaut auftretende Doppelkonsonanz in der Hs O wurde gleichfalls toleriert: *Ffur* v. 162, 497; *auff* v. 81, 305, 1059; *hilff* v. 1185, 1187; *holff* v. 873; *tott* v. 184, 201, 466, 940; *stainenn* v. 346, *einenn* v. 1008; *hilffet* v. 354; *ruffende* v. 652; *seitten* v. 633, 912; *vatter* v. 505, 543, 637. Ebenfalls belassen wurden gelegentlich in O vorkommende moderne Flexionsformen (*hettest* v. 105, *sahest* v. 114).

Die seltenen Fälle, in denen in der Hs. O ein dialektal harter Sproßvokal auftritt, wurden bereinigt und im Apparat nachgewiesen: *cheleine (= kleine)* v. 888, *gerabe (= grabe)* v. 920, *beraite (= breite)* v. 927, *gelakten (= klagten)* v. 1081, *pfelach (= pflac)* v. 1095, *pfelag* v. 1110.

Notwendige Ergänzungen oder Einfügungen wurden in der für O üblichen Schreibung vorgenommen.

4.3 Zum Apparat

Lesarten wurden von allen unmittelbaren Textzeugen, Handschriften wie Fragmenten, wiedergegeben. Unberücksichtigt blieben die drei mittelbaren Textzeugen, die Textpassagen aus Uvkl. in jeweils neuem Kontext, z. T. auch umgestaltend, verwenden. Ihre Zitierung würde einerseits den Apparat quantitativ belasten, anderseits wäre die Vereinzelung von Lesarten ohne den neuen Kontext kaum verständnisfördernd. Nicht aufgenommen wurden des Weiteren die sogenannten Schlussgebetshandschriften, da sie für die Textüberlieferung im eigentlichen Sinn insgesamt ohne Bedeutung und auch für die Herstellung der Schlussgebete in Uvkl. wie im Sp. entbehrlich sind.

Fehlende Verse wurden zum Beginn einer Auslassung angezeigt.

Soweit möglich wurden ‚Einzellesarten' geboten. Bei weitergehenden Eingriffen und Umgestaltungen, insbesondere wenn sie auch den Umfang betreffen, erschien es rationeller, den gesamten Kontext zu zitieren; derartige Veränderungen wurden am Beginn einer solchen Passage angezeigt. War es infolge starker Abweichung erforderlich, einen Vers vollständig wiederzugeben, so folgt dieser den Einzellesarten.

In den Apparat aufgenommen wurden alle inhaltlichen sowie grammatische Varianten (wie z. B. das Genus bei *der/daz mort* Uvkl. 178, Sp. 432), nicht aber dialektale Abweichungen.

Metrische Varianten blieben in der Regel unberücksichtigt. Sie wurden dann ausnahmsweise erwähnt, wenn sie andere Varianten erklären oder mit diesen in Zusammenhang stehen könnten (also z. B. v. 114 *des kindes* A, *deins kindes* C).

Von Milchsack in Anlehung an ‚klassische Editionen' des 19. Jahrhunderts erschlossene metrische Varianten wurden ebenfalls in der Regel nicht aufgeführt (z. B. bezogen auf Uvkl. *bsunder* v. 28, *muotr* v. *30*, *taln* v. *92*, *wærn* v. 107, *mînn* v. 129, *spîtn* v. 143, *Sî wærn* v. 204, *liebz* v. 369, *gwint* v. 698 usw.)

Die Schreibung vor der Lemma-Klammer folgt der Graphie der Leithandschrift bzw. der des hergestellten Textes, nicht jedoch notwendig der authentischen Schreibweise der dort erstgenannten Beleg-Handschrift.

Die Siglen der Textzeugen werden in der Regel in alphabetischer Reihenfolge genannt. Entgegen dieser Regel bleiben BCN sowie TJV wegen der engen Überlieferungsverwandtschaft jedoch zusammen. Von der Regel wird bei der Zitierung von Varianten auch abgewichen, wenn sprachhistorisch ‚moderne' individuelle Schreibweisen der ‚alphabetisch ersten' Handschrift einen insgesamt schiefen Eindruck erwecken könnten. Lesarten, denen Milchsack folgte, werden mit dem Schriftzeichen **μ** kenntlich gemacht.

Ein Stern vor der Lemma-Klammer *] zeigt an, dass der Text so nicht überliefert ist, sondern – wenngleich nur behutsam eingreifend – erschlossen wurde, siehe Uvkl. 402, 656, 659, 755, 850, 851, 982, 996; Sp. 327, 940, 942, 989, 1069, 1135.

In besonderer Form wird das Fragment E berücksichtigt. Die ‚Schnittgrenze' wird in jenen Bereichen, in denen nur Versteile erhalten sind, mit einem senkrechten Strich | angezeigt (z. B. v. 97 *Saga ob du da w*| E). In dem Bereich, in dem wechselweise ein Vers vorhanden ist und einer fehlt, wird der Kürze halber vor den anderen Lesarten vermerkt, wenn ein Vers weggeschnitten ist: Ø E. Gerade noch lesbare Schriftzeichen werden unterpunktet, wenn die Lesung nicht vollends sicher ist.

Sofern Reminiszenzlesarten eindeutig zu erkennen waren, wurden sie mit einem Verweis auf die mögliche Bezugsstelle versehen.

5 Auswahlbibliographie

Literaturangaben zu einzelnen Handschriften werden in der Regel nicht wiederholt.

Ausgaben:

Gustav Milchsack: ‚Unser vrouwen klage', in: Beiträge zur Geschichte der deutschen Sprache und Literatur 5 (1878), S. 193–357.

Ders.: Zu ‚Unser vrouwen klage' [Nachtrag zur Quellenfrage], in: Beiträge zur Geschichte der deutschen Sprache und Literatur 7 (1880), S. 201–202.

– – –

Altprovenzalische Marienklage des XIII. Jahrhunderts, hg. von Wilhelm Mushacke. Halle a. d. Saale 1890 (Romanische Bibliothek III).

[Bernhardstraktat] ‚Tractatus Beati Bernardi abbatis de Lamentatione virginis Mariæ', in: Bernardus <Claraevallensis> / Marcellinus, Antonius: Divi Bernardi, Religiosissimi Ecclesiae doctoris, ac primi Clareuallensis coenobij Abbatis, Opera, quae quidem colligi undequaque in hunc usque diem potuere, omnia, … Band 2. Basileae [1552], Sp. 2533 C bis 2544 A.

[Bernhardstraktat] ‚Liber de passione Christi et doloribus et planctibus matris eius', in: S. Bernardi abbatis primi Clarae-Vallensis Opera omnis, 1859, Migne, Patrologia Latina, Bd. 182, Sp. 1133–1142.

Freidank. Hg. von Wilhelm Grimm. Zweite Ausgabe Göttingen 1860.

Die ‚Interrogatio Anshelmi de Passione Domini'. Hg. von Oscar Schade. Halle a. d. S. 1870, dazu:

Karl Schröder: Rezension von Schade [zur Mischversion in der Leipziger Hs. 368], in: Germania 17 (1872), S. 231–235.

Johannes Kannemann: Passio Johannis Kanneman, necnon alius tractatus de Christi passione; una cum legenda beate Katherine virginis, [Nürnberg] nicht nach 1491, [BSB-Ink K-13 – GW M 16057].

'Planctus Magistrae Doloris'. Volgarizzamente on Antico veronese. Hg. von Paolo Pellegrini. Berlin/Boston 2013.

Das St. Trudperter Hohelied. Eine Lehre der liebenden Gotteserkenntnis. Hg. von Friedrich Ohly unter Mitarbeit von Nicola Kleine. Frankfurt a. M. 1998 (Bibliothek des Mittelalters 2).

Walther von der Vogelweide. Hg. von Karl Lachmann. 13. Auflage. Berlin 1965.

Wolfram von Eschenbach. Hg. von Karl Lachmann. Nachdruck der 6. Auflage Berlin/Leipzig 1926. Berlin 1965.

Literatur:

Henri Barré: Le 'Planctus Mariae' attribué a Saint Bernard, in: Revue d'ascetique et de mystique 28 (1952), S. 243–266.

Edgar Büttner: Die Überlieferung von ‚Unser vrouwen klage' und des ‚Spiegel'. Erlangen 1987 (Erlanger Studien Band 74).

Carmen Cardelle de Hartmann: Lateinische Dialoge 1200–1400. Literaturhistorische Studie und Repertorium. Leiden/Boston 2007 (Mittellateinische Studien und Texte 37).
Karel Christiaan Johan Willem DeVries: De Mariaklachten. Zwolle 1964 (Zwolse drukken en herdrukken voor de Maatschappij der Nederlandse Letterkunde te Leiden 48).
Gisela Kornrumpf: ‚Unser vrouwen klage', in: Killy Literaturlexikon. Autoren und Werke des deutschsprachigen Kulturraumes, 2., vollständig überarbeitete Auflage, hg. von Wilhelm Kühlmann u. a., Bd. 11. Berlin/New York 2011, S. 701.
Andreas Kraß: Stabat mater dolorosa. Lateinische Überlieferung und volkssprachliche Übertragungen im deutschen Mittelalter. München 1998.
Ulrich Mehler: Marienklagen im spätmittelalterlichen und frühneuzeitlichen Deutschland. Textversikel und Melodietypen, 2 Teile: Darstellungsteil, Materialteil. Amsterdam 1997 (Amsterdamer Publikationen zur Sprache und Literatur 129, 130).
Katharina Mertens Fleury: Klagen unter dem Kreuz. Die Vermittlung von compassio in der Tradition des ‚Bernhardstraktats', in: Hans-Jochen Schiewer, Stefan Seeber, Markus Stock (Hg.): Schmerz in der Literatur des Mittelalters und der Frühen Neuzeit. Göttingen 2010 (Transatlantische Studien zu Mittelalter und Früher Neuzeit 4), S. 143–166.
Friedrich Ohly: Hohelied-Studien. Grundzüge einer Geschichte der Hoheliedauslegung des Abendlandes bis um 1200. Wiesbaden 1958 (Schriften der Wissenschaftlichen Gesellschaft an der Johann Wolfgang Goethe-Universität Frankfurt a. M. Geisteswissenschaftliche Reihe 1)
Georg Satzinger, Hans-Joachim Ziegeler: Marienklagen und Pietà, in: Die Passion Christi in Literatur und Kunst des Spätmittelalters, hg. von Walter Haug und Burghart Wachinger (Fortuna vitrea 12), 1993, S. 241–276.
Gerd Seewald: Die Marienklage im mittellateinischen Schrifttum und in den germanischen Literaturen des Mittelalters. Diss. (masch.) Hamburg 1952.
Hans-Joachim Ziegeler: Unser vrouwen klage, in: Die deutsche Literatur des Mittelalters. Verfasserlexikon. 2. Auflage. Band 10. Berlin/New York 1999, Sp. 90–96.
Hans-Joachim Ziegeler: Der literarhistorische Ort der Mariendichtungen im Heidelberger Cpg 341 und in verwandten Sammelhandschriften, in: Die Vermittlung geistlicher Inhalte im deutschen Mittelalter. Internationales Symposium, Roscrea 1994, hg. von Timothy R. Jackson, Nigel F. Palmer und Almut Suerbaum. Tübingen 1996, S. 55–77.

Unser vrouwen klage / Der Spiegel

Der Spiegel

Jesu, min*n*eclicher Krist, G 1r
Der sele trost, der *sůnder* frist,
Du bist genant dez vater wort,
Der *selden schaz*, *des* heilez hort.
Du bist daz ůberfliuzzich gůt,
Dez herzen spil, der gnæden fl*ů*t.
Du bist diu sůzze suzzikait
Und aller wunne seilikait,
Diu kan von *gůte* nit versagen.
Erhőre, herre, mine clage.
Ich bit dich, vater, werder Krist,
Wan du der gnæde brůnne bist.
[] Ensliůz mir, got, der gnæden schrin,
Daz mir *din* sůzze werde schin.
Durch die maget, diu dich gebar,
Ső l*a* mich werden din gewar,
Wer őder *waz* du můgist sin.
Nun trőste, [] got, daz herze min.
Du bist *ain* wůnder, *ich enweiz waz*.
Nach dir mir ist we, und wirt mir baz,
So du dich in mich giůzest
Und mich in dich besliuzest.
So hat diu sele, waz sie will,
Sie phliget nit wan frőden spil.

Überschriften Assit p[i]ncipio sancta maria meo amen *G*,
Nu merk ain gar schön gůt / gedicht von vnser frowen klag *H*,
Dit büch heiszet der selen spiegel vnd seyt von der / groszen clagen vnser lieben frauwen Marien *V*.

1–56 *Verse fehlen J.* **1** *Initiale GTV μ*; Jhes' *HV*, O Jesu *T*; mineclicher *G*. **2** sele *GT*] selē *HV μ*; der sůnder *HT μ*] d[s] sůnden *G*, des sünders *V*. **4** selden *HT μ*] sele (*dahinter Wurmfraß*) *G*, selen *V*; schaz des *HTV μ*] schaides *G;* heilez] heiligē geistez *T*. **5** v̊berfliu[...]ich (*Lücke durch Wurmfraß*) *G*. **6** flůt *HTV μ*] frůt *G*. **7** eyn süsze *V*. **8** Vnd bist aller *V*. **9** Diu kan *G*] Du kanst *HTV μ;* gůte *HTV μ*] gote *G*. **10** min klagē *HV*. **12** gnadē *HT*. **13** Ensliůz *V μ*] Vñ ensliůz *G*, Entschlüsse *H*, Inzelus *T;* got *GT*] herre got *V*, *fehlt H μ*. **14** din sůzze *HT μ*] der sůzze *G*, dyne güte *V*. **16** lan *G;* mich e werdē *H*; din *GTV*] *fehlt H μ*. **17** Wer *fehlt V*; waz *HTV μ*] wa *G;* du *fehlt H*; gesin *TV*. **18** got *HTV μ*] herr got *G*. **19** ain wůnder *HT μ*] an wůnder *G*, ein *V*; ich enweiz waz *HV μ*] auch en waz *G*, in weis waz *T*. **20** mir ist we *G*] ist mir we *HTV μ*; und wirt mir *G μ*] mir wird *HT*, mir werde *V*. **22** dich jn mich *V*. **23** So dan důt (*eingefügt*) *V*; min sel *H*; swaz *T μ*; die wil *V*. **24** nit dañ *V*.

Unser vrouwen klage

Sie lachet unde singet,
Wan si die froͤde twinget.
Ir ist vil we, got, ane dich.
Ach liebez liep, nu troͤste mich.
Dez heiligen geistez suͤzzikait,
D*iu* alles troͤstez krone treit,
Die sende in daz herze min,
Diu von dem hoch*en* troͤne din || G 1v
Fliuzet in rainu herzen,
So wirt mir buz dez smerzen,
Den ich, herre, han nach dir.
Vil werder got, nu gib dich mir.
Durch dine milte miltikait
So sende mir din wischeit,
D*iu* dinen jungern wart gesant
Und noch den gůten ist erkant,
Wan *du* bist daz guͤte gůt.
Nu lere, herre, minen můt,
Min herze und och die sele min,
Daz *ich den* jemerlich*en* bin,
Die *qual* und och den smerzen,
Den an irem herzen
Maria het, do sie sach
Von dir flizzen dez blůtez bach,
Do du hing*e* in grozzer not
Mit smerzen, *wunt* biz an <*den*> tot,
Daz ich so muͤge ir clage
<*Kůnden*>, schriben unde sag*en*,
Daz dir si lob und ere

25 Sie lachet dañ vnd *V*. **26** Darczu sie *V*. **27** got *fehlt T*. **29** *Initiale T.* **30** Du *G*; kronen *V.* **31** sende mir jn *V*. **32** hoche *G*. **33** In flüszet in die reynen herczen *V*. **34** mir] dañ *V*. **36** O werder *HT*, Eya myn *V*. **37** *Initiale nicht ausgeführt H*; Du..ch (*Lücke durch Wurmfraß*) *G*; diner milte *H*, dyne grosze *V*. **38** din *G μ*] die *HTV*. **39** Du *G*. **40** bekant *H*. **41** diu *G*. **42** So *TV*. **43** Daz *V*; och *fehlt T*. **44** ich den jemerlichen *HT μ*] icht din iemerliche *G*, mir die jemerliche *V*. **45** qual *HTV μ*] clag *G; och fehlt V*. **49** hineg *G*; groziv *T*. **50** wunt *HV μ*] vñ *G*, wut *T*; biz *GV*] vncz *HT μ;* an den tot *T*] an toͦt *G*, vff den tod *H μ*, in den dot *V.* **51** clagen *T*; Dz ich núg es gesagen *H*, Daz ich yr groszen clagen (*folgt getilgt* bürde geschribñ) *V.* **52** Kůnden *H μ*] *fehlt G*, Kvnt ich *T*, Künne *V*; geschriben *V*; sagen *T μ*] sage *G*, klageñ *H*, geclagen *V*. **53** Daz ẙr das *V*; si lob *G μ*] lob sig *HTV*.

Und sich min selde mere
Und mir *diu* rain*e* muter din
Ir gnæde *tů* mit triuwen schin.
Ich bit auch dich, Maria gůt
Durch daz minnecliche plůt,
Daz von dinem kinde floz,
Do er *hienk nakent* und ploz,
Daz du genedik wellest sin
Allen *den*, die daz buͤchlin
Lesen oder horen lesen.
Die mu||zzen immer selik wesen. G 2r
Swer ez liset oder horet mit zůcht,
Dem daile, fraw, *der* <*gnaden*> frůcht.
Du im din<*e*> gnæde schin,
Vertrib von im dez herzen bin.
Sin můzze gotes engel phlegen,
Daz im werd der suͤzze segen,
Den got den gůten geben sol.
So er sie machet froͤden vol
An dem juͤngstlich*en* dag<*e*>,
So wirt vil gro̊z der sunder clage.
Den so̊lt <*du*>, maget, genedik wesen,
Die dine clage horent lesen,
Die du hete, do din kint
Vor dir hienk wunt, ploz und plint.
Den hielf vil genediklich*e*
In dinez kindez riche,

---

54 Vnd daz ich myn selde gemere *V*. **55** diu raine *HTV μ*] din rainu *G*. **56** tů *V μ*] din *G*, tüge *H*, tvt *T*; [a]schin / [b]mit triuwen *Korrektur in G*, mir trvͥuin schin *T*. **Nach 56** *folgt in G Beischrift:* aue maria sit dir lob vñ e. **57** *Initiale GJ μ*; auch dich *GT μ*] dich och (o *J*) *HJV*. **59** Daz da von *V*. **60** hieͫͣkent *G*. **61** genedik] gendich *T*. **62** den *am Rande nachgetragen G*, *fehlt HT μ*; daz *G*] diz *HTJV μ*. **64** Dz die iem[s] *H*, Daz sie müszen *V*. **65** Wer *HJV*; oder horet *GHTJ*] ader horet lesen *V*, od hoert *μ*; zvhtē *T*. **66–67** *Kontraktion T:* Dem teile frowe der gnaden schin. **66** deyle mit frauwe *V*; der gnaden *HJV*] din *G*, der sælden *μ*. **67** Tů in *J*; dyne güte *V*. **68** Vnd dryp *V*; von in *JV*; sines *H*, yͤres *V*. **69** Ir *JV*; můzze *GTV*] muͤssent *HJ μ*. **70** Das in *JV*. **71** geben wil *T*. **72** So er sich *H*; frode machet wol *T*. **73** iuͤngstliche *G*, iungsten *JV*; tages schin *J*. **74** des sunders clage *V*, der sinder pin *J*. **75** Den *G*] Da *HTJV μ; du HTJV μ*] *fehlt G;* magit gedenchē vnsere *T*. **76** Die *GTV*] Den die *HJ μ*; clage (*gebessert aus* clagen) *V*; horent *GTV μ*] ger̄ hörēt *HJ*. **77** do] dv *T*. **78** wunt *GTJ μ*] *fehlt HV*; plö̊s am wind *J* (*vgl. J 930*). **79** vil *GH μ*] dañ *V*, *fehlt TJ;* genediklichen *GJ*. **80** In dines vatters ewig rich *H*.

Da in ze lon<*e*> got wil geben
Wunne und der frŏden leben.
(83) Ich saz *allein* an ainem dage
(84–89a) Und nam fur mich Marien clage.
(84–89b) Ir grozze *quale* und ir pi*n*

Der wart mir vŏllecliche*n* schin
An einem bůchline.
Da vant ich in latine
Geschriben, waz diu maget sprach
(94) <*Und waz sie tet*>, do sie ir kint sach
Gebůnden und gevangen
Und vor iren ægen *hangen*
Vil bleich, vil val, wunt und ploz,
Do von sinem reine*n* libe floz
(99) Sin vil minneclichez blůt.
Do kom || zehant in minen můt, G 2[v]
Daz ich diu wort, diu ich da vant,

81 *Initiale nicht ausgeführt H*; zelon got wil *GT*, gott wil ze lone *H*, ze lone got wŏl *J*, got zu lone wil *V*. **82** der frŏden *GH μ*] frolichs *T*, der frede *J*, ewiges *V*. **Nach 82** *folgt in G Beischrift:* Horent ez geren lesen. **83** *Initiale GTJV μ;* all einen *G*. **84** marie *J*. **85** grossen *JV*; quale *TJV μ*] nŏt *G*, quall *H*; ir *fehlt V;* pine *G*. **86** Der *T μ*] Daz *GH*, Die *V, fehlt J*; mir] nv *T*; vŏllechichem *G*. **87** In *V*; einem klain bůs biechlin *J*. **88** Da *fehlt V*; czu latin *V*. **89** Geschriben *fehlt V*. **90** Und waz sie tet *HTJ μ*] *fehlt G*, Vnd det *V*; ir kint *fehlt J*. **91** Ir kind gebunden *J*. **92** Und vor] Nackend vor *J*; vor *gebessert aus* vorn *G*; hangen *HTJV μ*] erhangen *G*. **Anstelle von 93–94** *vier Verse in V:*

Bleich gel(*folgt getilgt* e) vnde fal
Wünt vnd blosz uber al
Da von syme lybe flosz
Eyn bach also grosz.

93 Vil blaich ferwūt *H*, Vil blaich wund fal *J*. **94** l[b]ibe rei[a]ne *Korrektur G;* Vñ von sin[s] rainē sitē *H*. **95** Din *J*; Mit syme mȳneclichen blůte (: můte) *V*. **96** zuhant *V*. **97** da *fehlt T*.

(83) Ich sas alleine an einem tage O 22^{r}
Und gedacht an die grosse chlage,
An die quale und an daz leit
<*Und*> an <*die*> sware pitercheit,
(87) Die Mari*en* hercz entpfiͤng,
Da got an dem crucz<*e*> hieng.
Ich nam fůͤr mich ir herczen pin.
Der wart mir volliklichin schin
An einem půͤchleine.
(92) Da vant ich in lateine,
Waz die rayne maget sprach
Und waz si tet, do si sach
Got gebunden und gevangen
Und *vor* ir [] augen hangen ||
(97) Vil bleich, <*vil val*>, wunt und blo̊ͤz, O 22v
Do von seinem leibe flo̊ͤz
Sein vil mynikleiches plůͤt.
Do chom zehant in meinen můͤt,
Daz <*ich*> die wart, die ich da vant,

Überschriften Hie vahet an vnser lieben | frawen klage die da hat | geschriben Sant lucas ein | besunder Capplon vnser | lieben frauwen *A*,
Ditz bvch heist vnser vrowen | klage. Die sol man lesen alle tage. *B*,
Ditz heist vnser vrowen klage | Die sol man lesen alle tage (*am Rande:* III) *N*,
Vnser vrowen chlage (*am Rande klein von späterer Hand:* planct^{c} mar^{s}) *C*,
Hie hebet sich an ein geticht von | leyden vnd pittern martt' īhū x̄p̄ī | vnsers hern vnd lesset gern ynne *O*,
Hir heuet sek vnser frowē claghe *P*,
Hy hebit sich an das lyden | der houchgeloubten konniginn | Juncfrauwin marie *Q* (*nach Pensel*).
1 *Initiale ABCNDOPQ μ*. **2** dachte *PQ*. **3** An die clage *A*. **4** Und *fehlt O*; die *fehlt O*. **5** Sant marien *A*, maria *O*, marian *Q*. **6** Do cristus *Q*. **8** Der *OA μ*] Daz *BCN*, Die *DQ*, Da *P*; vullenkomen *P*. **9** An eyme cleynen buchelin *D*, Alse in eyme büchelin *Q*. **10** Daz vand ich *C*, Dat was *P*, Do laes ich *Q*; ynne zu latin *DQ*, tho latine *P*. **12** Und waz si tet *fehlt A*; do si sach *ODP*] do sie got (Da sie got vor ir *A*) sach *BCNAQ μ* **13** Got *O*] Ere leue kint *P*, *fehlt ABCNDQ μ* **14** vor ir augen *ABCNDPQ μ*] von ir rainē augn̄ *O*; erhangen *BN*. **15** Vil *OAB μ*] Vnd *C*, Vn̄ *N*, *fehlt DPQ*; bleich vil val wunt *ABCN μ*] Bleich fal wont *D*, bleich wnt *O*, Bleiff al ghe wunt *P*, Bleich var *Q*. **16** Do] Daz *D*, Vnde wy *Q*, *fehlt P*; sinen siten *BCN*, synen liebe *Q*. **17** Daz vil minnencliche *BCN*, Syn mynnecliches *D*, Sin vil wūnichlike *PQ*. **18** Do quam mir in *Q*. **19** ich *fehlt O*; da *fehlt ADP*.

In tushe wolde důn erkant
Allen rainen herzen,
Daz si der megde smerzen
Erkenn*en* mo̊cht*en* dester baz.
Ich sag *iu* recht, als ez was.
Und twinget mich dez diu minne
Der ra*inen* kunigin*n*e.
Als si ez kunte rehte
Einem irem knehte,
So wil ich die rede sagen
Und der werd*en* mægede clagen,
Daz si tet bi dem kruce her,
Da*r* an ir kint hienk vil ser.
Nu wil ich iuch, kint, bitten,
Daz ir mit vil gůtten siten
Iwer edel tugende zeigint
Und iweriu oren neigint
Zů den worten, die ich han
Gedutet so ich best<*e*> kan.
Hoͤrent si mit gůter zůcht,
Wan dar an lit der sele frůcht.
Vertragent durch den werden Krist,
Swaz an worten gebrestez ist,

---

98 tútsche *HJV μ*, tvschin *T*; bekant *HV*. **99** rainen] reynen frommen *V*. **101** Erkenne mo̊chte *G*, Mochten erkennen *V*. **102** sag iu recht *JV*] sag ez recht *G*, sag in ebñ *H*, sage reht *T*, sagez iu rehte *μ*; als es da waz *T*, als ich lasz *V*. **103** Disz düncket mich *V*; dez *GT μ*] das *J*, *fehlt HV*. **104** rainen *μ*] ran|ne *G*, raine *H*, tvgende (tugentliche *J*, dogenden *V*) *TJV*; kunigine *G*. **105** Als ich kündete *V*. **106** Einem irem *G*] Einem ir *μ*, Einem ir lieben *HJ*, Eime ir lebē *T*, Von yrme getruwen *V*. **107** *Initiale V*; No *V*; ich iv die *TJV*. **108** Von der *V*; werden *HTJ μ*] w^{s}de *G*, *fehlt V*. **109–110** *in J:*

Vnd das laid des si bÿ dem krütz enpfieng
Dar an ir liebes künd hieng.

109 Daz] Die *H*, Was *V*. **110** Dar an *J μ*] Da an *GV*; Dar ir kind an hiēg *H*, Da ir kint hienc dar an *T*. **Nach 110** *folgt in G Beischrift:* disce puer dū. **111–112** *in V:*

Ich wil uch no betůden
Daz ẙr mit gůden luden.

111 *Initiale GTJ μ*. **112** vil *G*] *fehlt HTJV μ*; gůttem *J*. **113** edel *G μ*] *fehlt HTJV*; erzaigēt *H*, zeuget (: neyget) *V*. **115** *Initiale nicht ausgeführt H*. **116** Bedv̊tit (Bedúten *H*) *TJVH*. **118** Wan an in litt *H*, Dar an so lyth *V*; der sele frůcht *GTJ*] d' genucht *H*, der selen frucht *V*, der sælde vruht *μ*. **119** duch *J*. **120** Was *HJV*; worten *G*] den wortē (wortn *μ*) *HTJV μ*; gebresthafft *H*, gebresten *TJV μ*.

20 (102) In taůsche wolte tůn erchant
Allen rainen herczen,
Daz sy der meyde smerczen
Erchenn*en* mochten dester paz.
24 (106) Ich sag euch rechte, als ez was.

20 Czü *Q*; tu^{et}sche *A*, devtschen (deutsche *CD*) *BCND*, düden *P*, duecz *Q*; wold ich tun *C*, wolde to erer *P*, machte *Q*; bekant *ADQ*. **21** reynen soten herten *P*. **22** Daz sy der meyde] Das sie iren *A*, Dat se dar mede *P*. **23** Er chenne *O*, Bekennen *P*. **24** Ich sag es úch (iu *μ*) *A μ*; als ez was *OBCN*] als ich es lasz *AD μ;* Ik segge iuk den ri̊hten rad (: bad) *P*; Wy groes der mait lyden was *Q*.

Und lant ditze kleine bůchelin
Iwer sele spiegel sin.
Ez sol der „spiegel“ sin genant.
Ir sult ez dikke nemen in die hant,
(125) So muͤg*ent* ir goͤtez minne
Erkenn*en* wol dar inne,
Wie ser er iuch hat geminnet.
Swer sich dez wol versinnet,
Der můzz och in von || sinn*en* G 3r
(134) Und och von herzen minnen.
Da von so horent der minne wort,
Wan dar an lit der selde hort.
(137) E daz wir komen zů der clag*e*
Marien, so wil ich iu sagen
(139) Ein wort, daz sprichet Salomon
Ze allen tochtern von Syon
An der minne buͤchelin<*e*>.
Ez sprichet in latin<*e*>:
(143) **Egredimin<*i*>**,
Von Syon ir zarten kint,
(145) Die noch reine megede sint,
Und ir ander *frowen* gůt,
Die ze got iren můt

121 diz *THJV μ*. **122** Irrue *G;* selen *V*. **123** Ez *HTJV μ*] Er *G*. **124** in die hant *GV*] in ze hand *H*, zehant *TJ μ*. **125** muͤgte *G*. **126** Erkenne *G, Vor* Erkennen *getilgt* Wol *V*. **127** Wie er (*folgt getilgt* s) uch *V*; geliebet *J*. **128** Wer *HJV*; des recht v'siñet *H*, dar in recht ÿebet *J*, des wol besynnet *V*. **129** Daz mv̊t *T*; och in *GT μ*] in ouch *J*, ÿ̊n *V*; vō sinne *G*, von synen synnen *V*; D' můss sich vor wol bekennē *H*. **130** och *fehlt HJ*; minnen] nemē (*lies:* nennen?) *H*, lieb gewinnen *J*. **131** so *fehlt J*; horen *T*; der minne wort *G μ*] min wort *H*, der liebi wort *J*, d[s] mīnē wort *TV*. **132** Wan *fehlt V*; lit] so lit *HV*; sāldē *HTV*, sele *J*. **Nach 132** *folgt in G Beischrift:* et c[s]. **133** *Initiale G μ*; Daz wir no kōmen *V*; der *GV μ*] dem *H*, dē *T*, den *J*; clage *V μ*] clagē *GHTJ*. **134** Maria *H*, Marie *J*. **135** salamō *HT*. **136** Ze *GT μ*] Zů *HJV*; allen] den *J*. **137** An] Al in *V*; minne] liebin *J*. **138** Er *HJ*. **Nach 138:** Egredimin *G*, Egredimi|ni (Egredimi *H*) filie syon. Et uidete regē | salomonē (salamonē *H*) in diademate q,[u] | coronauit eum mat[s] sua *TH*, Egrediemini filie syon *V*. **139–194** *folgen in J nach* 195–262. *Nach* 138 *schließt J an:*

(138a) Egredimini filie sÿon et videte
(138b) Wen man das in tütsch vsz lete
(195) So bedütet sÿon also vil
(196) Wer es in tütsch betÿten wil.

139 *Initiale J*. **141** ir *fehlt V*; frowen *HTJV*] kindel *G μ*. **142** zů gott *HJV*.

Gebunden hant mit stetikait,
Mit minnen und mit kushait,
Iuch hat ainez hoͦchiͤn fuͤrsten kint
Mit ganzen triuwen so gemint,
Daz er iuch im erwelt hat
Ze gemachelen in der himelstat.
Er ist got, gotez kint genant.
Daz minnewort hat er gesant
Den rainen, di in minnen
Wellen mit ganzen sinnen.
Er ist gar edel unde rich,
Durchsůz unde wunneclich.
Er ist ain milte miltekait
Und aller tugende seilikait.
Er ist froͦlich alle zit,
Wan ælliu froͦd an im lit.
Er minnet, wan er diu minne ist.
Er kan der sůzz*en* minne list,
Sin minne diu ist reine.
Sin sch||oͦne die ist nit kleine. G 3^{v}
Er ist der engel s*u*nne
Und aller wunne brunne.
Er ist ain sůzziu sůzz<*e*>kait,
Der aller eren krone treit.
Er wil der sel gemahel sin,
Mit troͦste tůn der gnaden schin.

---

143 Verbunden han mit selekeit *V*. **144** minne *TV*, liebe *J*; vñ och mit *TV*; kvͥschecheit *T*. **146** Mit truwen also *V*; gemit *H*, gemaint *J*. **147** vͦch erwelet *JV*, vͥch in ald^{s} welt *H*. **148** Zů *JV*; gemahelin *T*, gemahel *HJV*. **150** Diss wnne wort *H*, Dizze mīne worte *T*, Der liebi wort *J*; er] uch *V*. **151** in wēt minnē *T*, in lieb gewinnen *J*. **152** Wellen *G μ*] Vnd woͦnd *H*, *fehlt TJV*; mit ganczē herczē sinnent (: mīnēt) *H*, Mit vil ganzē sinnē *T*, Mit gantzen vnd mit ståten sinnen *J*, Mit ganczen truwen in yrē sinnen *V*. **154** Durch sůsse *HT μ*, Schoͦn siesse *J*, Gar schöne *V*; minneclich *JV*. **155–156** *Verse fehlen V*. **155** *Initiale nicht ausgeführt H*. **156** alle *T*; tugende *GT*] wuñe *HJ μ*. **157** zů all^{s} zitt *H*, alliv zit *T*. **159–160** *Inversion J*. **159–164** *Verse fehlen V*. **159** Wen er allain die liebin ist *J*. **160** sůzze *GJ;* liebin *J*. **161** liebin *J*. **162** die ist *G*] ist *TJ μ;* Vnd ist nit ze klaine *H*. **163** sůnne *G*. **164** Vnd aller der welt bruñe *H*. **165** der süsse *H*. **166** Der *GH μ*] Div *TJV*; all^{s} ere krone *H*, aller wunne krone *J*, alles drostes kronē *V*. **167–170** *Verse fehlen J*. **167** selen *V*. **168** Vnd (Er *V*) will ir tvͦn sine gnad' (tůn gnade *H*, thün syner gnaden *V*) schī *THV*.

Er hat unz sinen grůz gesant.
Daz fursten kint ist er genant.
Er geret diner minne,
O sele kuniginne,
Erkenne dine werdikait
Und dine hoche seilikait,
Und sich wie rich und wer er s*i*,
Wie edel, schone unde fri,
Der ze ainer brůt hat dich erkorn.
Ach got, wie selich ist geborn,
Der zů der er*e* komen mak.
Dem ist erschinen der selde tak.
Er sol, er mak mit frŏden leben,
Im ist der selden *zit* geben.
Daz siet ir, herzenlieben kint,
Die gotez brůt mit driuwen sint.
Da von, ir tŏchter von Syon,
Sechent den kunik Salomon,
Gant uz, egredimini,
Und sehent wie schŏn der kunik s*i*.
Tůnt uf diu ŏgen sch*on*<*e*>
Und sechent in mit der kron<*e*>,

---

169 unz *G*] iv *T*, *fehlt HV*, ir *Mone und μ*. **170** Daz *G μ*] Des *HT*, Eyns *V*; er nant *T*. **171** *Initiale T*; geret *G μ*] begert *HTJV*; diner sine mīne *T*, diner liebin (: küngin) *J*. **172** sele dü könnegynne *V*. **174** Vñ och din hohē *H*. **175** Sich an wie *J*; und wer *GJ μ*] vnd wie *H*, wie wert *T*, *fehlt V*; sie *G*. **176** Wie *fehlt H*; edel schone *GH μ*] edel wie schŏne *T*, edel *J*, schön wie eddel *V*; vñ och frig *H*, vnd och wie fri *TV*, vnd wie rechte frÿ *J*. **177** dich zů ain^{s} brúte hatt *H*, zeiner (zu eyner *V*) brvt dich hat *TV*, zü ainem gmachel hat *J*; vszerkorn *V*. **178** ist *G μ*] ist er (er ist *T*) *HTJV*. **179** der ere *μ*] der erer *G*, den erā *HTJV*. **180** sälig tag *H*, seldē tach *TJ*, selen dag *V*. **181** er mak *GT μ*] vñ mag *HJ*, *fehlt V*. **182** zit *HTJ*] tak *GV μ*; gegeben *TJV*. **183** hertz liebe *J*, hercze lieben *V*. **184** gottes gmachel *J*. **185** Gånd vs ir tŏchtern *J*. **186** kunik] werden *J (vgl. 1470)*. **187** *Initiale T*; uz *GV μ*] vss her *HTJ*; grediemini *T*, Egrediemini *V*. **188** der kunik *GHJ μ*] d^{s}. k. *T*, er *V*; sie *G*. **189–193** *in HTJV*:

Salamon (Salomon *JV*) in dem trone (in der crone *TJ*, mit der kronen *V*)
Ist (Er ist *TJV*) gekrönet schone
Sin můtt^{s} hatt gekrönet in
Tůnd vff dú ogen vnd den sin
Sehend (Vnd sehent *V*) den minēkliche̅ (minnecliche *T*) Crist.

189–190 schŏn: kron *G*.

Mit der in gekrǒnet hat
Sin můter in der *haupt*stat
Ze Jerusale*m* an dem tage
Sinez herzen fraůd an clage.
Sin můter hat ge*krǒ*||net in. G 4r
Dez herzen augen und den sin
Kerent an den werden Krist.
Sechent, wie er gekronet ist.
Syon betutet als vil,
Swer <*ez*> in tushe důten wil,
Ein spiegel oder ein schowen.
Ir kint, ir rein*en* frawen,
Ir sůlt der tugende spiegel sin
Und gotez bilde ein clarer schin.
Der spiegel ist luter unde clar.
Also sit ir, kint, daz ist war.
Ir hant ein spiegelich*ez* leben,
Ir sult der tug<*en*>de *bilde* geben
Mit reiner und mit gůter zůcht,
Dar an lit der seilden frůcht.
Mazze lachen, wainen vil
Und fliehen diu upigen weltspil,
Luzzel reden, daz ist gůt,
Diu ægen twingen und den můt
Gůter geberde mit *stetekeit*,

190b *nach* havpt *am Beginn der folgenden Zeile gestrichen* vpt *G*; houbetstat *μ*. **190c** ierusalen *G*. **190d** vröude âne clage *μ*. **191** ge... || net *G (z. T. nicht lesbar)*. **194** Wie schon er gekrönet *H*, Wie er no gekronet *V*; *vor* ist *getilgt* s *G*. **195–262** *vor* 139–194 *in J*. **195** *Initiale GHV μ (nicht ausgeführt H)*; So bedütet sÿon *J*; also *HTJV*. **196** Wer *HJV*; ez *HTJV μ*] *fehlt G*; in tútsch *HJ*, in tvschin *T*, zu rechte *V*; betúten *HJ*. **197** oder *GTJ*] vnd *HV*, ode *μ*. **198** reine *G*. **199–202** *Verse fehlen J*. **199** der tugend ain spiegel *H*. **199–200** *in V*:

Yr solt der dogenden spiegel lesen
Vnd gotes bilde eyn clarheit wesen.

203 spiegelichsez *G*, spiegenlichez *H*. **204** tugende *TJ μ*] tugde G, tugend *H*, dogendē *V*; bilde *HTJ*] spiegel *G μ*, bilden *V*. **205** *nach* reiner *folgt getilgt* z *G*; zvch *T*. **206** Wen dar an lÿt *J*, Dar an so lit *TV*; seilden frůcht *GV μ*] sele frucht *HTJ*. **207** Ze masse (maz *T*) *HT*, Mit mause *J*, Zu maszen *V*; wainen *GTJ μ*] vñ wainē *H*, *fehlt V*. **208** zTanczē (Tanz *T*, Tentz *J*, Danczen *V*) fliehē vñ der welte spil *HTJV*. **210** zwingent *J*. **211** Gůter *μ nach H*] Gut *GJ*, Gv̊te *TV*; stetekeit *TJV μ*] selikait *G*; Gůter gebärde bis beraitt *H*.

Minnen alle kusheit,
Als ain tůb einvaltik sin,
Ze mazze trinken starken win,
Wach*en* lange, beten ger*n*,
S*o* wirt der mensh ein lucern,
Ob er hat auch bescheidenheit,
Diu aller tugende krone treit,
Mit ganzer minne minn*en* got,
Mit fliz behalt*en* sin gebot,
Ein frideliches herze han
Und lazz*en* allen argen wan.
Hie bi sol sin *die||mů̊tikait* G 4v
Diu ist gů̊t mit gedultikait.
Alsus so mů̊get ir spiegel wesen,
Wan swer so lebet, der mak genesen
An der sel so hie so d*o*rt.
Da von so horent der minne wort.
Ez sprichet egredimin<*i*>:
Gant uz ir tochter sunden fri,
∞ *Gant uz der welte minne,*
Tůnt uf des herzen sinne
Und sechent der welte valsch*en* lon.
Ir zarten tochter von Syon,
Lant die fræde, die iuch la*t*,
Si ist nit visch biz an den grat.

212 Vnd miñe *H*, Minne *T*, Liebhabent *J*; kuscekeit *T*. **213** Alsam *H*, Alse *T*. **214** Mit masse (maszen *V*) *HTJV*; trinckent *J*; gutē win *V*. **215** Wachen *HTV µ*] Wache *G*, Wachent *J*; bettent *J*; geren *GT*. **216** Svs *durch Rasur gebessert zu* Sv *G*. **217** Ob er iht hatt *H*, Der och hat *T*, Ob er ouch hat *J*, Ob er hat *V*; bescheidin hat *T*. **218** tugendē *H*, tuget *J*. **219** minnen *µ*] minne *G;* Minnē vñ minēt (miñe *T*) gott *HT*, Lieb habend vnd fürchtend got *J*, Mynnēt mit flysze got *V*. **220** behalten *HT µ*] behalte *G*, behaltent *J*; sine gebot *J;* Vnd haldēt mit ernste sin gebot *V*. **221** h^{s}zen *T*; Yr sollēt ẙr friddelich hercze han *V*. **222** lazzen *HTJ µ*] lazze *G*, laszent *V*; arch wan *T*. **223** diemů̊tikeit *HTJV µ*] div//miltikait *G*. **Nach 224** *folgt in G Beischrift*: Amen. **225** *Initiale GJ µ*; Alsus *HTV µ*] Alsvs *wohl durch Rasur gebessert zu* Alsv *G*, Also *J*; so *fehlt JV*; mag der spiegel *V*. **226** Wan *fehlt V*; wer *HJV*; also liebt *T*. **227** sel so hie so *GHV µ*] sele hie so (vnd *J*) *TJ*; do̊rt (: wort) *G*. **228** Dar vm̄ *J*; so *fehlt HJ*; der liebi wort *J*. **229** *Initiale V*; Ez *TV µ*] Er *GHJ*; egredimin *GT*. **230** tochtrā vō súndē fri *H*. **231–232** *Inversion G*. **231–233** *Kontraktion in T:* Gant vs der welte valschin lō. **231** welte liebin *J*. **232** Gand vf *J;* des *gebessert aus* der *G*. **233** valsche *G*. **235** *Initiale nicht ausgeführt H*; ivch lant *G*, v̊ch ouch laut *J*. **236** Sie en ist *V*; vrzch *T*, frisch *V*; vncz an *HT*, bisz uff *V*.

Si schinet vol der sůͤzzikait
Und ist doch vol der biterkait.
Si gelo*b*<*e*>t lank [] und froͤlich leben
Und kan ein bitter ende geben.
Wan in ir suͤzz*en* m*in*ne
Da ist verborgen inne
Ein angel und der gallen trank.
Nach froͧden gat dez leidez sank,
Da volget schrien unde we,
An end<*e*> wein*en* immer me,
Frost, hunger unde durstez vil,
Fiur, hitze an<*e*> froͤden spil.
Da von sult ir die froͤde lan
Und uz dez libez gelust<*e*> gan.
Der izů als ein roͤse rot
Gar blůt, der ist morgen tot
Und der wurme spise.
Joch ist niemen so wise, || G 5^{r}
So edel, so stark noch so rich,
So schoͤne noch so wunneclich,
Der dem tode muge ingan.
Da von schult ir die froͤden lan,
Die ir doch muzzent lazzen.
Ach, kint, ir sult iuch mazzen
Der fraude, diu schier ende h*a*t.
Dez volget mir, daz ist min rat.

---

237 volle süssekait *H*. **238** doch *GJV μ*] vil *T*, *fehlt H*; vol aller *J*. **239** gelobt lanch vñ *T*, gelopt lank lepen vñ *G*, gelobet land vnd *H*, gelobet lang ain *J*, globet lange *V*. **240** Si kan *HT*; ein *fehlt H*. **241** ir *G μ*] der *HTJV*; sůzzen minne *T μ*] sůzze mnne *G*, miñe siñe *H*, welt liebe *J*, sünden mynne *V*. **242** Da lÿt *J*; inne] in *T*. **243** eȳ gallen drang *V*. **244** froͮde *TJ*; des leydes strang *V*. **245–247** *in V* (*Kontraktion* 245.6 *und Ersatzvers*):

Da folget nach weynē vnd schrien
Da bynnen fursten vnd fryen
Hunger. Des ist da vil.

246 An ende weinen *μ*] An end weinent *G*, Wainē an ende *HTJ*. **247** Frost hvng^{s} dvrst (turst hunger *H*) ist da vil *THJ*. **249** Dar vm̄ sond *J*. **250** Und *fehlt V*; luste *T*, wolnust *J*. **251** ieze ist alse ein *T*. **252** Gar] Schon *H*, *fehlt V*; blüget (blüejet *μ*) *HT μ*, plieet *J*, Blüwet *V*. **253** Und *G*] Vnd wirt der *HTJV μ*. **254** Jo *HT*, Es *J*, So *V*; ist *fehlt J*. **255–256** *Verse fehlen J*. **256** mȳneclich *V*. **257** mag engan *H*, mvgē gan *T*. **258** Dar vm̄ sond *J*; froͤden *G μ*] froͤde *HTJV*. **261** Die *T*; freuden *V*; schier ain ende *HJV*; haut (: rat) *G*. **Nach 261–262** *jeweils im Freiraum nach dem Versende in G*: Aue maria am̄ / dominus.

Gat uz, tochter von Syon,
Und sechent den werden Salomon
Er ist [] Jesus der gůte,
Der unz mit sinem plůte
Versůnet der gŏtheit
Und <*mit*> der *minne* sůzzikait
Unz frid<*e*> hat gemachet.
Da von menik sele lachet.
Er ist der wise Salom*on*,
Der dem kunige von Babilon
Sinen gewalt genomen hat.
Dem dievel ist gesprochen mat.
Dez si gelobt der werde Krist,
Der kunik himel<*s*> und erde ist.
Jesum den kunik, den sult ir sehen
Mit herzzen augen, so můgt ir jehen,
Daz im nie kunik wart gelich.
Er ist vor in allen wunneclich
An werdikait, an ere.
Joch sol er immer mere
In dem himelriche leben,
Da wil er sinen kinden geben

195–262 *stehen in J vor* 139–194. *Anstelle von* 263–264 *schließt J mit den Versen* 230 *und* 188 *nach* 194 *an*:

Gand vss ir to̊chtern sinden frÿ (230)
Vnd sechent wie scho̊n der küng sÿ (188).

263 *Initiale GTV μ*; Gand vss ir tochtrā *HT*, No dar ẙr dochter *V*. **264** Und *fehlt V*; salamō *HT*. **265** Er] Das *V*; Jesus *HTJV μ*] der iesus *G*. **267** V^{s}sünet hatt mit der *HTJ*, Versünet mit der *V*. **268** Und *GH μ*] Wan *T*, *fehlt JV*; mit *HTJV μ*] *fehlt G*; minne *HTV μ*] milte *G*, liebi *J*. **269** Hat er vns frid (frig *HV*, frode *T*) *JHTV*. **271** Daz ist *V*; salomo *G*, salamō *H*. **272** dem *fehlt TJ*. **273** benomē *TJV*. **274** gesprochen nä̊t (: hat) *J*, gesprochē an sine macht (: hat) *V*. **275** *Initiale nicht ausgeführt H*. **276** Der kunik *GHJ μ*] *fehlt TV*; himels und erde *μ*] himel vñ erde *G*, des himelz vnd erdē *H*, in himel vnd erde *J*, Dez himel (hÿmelrich *V*) vñ erde *TV*. **277** den küng sond *JV*. **278** Mitt dem hertzē *HJV*, Mit den ogen *T*; so *fehlt J*. **279** im kvͥnich (ym keyn kōnig *V*) nie *TJV*. **280** *Vers fehlt T*; in *fehlt H*; An scho̊ni vnd an wūnenclich *J*. **281–283** *Kontraktion in H*: An werdem himelschlichē lebñ. **281** vnd an ere (eren *JV*) *TJV*. **282** Jo *T*, Da *J*, Auch *V*; meren *JV*.

<Ze> *fro̊den* und [] || ze lone G 6[v]
Dez himelrichez krone.
Nu sechent von Syon ir kint,
Wie [] des kuniges krone sint.
Die ein<*e was*> von dornen *ser*,
Diu ander ist *von wunne her*.
Sin můter, diu in gekronet hat
Ze Jerusale*m* in der stat
Mit dornen, *dest* diu Judesheit,
Von der er vil versmæhe lait.
Er wart von in gekronet,
Gelestert und gehonet.
Er wart von in *v*erteilet,
Gebunden und geseilet.
Si kronten in mit dornen
Si spiten in an mit zorn*e*.
Diu krone diu waz jemerlich.
Diu ander diu *ist* wunneclich,
Die er in sinem trone treit
In go̊tlicher ewikait.
Ach, zarten to̊chter von Syon,
Sehent den kunik Salomon
Nicht als einen kunik gekronet,
Sunder als einen diep gehonet.
Do er den galgen uf im trůk

285–316 *folgen nach* 317–366 *in G*. **285** Ze fro̊den *HT μ*] Zů fro̊de *JV*; vnd och zelone *T*; (5[r]) Fravde vñ ere || (6[v]) ze lone *G*. **286** Die himelschlichē krone *H*. **Nach 286** *folgt in G Beischrift*: et cetera. **287** *Initiale GTJ μ*; ẙr zarten kint *V*. **288** Wie *HTJV μ*] Wie erlich *G*. **289** Ain dú *H*, Einiv̍ *TJ;* was *TJV μ*] ist *H, fehlt G*; von den dornē *H;* ser *HTJV μ*] her *G*. **290** ist von wunne her *TJ μ*] ist v̊wundet ser *G*, wunēklichē vnd her *H*, waz von mȳnē here (: sere) *V*. **291** diu *fehlt JV*. **292** Zu *V*; ierusalen *G*. **293** Mitt den dornē *H*; dêst *μ*] dez *G*, dz was *HTJ*, daz det *V*. **294** Von dem *T*, Von den *V*; versmæhe *μ*] versmhe (*dahinter getilgt* t) *G*, v[s]schmächhait *H*, versmahet *T*, ver schmåchte *J*, der smacheit *V*. **295** von ir *HJ*. **297** von ir *HT*; *Vor* v̊teilet *getilgt* g *G*, virteileit *T*, gevrtailet *J*. **299–300** *Verse fehlen J*. **299** dorne *V*. **300** spuwēt *H*; an ẙn *V*; zornen *G*. **301** Diu krone *V*] Sin krone *G μ*, Dú erste *H*, Din crone *T*, Die aine *J*; jemerclich *G*, jemerliche *V*. **302** ist *HTJ μ*] wa̍z *G;* Die ist no wo̊nnecliche *V*. **304** wirdekeit *V*. **305** Ach ẙr zarten *V*; to̊chter *GHJ μ*] selin *TV*. **306** kunik *GT μ*] kröntē (gekronten *V*) *HJV*; salamon *HT*. **307** ain (einn *μ*) *HTJ μ*; kvnis *T*. **308** Sunder *G μ*] Mer (Me *TJ*) *HTJ*; ain (einn *μ*) *HTJ μ*; Wañ lesterlich gehonet *V*. **309** galgen uf im *G μ*] galgen selber (selbe *TJ*) *HTJ*, selben galgen *V*.

Do leit sin lip schanden genůk.
Lant den kunik nit eine gan,
Gant mit im, ir sult nit stan.
Tretent vast uf sin sporn,
Er hat ze bruten iuch erkorn.
Sehent, wie er vor iu gat
Ane trost und ane rat.
Tůnt || als die tochter taten, G 5v
<*Die*> von Jerusalem traten
Nach im vil jemerlichen
Mit stimme sůfticlichen.
Si weint*en* sin vil grôzze not
Wan in diu minne daz gebot.
Si liezzen sich erbarmen
Der megede kint vil armen.
Also sult ir auch sin nôt
Beweinen sin vil bittern dôt.

---

310 schanden *GJ μ*] der schandē *HTV*. **311** eine *GT μ*] ainig *HJ*, alleyn *V*. **312** ir sult nit stan] ir tôchter von sÿon (: gön) *J*, ÿr solt entstan *V*. **313–314** *Verse fehlen V; folgen nach* 315–316 *in J*. **313** vast uf sin *G μ*] reht vf sinē *T*, vff sine *H*, im vff sine *J;* spör *J*, spor *μ*. **314** brúte *H*, gmachel *J*; erkorn] erkon *T*, vss er korn *J*. **315** *Initiale nicht ausgeführt H*; iu] in *T*. **316** ane wat *HV*. **317** *G Bl. 6v endet mit* Tůnt, *wobei unter dem Schriftspiegel als Korrekturhinweis* dȧz b *steht*, *Blatt 5v beginnt mit* als, *links von der ersten Zeile das Korrekturzeichen* a *und über dem Schriftspiegel* dôrt enunt (*lies:* dôrten unt); alse *J*. **318** Die *HTJV μ*] *fehlt G*; ierusalem *gebessert aus* iesusalem *G;* ierl'm da traten *T*. **319–320** *Verse fehlen V*. **319–320** *in HTJ (zitiert nach J):*

Da si giengen nach im̄e (im *HT*)
Mit jåmerlicher (iemerliche *T*) stim̄e (stim *H*)

321 Si] Da sie *V*; weinten *HV μ*] weinte *G*, wisten *T*, klôgten *J*; sine (sin *H*) grose (grossē *HJV*) *TJVH*. **322** Vnd sinen bitterlichen tod *J* (*vgl. TJV 366*); Wañ esz yn die mÿne gebot *V*. **323–402** *Verse fehlen H*. **324** Der] Vber der *V*. **325** svnt och ir *T*. **326** Weynen *V*; sinē bitternē tot *T*, vnd den bittern tod *J*, vnd sinen dot *V*. **Nach 326** *folgt in G Beischrift:* z [= et cetera].

Daz bůch vah*et* an also:
Quis dabit capiti meo.
Daz schreib ein <*rainer*> hailiger man [].
Der waz ein sůnder kapelan
Der susz*en* und der gůtt*er*
Marien gotes můtter. ||
Er hete sine synne O 23^{r}
Gar gecheret an ir mynne.

---

25 *Initiale (nicht ausgeführt BC) ABCNO μ*; Dis buch *Q*; vahet an *BCN*] vahent an *O*, hebt sich an *ADQ μ*, dat heuet sek *P*. **26** *ABCNDPQ μ*] *O übersetzt den lateinischen Vers (Ier. 9,1):* Wer gibt meinē haup | Vñ mein augen daz waszer. **27** Do schreib *C*, Dit screiff *P*, Das spricht *Q*; reiner heiliger man *A μ*] rein heilic man *BCN*, heilger selger man D, hailig^{s} man also *O*, reyne hillich man *P*, helig man *Q*. **28** ein *fehlt D*; sůnder *OBCN*] besünder (by sūdern er *D*) *AD μ*, sünderlich *P*, willig *Q*. **29** suszen *BCNP μ*] wisen *A*, susze *D*, suszen *gebessert aus* suszer *O*, reynē *Q*; und der gůtter *DP*] vnd der fryen *A μ*, svnden vrien *BCN*, vnd der gůtten (*gebessert aus* gůtter) *O*, vnd guten *Q*. **30** Marien gotes můtter *ODPQ*] Gottes mütter marien *ABCN μ*. **31–32** *Verse fehlen Q*. **31** De hadde al sin ghewinne *P*. **32** Gar gecheret *O*] Gekeret gar *A*, Gekeret *BCNDP μ*; zü ir mȳne *A*, an ere synne *P*.

327 (336) Gant uz *hin zů* der meg*de* gůt
Und erkulent iwern můt.
Sprechet unde fræget si,
330 (339) Ob si nicht nachen *wer da bi*,
Da ir kint wart gevangen,
Gebunden [] und erhangen.

327 *Initiale G*; Gant uz hin zů der *] Gant vz^h der^{unz} *G*, Gant och hin (*fehlt JV*) zv der *TJV*, Gânt ûz zuo der *μ;* megde *gebessert aus* megdede *G*. **328** uwer gemůte (: gůte) *V*. **329** vragin si *T*. **330** *Korrektur der Reihenfolge* nicht nachen +da bi+ wer *G*, da were icht nahe bi *T*, nit wer ăch da bÿ *J*, icht were da by *V*. **331** Do *T μ*. **332** Gebunden *TJV μ*] Gebunden hin gefůrt *G*.

Er dient ir manich jar und tag.
Mit steten truͤwen er dez pf*l*ag.
Sin troͤst, sin froͤde lag [] an ir.
Tuen wir also, so werden wir
Erloͤsset [] auz aller noͤt,
*Vertri*ben wirt der sele toͤt.
Vor ir bilde er offte lag
Die lange nacht uͤncz an den tag.
Er pat sy gar von herczen,
Daz sy den grozen smerczen
Und ir quale ym tet<*e*> chuͤnt,
Dy si lait, do si sach wuͤnt
Unt toͤt ir mynnikleiches kint
Und vor ir augen hangen blint. ||
Er sprach: „Owe, fraw<*e*> mein, O 23v
Mocht ich, din knecht, by dir sein,
Do du ze himelriche
V uͤre wuͤnnikleiche,
Da *du solt* leben imer me.
Daz du gechuͤndet hetest ee

33–34 *in Q*:
Er dynte er tag vñd nacht
Vñd hotte sy in gross· acht.

33 ir gar manig *A*. **34** Mit steten truͤwen er dez *O*] Mit triwen er des (das *AD*) lange *BCNADP μ;* pfelag *O*. **35** an ir *ABCNDQ μ*] gar an ir *O*, an se (: we) *P*. **36** Tv *BCNDP*, Thete *Q*; also *OADP μ*] daz *BCN*, das ouch *Q*; werde *BCNP*, wurde *Q*. **37** auz *ABCNDP μ*] gar auz *O*, von *Q*; aller vns· noid *DQ*. **38** Vertriben *ABCND μ*] Betruͤben *O*; Vñ vor driuen vnser sele dot *P*, Vnde vor tryben ouch der seylen nöt *Q*. **39** irem (ereme *D*, erme *P*) *ADP*, iren *Q;* offte *OBCN*] dicke *PQA μ*, stediglich *D*. **40** lange nach *C*; uͤncz *OC*] bis *ABNDPQ μ*. **41** sy von ganczen herczin *Q*. **42** den grozen *OBCN*] de groten *P*, ir groszen *A μ*, eme eren *D*, ym ire groesse *Q*. **43** ir *OBCNP*] die *A μ, fehlt DQ*; quale] klag *A*; im *OP*] *fehlt ABCNDQ μ*. **44** Dy *OA μ*] Den *BCND*, De *P*; ghe wũt *P*; Dy sy hatte zcu der stunt *Q*. **45** Vñ dot ere vil wũnichlike kint *P*, Do do leit ire liebis kint *Q*. **46** *O*] Das ward im offenbar sin (sint *μ*) *A μ*, Vnder dem alle riche sint *BCN*, Daz vor er hing toid vñd blint *D*, Dat bewisede se eme sint *P*, Da vō wir alle irloessit sint *Q*. **47** *Initiale BCNO*; owe] liebe *D*, vñ owe *P*, o *Q*. **48** Wer by dir gewesē der kneht din (Waere bî dir dîn kneht gesîn *μ*) *A μ*, Mochte ich din knecht gewesin sin *D*, Vñ mochte (Vnde mack *B*) din kint bi dir sin *NBC*, Hette ich kunt by dir syn *Q*, We ek din knecht bi dek gesin *P*. **49** ze] zu *DPQ*, gen *A*. **50** Vuͤre *BCND μ*] Ffüret *A*, Weͤrd *O*, Vörest *P*, Wurdist gefurt *Q*; ewikliche *BCN*, so wũniclich *Q*. **51** du solt leben *ABCNDP μ*] solt du leben *O*, du bliebist *Q*. **52** Alse du hast gekondet ee *D*, Dar du gekündiget heddest er (: mer) *P*, Vñd hast da groesse ere *Q*.

Sprechent zů ir: „O Maria,
Vol tugend und vol gracia,
Wa wert du *zů* der selben *zit*,
Do din kint *wart* so verspit?
Sage unz, frawe wol getan,
Seche du in an der sul<*e*> stan,

---

333 zů ir *GV μ*] *fehlt TJ*. **335** zů *JV μ*] ze (*folgt getilgt* r) *G*, *fehlt T*; *vor* zit *getilgt* stunt oder *G*. **336** wart sô verspît *μ*] war so verspit *G*, so wart verspit *T*, wart an gespyth *V*; Jhesum xp̄m an dem vnser haile lÿt *J*. **337** *Hinter* getan *ein Buchstabe getilgt G*.

Mir deinez herczen groszen pyn,
Daz mir die zeher waren schein,
Die din augen guszen,
Da si gar nider fluͤzen
Uͤber deinez kindes not,
Do er vor dir hieng wuͤnt und tot.
Ich waiz, dein sele waz dir wuͤnt
Von smerczen mer dan tuͤsent stunt.
Dach guͤsz mir in daz hercze mein
Die piterliche quale dein. ||
Nu sage mir, o fraw<*e*> mein, O 24r
Und chuͤnde mir din<*es herczen*> pin.
Wa ware du zu der selben zeit,
Do er geslagen und verspeit
[] *Wart*, an der saúle bloͦz
Gevillet [], das von im floͦz

53–54 *in Q* (*vgl. 7–8*):
Ich dachte an dy groesse pyn
Dy dyne czere taten schin.

53 Mir] Mit *NC*; herczen groszen *OA μ*] grozen herzen *BCN*, hertzin *D*, herten grote *P*. **54** Laz *BCN* (*korrigiert aus* Daz *in B*); mir *fehlt D*; trehin *D*, trane *P*; waren *OP*] würden (worden *D*) *AD μ*, werden *BCN*. **55–56** *Verse fehlen Q*. **55** Die din *OA*] Die vz dinen *BCN*, Die dine *DP μ*. **56** Die so *BCN*; gar *OBCN*] her A, dar *D μ*, gar her *P*. **57** Uͤber] V̄me *P*, In *Q*; kindes] lieben kindes *D*; not] tod *CD*. **58** Do er *OADQ μ*] Der *BCN*, Do id *P*; hieng wuͤnt und tot *ACNO μ*] wunt hienc vn̄ tot *B*, hing von blude roid *D*, henk gewūt vn̄ dot P, hing töt *Q*. **59** Ich waiz *OD*] Ich weisz wol *ABCNP μ*, *fehlt Q*; dein sele waz dir wuͤnt *OB*] din sele (dîniu sêl *μ*) was wünt *AD μ*, daz dir din sele was wūt *NC*, din sele was ghe wūt *P*, Dyne seile was sere vorwünt *Q*. **60** dan *OAD μ*] wen *BCNP*; Von leide wol tuesint stunt *Q*. **61** Dach *OA*] Nv *BCND μ*, Do *PQ*; gosse ich *A*, quā mek *P*, ging mir *Q*. **62** Dy groesse bitter martir dyn *Q*. **63–64** *Verse fehlen D*. **63** o *OP*] libe *BCNQ*, *fehlt A μ*. **64** Und chuͤnde mir] Kündighe mek *P*, *fehlt Q*; dines herczen pin *ABCNP μ*] din pin *O*, Dynes herczen groesse pyn *Q*. **65** zu] an *A*; selben *fehlt Q*. **66** Do er geslagen und verspeit *OABCND*] Do he wart gheslagen vnde bespijt (unt verspît *μ*) *P μ*, Do dyn liebis kint wart vorspyet *Q*. **67** Wart an der saúle bloͦz *D*] Wart vnd an die süle blosz *A*, Wart· (*fehlt μ*) vn̄ an die svle (sel *C*, sûl *μ*) gebunden bloz *BCN μ*, Do er was an der saw'le bloͦz *O*, Do he wart an der sulen blod *P*, Vnd das er wart an der süle blös *Q*. **68** Gevillet *P*] Gevillet ouch *BCN μ*, Gebunden *A*, Geüzillet sere *O*; Da von syme libe floisz *D* (*vgl. 16*), Geslagin mit sleigin groes *Q*.

Do er geslagen wart so vil,
Daz ane mazze und ane zil
Daz plůt von sinem libe floz
Und ez die erde gar begoz?
Ach, herzenliebu maget gůt,
Wie waz din sin und din můt,
Do gotez kint, dinez libes liep,
Wart uz gefuͤret als ein diep?
Wer <*du*> icht bi den frawen,
Die dar komen schowen,
Do || er uz an die marter gie? G 6^{r}
Ir herze wunder da begie.
Ir wang*en* nider fl*uzzen*,
Die treher ir augen guzzen.
Do daz din liebez <*kint*> gesach,
Vil minneclichen zů in er sprach:
'Ir tochter, die von Jer*u*salem sint,
Wainunt iuch und iweriu kint.
Lant daz weinen uber mich.'
Ach, rainu frawe minneclich,
Wer du da, do er *daz sprach*?
Do wart vil groz din ungemach,

339 Daran er *V*. **340** *Vor* mazze *folgt getilgt* a *G*. **342** Und *G* μ] Daz *TJV;* ez] er *V*; erde] rede *T*. **343** herce liebiv (hertz liebe *J*) *TJV*. **344** Wo waz din synne *V*; und *G* μ] vñ och *TJV*. **345–346** *Verse fehlen V*. **345** kint] sun *J*; dinez libes *G*] din liebes *TJ* μ. **347** du *TJV* μ] *fehlt G;* icht *GT* μ] nit (*fehlt V*) ouch *JV*. **348** Die in da (dar *J, fehlt V*) *TJV;* begůnden zü schauwen *V*. **350** do *T* μ; Ire hertz grös laid da enpfieng *J*. **351** wangen *TJV* μ] wange *G;* flivzze *G*. **352** trehene (trehen μ) *T* μ; Ir ougen tråher (trehen *V*) gussen *JV*. **353** din *verbessernd nachgetragen über* min *J*; liebez *fehlt V*; kint *TJV* μ] *fehlt G;* ersach *J*. **354** Vil minneclich *J* μ, Ach wie jemerlich *V*; zů in er *G*] er zv in *TJ* μ, er da *V*. **355** iesuralem *G*. **356** Weynēt ubir uch vnd ubir uwer kint *V*. **357** Lat uwer *V*. **358** zarte frow *J*. **359** Wer du da *G* μ] Wa were dv *TJV; Korrektur der Reihenfolge* +sprach+ daz *G*. **360** Do wart vil groz din *G* μ] Din hertz het grös (*fehlt T*) *JT*, Dyn hercz das leit *V*.

Dez mynniklich*en* blůtes pach?
Dein hercze lait grosz ungemach.

O fraw<*e*>, maget mynniklich,
Din armer knecht der vraget dich.
Ich bin unwert, das ich mit dir
Icht schule reden, vertrage mi*r*.
Gotes můtter sunden vrey,
Maria, ware du da bey,
Ware du pey den frawn gut, ||
Den vil we tett ir swerer mut, O 24v
Da si nach Christo giengen
Und jamers vil begingen,
Da er daz crůcz auff im trůg?
Da weinten si von leide genug.
Er sach sy an und sprach zu yn:
‚Lat eůr wainen uber mich sein.
Weinet *ub*er ůch und eure kint,
Wan nach die tage kůmftig sint,
Das <*man*> spr*ichet*, soͤlik sin
Die leibe, die nye chindelin

69–70 *in Q:*

Das von ym vloes des blutis bäch
Owe vñd leide dir geschach.

69 mẏnikliches *O*, wũnichliken *P*. **70** grozen *BN*. **71** *Initiale (nicht ausgeführt C) ABCNO μ*; O fraw *O*, Frawe *ABCNDP μ*, Ffrauwe vñd *Q*; wũnichlich *P*. **72** knecht] dynir *Q*; der *OC*] *fehlt ABNDPQ μ*. **73** nit wert *A*, vnwerdich *PQ*. **74** Icht schule reden *OBCN μ*] Iht reden sol *A*, Solle reden *D*, Icht rede *P*, Rede *Q*; v'drag ez (des *P*) mir *DP*, das vorgib mir *Q*; mich *gebessert zu* mir *O*. **75** *Vers fehlt Q*. **76** Maria *ODP μ*] Maria vrowe *BCN*, Ffrawe mütter *A*, Sage mir *Q*; ware *fehlt A*. **77–79** *in Q* (*Kontraktion* 77.79, 78 *fehlt*): Do dy frauwñ nach gote gingen. **77** Ware du *ODP μ*] Wert *A*, *fehlt BCN*. **78** vil *fehlt D*; ir *OP*] din *ABCND μ*; swerer *fehlt P*; mut *fehlt C*. **79** Das sie *A*; nach Christo *OAP μ*] nach krist *BCN*, cristo nach *D*. **80** jamer vil *A*, vil yãmir *Q*; begingen *OQ*] geviengen *BCN*, enpfiengen *ADP μ*. **81–82** *Verse fehlen D*. **81** up sek *P*. **82** von leide *OA μ*] vor leide *BCNQ*, vele vñ *P*; Sy weynitẽ vor yãmir genug *Q*. **83** Er sach sy an *OABCNP μ*] Er kärte sich vm̃e *D* (*vgl. Lc.* 23,28: conversus), *fehlt Q;* Do sprach er zcu yn *Q*. **84** Laszent *AQ μ*; über mich *fehlt Q*; Laiszit vber mich uwer weynẽ sin *D*. **85** uber *ABCNQ*] ywer *O*, *fehlt D μ*; iuch und *fehlt BCN;* Bewenet iuk süluen vñ iuwe kint *P*. **86** Wan die tag noch *A*, Wẽte de daghe *PQ*; zukunfftig *DPQ*. **87** man *ABCNDPQ μ*] *fehlt O*; sprichet *ABCNPQ μ*] sal sprechin *D*, sprechñt *O*. **88** leibe *OA μ*] mvter *BCNPQ*, frauwen *D*.

So du, frawe, da wer<*e*>.
Do waz din můt vil swer<*e*>.
Din leit daz waz nit cleine.
Nu weine, maget, weine,
Weine dinez kindez not
Und<*e*> sinen bittern tot.
Sage [], frawe, mag*et*, sag<*e*>
Von dem jemerlich*en* tag<*e*>.
Sage ob du da were,
Do daz cruce swere
Uf dinen herren wart geleit.
O jamer und <*o*> biterkeit.
O ach Maria, maget gůt,
O blůme, kuniclichez plůt,
Gib allen reinen herzen

361–362 *Verse fehlen V*. **361** *hinter* wer *getilgt* d *G;* Swie daz (Doch wie *J*) dv da were *TJ*. **362** wart *T*; vil] gar *J*. **363** daz *fehlt TV*; enwaz *V*. **364** maget weine *G μ*] magt nv weine *T*, maget raine *JV*. **365** Weine *fehlt V*; kindez] lieben kindes *V*. **366** bitt^{s}lichē *TJV*. **Nach 366** *folgt in G Beischrift*: Amen dicat maria. **367** *Initiale GT*; Sage *TJV μ*] Sage an *G*; frawe maget *J μ*] frawe mage *G*, maget frowe *TV*. **368** iemerliche *G*. **370** Da *JV μ*; krütz vil schwåre *J*. **372** o *TJ μ*] *fehlt G;* O Maria O bitterkeit *V*. **373** *Initiale V*; ach *GT*] *fehlt JV μ*. **374** blůme *fehlt V*; kvnechlis *T*. **375** reinen] reynen guten *V*.

*Get*ruͤgen nach gebaren
Nach geboren waren.
Si wolten sich verpergen
In *talen* und in berg*en*
Vor dem jamerlichem tage,
Da wirt vil grosz der sunder klage.' ||
<*Sage, reine maget, sage,*
Sage und künde dine klage>.
Sage, ob du da ware, O 25r
Do das cruͤcze sware
uͤf din kint wart geleyt.
O jamer und o pittercheit.
Heu heu Maria gut,
O blume, kunikleiches blut,
Gib allen rainen herczen

Anstelle von 89–94 *zehn Verse in D*:
Getrugen noch gemachten (89)
Die werdin dijt wol achten
Den komit noch wol die zijt
Daz got v'hengnisze vber slegit
Daz sie schrien vnde clagen (94)
In den jemerlichen tagen (93)
Dan sprechin sie zu den bergin (92)
Fallet uff vns daz w' vns v'bergin (91)
Vor dieser groiszin jamerkeit
Her nach findet sich die warheit.

89 Ge'ruͤgen *O*. **90** geborn *ABN μ*, gebaren *OC;* Vñd ny kindes mut' warē *Q*. **91–92** *in P*:
Se wolden sek denne vor stelen
Vnde in den kelren helen.

91 Sy werdin *Q*. **92** telern vnd in bergern *O*. **93** Von *C*. **94** *Beginn E 42r mit dem Wort* |clage *am Zeilenbeginn;* wirt *ABCNP μ*] wart *O*; vil *fehlt P*; der sunder *OP μ*] der svnden (sünd *A*) *BCNA;* So groes wirt des sunders clage *Q*. **Nach 94** *ein Plusvers E*: Alz ich|. **95–96** *ABNDEP μ*] *Verse fehlen COQ*. **95** *Initiale E*; maget *ABND μ*] muder *P*; Saga reyne ma| *E*. **96** Ø *E;* Sage und künde *A μ*] Sage kvnde *BN;* Konde mir recht dyne clage *D*, Kündige dine groten claghe *P*. **97–98** *in Q*:
Maria sage mir du vil here
Von des crüczen swere.

97 ob] icht *P;* wert *A*, werest *P;* Saga ob du da w| *E*. **98** Ø *E*; Da (Dar *P*) *ADP μ*. **99–100** *wohl Inversion E*. **99** Ø *E;* Das uff *Q*; din kint *OADQ μ*] sin herze *BP*, sinen rvcke *NC*. **100** jamer und o *OADP μ*] iemerliche *BCN*, yām's *Q;* Dez iamirs vñ d'| *E*. **101** Heu heu Maria *O*] We we (Owê *μ*) maria *A μ*, O maria reine *BCN*, Eya můter maria *D*, Maria mayt reyn| *E*, Maria reyne vñ *P*, O here mait maria *Q*. **102** Ø *E;* blume *fehlt D*; künges blüt *A*, kōniḡlike blud *P*, von kōnīclichir blüt *Q*. **103** Gyp allē reynē h'| *E*.

Erkennen *dinen* smerzen,
Den du hetest, do din liep
Wart <*uz*> gefůret als ein diep.
Wan weren herzen stain*en*,
(459) Si *můsten* herz*e*weinen,
Si *můsten* || *gar* zerbrechen, G 7^{r}
Wan nieman kan gesprechen
Noch <*ge*>scriben noch gesagen
Daz vil jemerliche clagen,
(464) Daz du hetest, frawe min,
(465) Do du seche dinez kindes pin."

376 Ze (Zü *V*) erkennen *JV*; dinen *TJV μ*] disen *G*. **377–378** *Verse fehlen V*. **378** uz *TJ μ*] *fehlt* G. **379** weren herzen *GJ μ*] warin alliv h^{s}zen *T*, were eyn hercze *V*; stainn *G*, stainin *J*. **380** Si můsten *TJ μ*] Si mŏchte *G*, Esz můszte *V*; herze weinen *G*, alle weinē *T*, grimme wainen *JV μ*. **381** Si můsten gar *TJ μ*] (6^{r}) Si mŏchtē || (7^{r}) wol *G*, Esz můste gar *V*. **382** kan vollen sprechen *V*. **383** Joch *V*; gescriben *TJV μ*] scriben *G*. **384** Die vil iemerlichen *J*, Dyn vil bitterliches *V*. **385–386** *Verse fehlen* V. **385** Die *J*.

Erkenn*en* deinen smerczen,
Den du hettest, do dein liep
Wart auz gefůrt sam ein diep
Wan waren herczen stain*en*,
Si můsten sere weinen,
Si můsten gar zeprechen
Wan nymant kan gesprechen
Noch geschriben noch gesagen
Daz vil jemerliche *c*lagen,
Das du hetest, vraw<*e*> mein, ||
Do du sahest dines kindes pin.“ O 25[v]
Und awe, *hertez* hercze,
Wa ist nu din smercze?
Brich enczway, o hercz<*e*> mein,
Sich an der sůszen meyde pin.
Weine mit ir, weine vil,

---

104 Ø *E;* Zu erkennen *DQ*, Erkenne *O*, Der kennen *P*; dine smerte (smerczen *Q*) *PQ*. **105** Do *C*, De *P*, Dy *Q*; du] da *A*; liep *OACN μ*] lip *BD*, lyff *P*, kint lyep *Q;* Dē du hettiz do| *E*. **106** Ø *E;* sam *O*] als *ABCN μ*, also *D*, alse *PQ*. **107** Wan] Vnde *P; fehlt DQ*; herczen *O*] alle herzen (hertze *C*) *BCNDQ μ*, die hertzē *A*, ere herte *P*; stainein *OC*; Iz were eӯ h'tze| *E*. **108** Ø *E;* sere weinen *OABCND μ*] des iāmers wenen *P*, ymb̄er beweynen *Q*. **Nach 108** *folgen in P die Verse* 113 *und* 114:

Dat du haddest vrowe myn
Sware an dem herten din.

Danach fährt P mit Vers 109 *fort, wobei das Verspaar* 113 *und* 114 *an der richtigen Stelle in korrekter Form nochmals folgt.*

109 *Vers fehlt AC;* Si] Vnde *DQ*; mochtē wol von yāmir brechin *Q;* Iz muste gar tz| *E*. **110–111** *Kontraktion in A*: Wan niemā mag gesprechen | nach gesagen. **110** Ø *E;* vulsprechin *Q*. **111** Noch *fehlt DQ*; gesagen] vullehesin *Q;* Noch gesch·bē no| E. **112** Ø *E;* glagen *O;* Dyn jemerlichs clagen *D*, Das yēmirliche wesin *Q*. **113** Das dū het frawe vmb in *A;* Daz du hettiz vr| *E*. **114** gesagist *Q;* des kindes *A*, deins kindes *C μ; in E lediglich das letzte Wort erhalten:* |pӯ. **Nach 114** *ein Plusvers E*: Der gar|. **Anstelle von 115–118** *sechs Verse in D:*

Owe wie du gedechte (115)
Vn̄d ouch dar zu spreche (*vgl.* 110)
Wo ist nů din smertze (116)
Brich an zwey myn hertze (117)
Daz ich icht sehe mӯes kindes pin (118)
Ob ich dez vberig mochte gesin.

115 *Initiale BCNEO;* Und *OEP*] *fehlt ABCNQ μ*; hertez *E μ*] hertzes *AO*, iamerigez *BCN*, werde *P*, du vorstocktis *Q; mit* Vn̄ owe h'tes h't| *endet E 42*[r]. **116** Wur *P*; dyne *Q*. **117** o *fehlt Q*. **118** sůszen *fehlt Q;* pin *gebessert aus* din *O*. **119** weine vil *OBCN μ*] vnd wein auch vil *A*, betrube dich vil *Q;* Ir sollet schrien vnd weynen viel *D*, Bewene mit er des iāmers vil *P*.

(482) Zu disen worten spr*ichet* d*iu* maget:
„Vil lieben <*kint*>, iu si gesaget,
Ich waz ze Jerusale*m* inne,
(485) Do min liebu mi*nne*,
Jesus, min kint, min zart,
Gefuret fur die Juden wart,
Geslagen und gebunden.
(489) Si taten gelich den hunden,

387 *Initiale GJ μ, X-Zeichen am linken Blattrand wohl von späterer Hand V*; sprichet *TJ*] sprach *GV μ;* dv *G.* **388** kint *TJ*] lute *V, fehlt G μ.* **389** ze *GT μ*] zů *JV*; ierusalen *G.* **390** min *G μ*] min vil *TJV*; liebu mine *G*, liebes kinde *J*, susze mynne *V.* **391** min zart *G μ*] vil zart *J*, min herzē (herre *V*) zart *TV;* zart *gebessert aus* zarte *G.* **392** Gefv̊g^{r}et *T*; Al vo̊r die judden gefurt wart *V.* **394** taten *G μ*] warē (wasent *J*) *TJ*, gebarten *V.*

Hab *ungemach* ane zil.
La hercze *dich* erbarmen
Marien die vil armen.
Ir augen, ir solt fliezen,
Ir solt die zaher giezin.
O ach, wer *git* dem haupte mein
Das waszer, da von werde schin
Meines herczen piterchait,
Das jamer, das myn sele treit?
Wer geit meinen augen der zaher regen?
Ich wil nicht wan wainens pflegen. ||
Zu den warten sprach dy maget: O 26^{r}
„Vil liber knecht, dir sey gesaget,
Ich was zu Jerusalem ynne,
Da myn liebe mynne,
Jesus, myn kint vil zart,
Gevangen von den Juden wart,
Geslogen und gepunden.
Do wart mir we *ze*stunden,
Do mir die mare wart geseit,

---

120 Hab *OPQ*] Hab mit ir *A μ*, Habet *D*; ungemach *ADP μ*] vngehabe *O*, leyde *Q*; Ane maze vñ ane zil *BCN*. **Nach Vers 164** *wiederholt D die Verse* 121–160 (*Sigle d*). **121** Lad *P; dich ABCNP μ*] dir *O*; Eya hertze lasz (Hercze mȳ laes *Q*) dich irbarmen *DdQ*. **122** Marian *Q*; die] der *dPQ*. **123–126** *Verse fehlen D*. **123** Ir] Min *A μ*, Gi *P*; ir sult] sollet *d*, gi schüllen *P*; fliezen] üsz vliessñ *Q*. **124** Vñ de trane ud gheten *P*, Vnđ vil czhere vorgissin *Q*. **125** O ach *nach O*] Dach *O* (*mit untypisch vergrößertem* D), Ach *AQ μ*, Owe *BCN*, Dat *P*, *fehlt d*; we^{s} *P*; git] gut *O*, gud *P;* dem haupte] nu den ougen *d*. **126** Das waszer] Waszer *d*, Dat itlik wat^{s} *P*, Dy czhere *Q*; werde] wörde *P*, *fehlt A*. **127–128** *in D*:

Den jamer vñd bitterkeid
Den myn armes hertze treid.

127 Sines *A*, Dines *P*. **128** Das *OdP*] Den *ABCN*, Der *μ;* das *OdP*] den *ABCN μ*; sele *OAP μ*] herze *BCNd*; Vnđ myn vil groeszis leit *Q*. **129–146** *Verse fehlen D*. **129** der *fehlt C*; trane *P*; Wer gibt mir der zehere regin *d*, Myn hercze hot sich des irweigin *Q*. **130** dan *AD*; waines *C*, wainen *O (folgt getilgt*: sele treit); Se wolden g'ne wenens plegen *P*, Is sal nicht wen yāmirs pfleigñ *Q*. **131** *Initiale A μ* (*vgl. O* 133); In den *d*, Czu dissin *Q*. **132** Vil] Myn *d*, *fehlt Q*. **133** *Initiale O*; zu *OABNdPQ*] ze *C μ*. **134** myn vil lieb *A*; Da jhūs mȳes hertzin mȳne (Do mynis herczen synne *Q*) *dQ*, Do de leue mek an synne *P*. **135** vil zart *O*] minz h^{s}zen zart *BCN*, myn hertz (herze *μ*) zart *A μ*, zart *dPQ*. **136** Von den judden gefangen wart *dQ*. **138** Mir wart we *d*, Do wart mir so we *Q*; zu den stūden *dPQ*, estunden *O*. **139** *Beginn E 42^{v} mit* |yt; Du *d*; die mare *OdPQ*] daz mere *ABCN μ*; wart] wörden *PQ*.

(494) Si bizzen und grinen in an.
Do waz wip noch man,
Der uber Krist den armen
(497) Sich cleine wo̊lt erbarmen.
(490) Do ich daz leid<*e*> mer vernam,
(491) Vil sere ich mich dez erkam.
Ich weinte ser und schrei,
Do in der Juden můnt verspei.
Er stůnt vor in *ge*vangen,
Bleich waren sinu wang*en*,
(502) Sin lib von blůtes sweizze floz.
Min herze plůtez trehern goz.
Ich sach die pin, die er leit,
Min herze waz vol biterkeit.
Er swaik als ein lembe*li*

---

395 gryneten *V*. **396** wip noch man *G*] ivnch alt wip noch man *T*, weder vrow noch (ader *V*) man *JV*, weder wîp noch man *μ*. **397–398** *in V*:

Die sich uber cristum den armen
Wolten y^{v} (*lies:* iht*?*) erbarmen.

397 xp̄m *J*. **398** Ein cleine sich er wolte erbarmē *T*, Ain klain sich wo̊lt erbarmen *J*. **399** daz leide mer *T*] daz leid mer *G*, des laidig mår *J*, die leyde mere *V*. **400** mich *fehlt V;* erkam *G μ*] hinder kā *TV*; Vil sere laid mir dar von kam *J*. **402** der Juden *GJ μ*] der ivde den *T*, des judden *V*. **402–418** *in V*: *auf Vers* 402 *reimt* 418, *die Verse* 403–417 *fehlen*. **403** gevangen *HTJ μ*] ervangen *gebessert aus* erhangen *G*. **404** warent im sin (die *H*) *JH*, wârn im siniu *μ;* wange *G*. **405** von blv̊te floz *T*, von plůte schwaise flo̊s *J*. **406** plůtig tråcher *J*. **407** er da laid *J*. **408** voll^{s} *H*. **409** alsam *HT*; lembeli *μ*] lembelin *GT*, lembli *H*, schåfli *J*.

Eyn swert myn hercz<*e*> gar durchsneit.
Swie we mir waz, ich chom <*al*> dar.
Do stunt umb yn der Juden schar.
Sy stizen und *spiten* in an.
Do was weder wayb noch man,
Der ůber Cris*t* de*n* armen
Icht wolte sich erbarmen.

Ich wainte sere und schray, ||
Do yn der Juden můnt verspey. O 26v
Er stůnt vor yn gevangen,
Blaich waren syn<*e*> wang*en*,
Sein leip von blůtes swayze flo̊z,
Myn *sele* blutez zaher *gőz*.
Ich sach die pyn, die er [] lait,
Myn hercz<*e*> was vol pitterchait.
Er swåg als *ein* lembelin,

---

140 myn hercze gar *OBCN μ*] gar min hertz *A*, mȳ sele gar *P*; Eyn scharp swert mȳe sele durchsneid *dQ*, Eȳ sw[s]t mich durch| *E*. **141** Ø *E*; ich chom al dar *BCNDP μ*] ich chom dar *O*, doch quam ich dar *Q*; Als ich nü kam also dar *A*. **142** Da vmb stünd in *A*, Do stūt he in *P;* Do stūt b ī d[s] iudē scha| *E*. **143** Ø *E*; stizen *OdP*] stiezen in *BCNA μ*, slugen *Q*; spiten *BCNdPQ μ*] sputen *A*, spůrztñ *O*. **144** Dar er was noch wyff noch man *P*; |wyp noch der| *E*. **145** Ø *E;* Der] Der sich *dQ;* Crist *ABCNPQ μ*] jhesum *d*, cristū *O;* denn armen *O*. **146** Icht wolte sich *OdP*] Sich iht wolde (wolden *C*) *BCNA μ*, Hette laessin *Q;* derbarmen *P;* |wolde sich irbarmē *E*. **147** *Initiale BNO*; Ich] Sie *D*; vnde sere schrey *Q*; *in E nur erhalten:* |y. **148** be spey *P;* Do ȳ d[s] iud mūt vors| *E*. **149** Ø *E;* yn] sy *Q*. **150** waren syne *E*] waren (warn *C μ*) im sine (sin *AC*) *BCNADdP μ*, waren syn *O*, wurden en syne *Q*; wange *O;* |ych waren syne wāgyn *E*. **151–152** *in d*:

Syn lip waz von blude nasz
Myn hertze begūde jamern daz.

151 Ø *E*; blüt swartz *A*, blvtes sweizzes *C*, blude *D*, blutigñ sweisse *Q*. **152** Myn sele *BCNEP μ*] Ich da *A*, Syne sele *D*, Myn (*folgt getilgt* hercz) sele *O*, Min hercze *Q*; heisz *A*, plvetig *C*, bludige *DQ*; trene *EP*; grőz *O;* Mȳ sele blutez trene gu| *E*. **153–154** *Inversion Q*. **153** Ø *E*; die er da lait *O;* Von den smerczñ dy er leit *Q*. **154** wart *Ad*; Mȳ h·cze waz vol bitt[s]ke| *E*, Vil trvren die min herze kleit *BCN*. **Anstelle der Verse 155–158** *in d*:

Da en der judden grȳmige hasz
Mit slahin so geferig waz.

155 Ø *E*; als *OA μ*] alsam *BN*, recht sam *C*, also *DP*, sam *Q*; ein] yn *O*; lembelin *OBCNDQ*] lēmekin *P*, lemlin tüt *A*, lembelî *μ*

Unschuldik, aller sunden fri.
Gedulticlichen er vertrůk,
Do man || in an daz wange slůk, G 7^{v}
An sinen zarten baken,
Mit fusten an den naken.
Si stiezzen in nach ir gelust
Fur die kelen und an die brust.
Einer stiez, der ander spei
Als einen diep man in anschrei
Mit grimme und och mit zorn<*e*>
Do er mit einem dorn<*e*>
Stůnt vor in ge*kr*onet,
Gelestert und gehonet. []
Do ich armu daz gesach,
Do schrei ich awe und ach.
Dez libes kraft engienk mir gar,
Min herze wart vil wol gewar,
Daz mir dez libes kraft engienk,
Do ich den smerzen gar enp||hienk, G 8^{r}
Den min sun *an im* leit,

410 Vnd schvldich *T*; sin^{s} frig *H*. **411** er in ver trv̊ch *TJ*. **412** Do] Das *J*; die wangē *HJ*. **414** vff den nakken *H*. **416** Fur *HTJ μ*] An G; und *G μ*] vncz *H*, *fehlt TJ*. **418** ẙn beschrey *V*; Der dritt rofft d^{s} vierd der schraig *H*. **419** och *GJV*] *fehlt HT μ*. **420** einem *GTJ μ*] mēgem *H*, den *V*; doren (: zorn) *J*, dornen (: zorne) *V*. **421** gekonet *G*; Vor mir wart gekronet *V*. **Nach 422** *folgen 12 Plusverse in G:*

Sin wange minneclich
Vñ sin bart edelich
Zerzarten si im da ze stunt
Si schůchtun (*lies:* schuchten in?) gedult div wart in kunt
Si wegeten mit grozzem ark
Sin haupet wan er nit waz stark
Sin havpet vñ sin swarte
Si im so gar zerzarten
Mit der krone si in můten
Von sharphin ez do plůte
Daz im daz plůt ze tale floz
Vñ im den lip allen begoz.

423 *Initiale G μ*; ersach *HJV*. **424** we vnd ach *V*. **425** er gieng *J*. **427** Da mir *V*; craft ingen *T*. **428** Vnd ich *V*. **429** sun] kind *H;* an im *über dem Schriftspiegel nachgetragen G*.

<*Der vil liebe herre min*>.
Gedultiklich<*en*> er vertrug,
Do man yn an das wange slůk,
An sinen zarten baken,
Mit faůsten an den nakchen.
Si stiezzen yn nach ir gelust
Ffur die kele <*und*> an die brust.
Ayner stiez, der ander spey,
Als einen diep man yn anschray
Mit grůmme und mit zorne, ||
Do er mit einem dorne O 27^{r}
Stůnt vor yn gechroͤnet,
Gelastert und gehoͤnet.
Do ich arm*e* das gesach,
Do schray ich owe und o ach.
Dez libes kraft engieng mir gar,
Myn hercze wart vil wol gewar,
Das mir des lybes kraft engieng,
Do ich den smerzen gar entpfiͤng,
Den got an synem lybe l*e*it,

156 Der vil liebe herre min *DE*] *Vers fehlt O*, De vil leue sone myn *P*, Gedvltick in den noten sin *BCN*, Gedültig was er vnd güt *A*, Wen er wolde geduldig syn *Q*, Unschuldec aller sünden vrî *μ (vgl. Spiegel 410)*. **157** Gedulteclichen *BCNP μ*] Gedültiglich *ADOQ;* er *OBCN μ*] er es alles *A*, er ez *D*, he dat *PQ; in E nur erhalten* |c *E*. **158** Do *OAC μ*] Daz *BNDEPQ*; das wange *OBCNE μ*] sinē wangē *A*, synen bagken *D*, de wangen *PQ*; Daz mā ā daz wāge sl| *E*. **159–160** *Verse fehlen D*. **159** Ø *E;* sinen *Od μ*] den *BCN*, sin *A*, sine *PQ*; tzarte *P*, heiligñ *Q*. **160** Vnđ mit *Q*; an] vff *dE*, in *Q*; |it vůstē vf dē nackē *E*; *Ende d*. **161–162** *Inversion DE* (160.1 *sind erhalten*, 162.3 *weggeschnitten in E*). **161** stiezzen] slugē *Q*; ir gelust *OBCN μ*] irē glůst *A*, erer (ire *Q*) lust *PQ*; Noch eres hertzin wiln vñd lust (Alz nach iris hˢczē lust *E*) *DE*. **162** Ø *E*; Fur *OBCN μ*] An *A*, Vor *D*, Vnder *P*; kelen (keln *μ*) *AD μ*, kel *BCN*, oghen *P*; und *ABCNDP μ*] *fehlt O*; an *OA μ*] fvr *BCN*, vor *DP*; Vor synē herczē vnd bruest *Q*. **163** Ø *E;* Ein de steit *P*, Der eyne slug *Q*. **164** Also *D*, Alse *PQ*; |lz eyn dyp mā yn āschrey *E*, *Ende E* 42^{v}. **165** vñd ouch mit *DPQ*. **166–167** *in Q*:

Ouch hattē sy on mit dhornen
Jēmirlich gecronit.

169 *Initiale* (*nicht ausgeführt C*) *BCNO μ*, *Paragraphen-Zeichen A*; ich vil arme *BCNP*, ich arme (*gebessert aus* armr) *O*, ich arme mait *Q*; sach *AP*. **170** Do sprach ich *BCN*, Ich schrey lute *Q*; owe und o ach *OBCN*] owe vnd (vnde *D μ*) ach *AD μ*, owe vñ owach *P*, ach ymber ach *Q*. **171–172** *Verse fehlen D*. **171** *Beginn E* 12^{r}; Myns lybis *Q*; **172** vil wol] das schire *Q*. **173** Da *D*; des] dat des *P*. **174** Do ich] Vnde *D*; de smerte *P*; Von den smerczen dy ich entfing *Q*. **175** De *P*, Dy *Q*; synē liebe *Q*; lyt (: pitterkayt) *O*.

Vil vol wart <*ich*> der biterkeit.
Ich enhet *kraft, sin* noch wort,
Do ich ersach daz groze mort,
Daz im die Juden taten,
E daz die hanen kraten.
Da waren auch bi mir frawen gůt,
Den tet vil we min swere můt.
Mine swester sachen auch die not,
Si weinten als in were tot
Ir eingeborn liebes kint,
So lieb waz in min sun gemint.
In der no̊te waz auch da
Maria Magdalena.
Der ungemach waz so groz,
Daz si von trehen uber*f*loz.

430 Gar fol *V*; ich *HTJV μ*] *fehlt G*. **431** *Initiale nicht ausgeführt H*; enhet] enhette *TV μ*, *fehlt J*; kraft sin *T μ*] sin noch kraft *G*, krafft sin wis *H*, weder kraft sinn *J*, crafft synne *V*. **432** gesach *V*; des grösse *J*, den groszen *V*. **433** taten *GJ μ*] an tatē *TH*; Den sie an myme kinde taden *V*. **434** d^{s} hane krägte *H*. **435** auch *G*] *fehlt HTJV μ;* bi min^{s} *H*. **436** swere můt *GT*] schwårer můtt *HJV μ*. **437** Min *HJ μ*. **438** alse *T*, als ob *J*. **439** ain gebornes *HJV μ*, ein geboren *T*. **440** So vil was *H*; kind gemiñt *H*, sun gemaint *J*. **441** In den no̊ttē *H*. **442** Die getruwe Magdalena *V*. **443** Der] Yr *V*; ungemach *G μ*] vngehab *HTV*, truren *J*; so *GV μ*] also *HJ*, vil *T*. **444** trehehe *T*, zecher *J*; vberfloz *durch Rasur gebessert aus* vber ge floz *G*, nid^{s} floss *H*, nider gős *J*.

Vil vol wart ich der pitterkayt.
Ich enhet kraft, syn noch wort,
Do ich ersach daz grosze mort,
Das sy an ym taten,
E das dy hanen chr*a*ten.
Myne swester [] war<*en*> auch da
Und Maria Magdalena. ||
Sy sahen mynes kindes noͤt, O 27[v]
Sy wainten als yn ware tott
Ir ain<*ge*>boren lybes kind,
So liep was yn mein son gemint.
Dach wainet niemen also vil,
Ane maze und ane zil,
Als Maria, die getruͤwe
Magdalena. [] Vol ruͤwe

---

176 Vil wol *C*, Gar vul *P*; ich] er *A*, ir *NC*; der *fehlt AE*; Myn hertze wart vol bitterkeid *D*, Ich wart do vul bitterkeit *Q*. **177–178** *in Q:*

> Ich hatte krafft noch macht
> Do man dessin mort irdacht.

177 crafft noch syn *P*; Ich enhet weder kraff sinne | nach wort *(dahinter undeutlich:* mut*) A*. **178** gesach *E*, sach *P*; daz grosze mort *O*] den grozen mort *BCNADEP μ*. **179** Das *O*] Den *BNADEPQ μ*, Den (*gebessert aus* Des) *C*; an ym] mit eme *D*, an mynē kinde *Q*. **180** E dan (Ehir wen *Q*) *DEQ*, Eir dat *P*; chreten (: taten) *O*. **Nach 180** *ein Plusvers E:* Vñ maze doran hattē. **181–182** *in D:*

> Ouch waz mit mir da
> Maria magdalena.

181 *Initiale E;* Min *BCNA μ*; swestern *AEPQ*; waren] die war *O*; ouch alda *Q*. **182** Und] Mit *Q*. **183** Sy *OBCNEP*] Die *ADQ μ;* sach *D*, sagñ ouch *Q*. **184** Sy] Wir *Q*; wate *getilgt vor* weinten *C*, weynte *D*, wenden *P*, wentē *Q*; als] als ob *A*, also *D*, alse icht *P*, *fehlt Q*; er were toid *DQ*. **185–186** *in D:*

> Der eyngeborn godes son
> Mit jāmir korte sie da von.

in Q:

> Wen en wart ny liebir vor nach sint
> Wen en was mȳ liebis kint.

185 eingeborn *BD*, ainboren *O*, angheborn *P*, eingebornes *AENC μ*. **186** son gemint *OAP μ*] kint gemint *BCNE*, sone sint *P*. **187** Doch *OABN μ*] Do *CE*, Dar *P*, Ouch *D*; ne weynde *P*; nyemās *D*; also *OD*] so *ABCNEP μ*; Sy weyntē alle vil *Q*. **189–190** *in Q:*

> Sy hattē leide vñ ruwe
> Wen sy hattē zcu ym groesse truwe.

189 Also *DE*, Alse *P*; die *fehlt C*. **190** vol *ADEP μ*] voller *BCN*, dy uol *O*.

An weinen niemen waz gelich
Marien, so vil biterlich
Weinte *si* von herzen vil.
Gelegen waz ires herzen spil.
Doch waz mir vor in allen we,
Da von so můst *i*ch weinen me.
Do dizze waz ergangen sus
Und min lieber sun Jesus
Nach der Juden rate
Vor dem richter Pilate
Wart verteil*e*t an den tot
Und der gebutel daz gebot || G 8v
Von dez richtes gwalt,
Si weiren iunk oder alt,
Arm, groz oder cleine,
Daz si *volgten* alle gemeine
Und mit minem kinde giengen,
Biz daz si in erhiengen,
Do war*t* gefůrt min *liebez* liep

---

445 was niemā gelich (ie gelich *T*) *HTJ*, waz ẙr nẙmant glich *V*. **446–447** *in V (in einer Zeile geschrieben):*

Maria ging vil bitterlich
Weynē vsz d' maszē vil.

446 Marie *J*. **447** si *HT μ*] so *G*; Si wainet ouch von *J*. **448** ires herzen spil *G*] ir frŏden spil *HTJV μ (vgl. Uvkl. 778)*. **449** Doch] Des *V*; fúr sú alle *HTJV μ*. **450** Dar vm̄ *J*; so *fehlt HT*; můss *H*; il ich *G; folgt in G Beischrift, wohl von gleicher Hand wie gelegentliche Federproben:* Mein drust wizzi. **451** *Initiale GJ μ*; ergangen nun *J*. **452** min vil liebir *T*; Vnd jh̄s min lieber sun *J*. **454** pilato *TJ*; Stund vor pylate *V*. **455** Wart *fehlt V*; v̊teileit *G*, ge vrtailet *J*, Ver orteilt *V*; in den tod *HJV μ*. **456** gebutel *GHT*] bittel *JV μ*; daz *GJV μ*] da *H*, do *T*. **457** *Vers fehlt V*; richtes *G*] richters *HJ μ*, gerichtes *T*. **458** iunk oder alt *GHV μ*] ivnch rich oder alt *TJ*. **Nach 458** *Ersatzvers für den fehlenden Vers* 457 *in V:* Vnendelich ader balt. **459** Arm groz oder cleine *G*] Si wärēt rich gross od^s klain *H*, Siv werin groz arme od^s clain *T*, Si wårint arm grȫs oder klain *J*, Grosz ader auch cleyn *V*, Sî wærn grôz oder kleine *μ*. **460** Daz *fehlt V*; volgten *HV μ*] sŏltū *G*, wolgetin T, nåch volgten *J*; gemeine *gebessert aus* gemrme *G;* alle gemeine *GV μ*] d^s gemaind *H*, gemaine *TJ*. **461** kinde sie gyngen *V*. **462** Biz daz *GTV*] Vnd dz *H*, Vntz *J*, Unz daz *μ*; in] ez *μ*. **463** *Initiale GHT; hinter* wart *folgt getilgt* min k *G*; liebez liep *HTJV μ*] kint liep *G*.

Waz ir hercze und ir můt
Als diu *tůrtel*taube tůt,
Die ir gemahel het verlorn,
Den si ze tro̊ste het erchorn.
Doch was mir fuͤr <*si*> alle wee,
Do von so můst ich weinen mee.
D*o* disiu rede was alsus
Ergangen *und* mein <*sun*> Iesus
Nach *der* Juden rate ||
Vor dem armen Pylat*e* O 28[r]
Wart vertaylet an den to̊tt
Und der gebutel do gepo̊t
Von des richtes gewalt,
Sy waren junk ader alt,
Grosz ader kleine,
Das sy alle gemayne
Mit meinem kinde giengen,
Uͤncz <*daz*> sy yn erhingen,
Do *wart* Jesus, mein l*ie*bes liep

191–194 *Verse fehlen Q.* **191** Ir was ir herze vn̄ ovch ir mvt *BCN*, Ir h[s]cze trurete vn̄ ir můt *E*. **192** Also *DE*, Alse *P*; durtzel dube *D*, tůrkel taube *O*, trittel duue *P*. **193–194** *in E:*

Swē sy irn gegatē vorluzet
Dē sy czu troste irkuset.

193 iren *ADP*; gemecheit *BN*, ghaden *P*; vͤloren (: erchoren) *O*. **194** Den *ADEP μ*] Daz *BCN*, Die *O*; ze *OBCN μ*] zü *ADEP*; derkoren *P*. **195** fuͤr si alle *AE μ*] vor in allen *BCNDQ*, fuͤr alle *O*, vor er also *P*. **196** so *OAEP μ*] *fehlt BCND*; müsz *A*; Darvmƀ ich weinte me *Q*; mer (: we) *P*. **Nach 196** *ein Plusvers E:* Beyde dornoch vn̄ e. **197** *Initiale E μ, Paragraphen-Zeichen A*; Do *BCNEPQ μ*] Da *AD*, Das *O*; disiu] die *D*; was *fehlt Q*. **198** Czurgangē *E*, Vor gangen *P*, Vorgingin *Q*; und *DEQ μ*] vmb *AOBCN*, ouer *P*; mein sun *E μ*] mȳ kint *DQ*, minen (mein *O*) *BCNAO*, *fehlt P*. **199** der] den *O*. **200** Vor *OADEQ μ*] Von (Vn̄ van *P*) *BCNP*; dem *OABCNP μ*] den *DEQ*; armen *OABCN μ*] argen (boesin *Q*) *DEPQ*; pylato *O*. **201** ver vrtelt *AQ*; an den *OEP*] in (bis in *Q*) den *BCNDQ μ*, zü dē *A*; tag *getilgt vor* to̊tt *O*. **202** gebutel *OA*] boddel *DE μ*; do *OAE*] daz *D μ*; Vnd daz der butel gebot *BCN*, Des richtes knecht do gebot *P*, Vn̄d vnd'en eyn' gebot *Q*. **203** py *getilgt vor* des *Q*; richtes *O*] gerichtes *BCNEP*, rihters *ADQ μ* **204** Er were *Q*; junk ader *OBCNDEQ μ*] rich arm jūg vn̄ *A*, rike iňk edder *P*. **205–206** *Inversion NCQ*. **205** Grosz *ODEQ*] Sie weren groz *BCNAP μ*; oder] vnde *Q*. **206** So sulden sy *Q*; all gemein (: klein) *A*, al gemeine *CEQ*. **207** kinde] sone *E*; Das sy mit ihesū gingin *Q*. **208** Uͤncz daz *C μ*] Das *A*, Biz daz *BNDPQ*, Vn̄ daz *E*, Wͤntz *O*; yn *OEPQ*] iz *BCNAD μ*; hengen *P*, gehingin *Q*. **209** *Initiale BCN*; wart *EP μ*] gienk *BCNAOQ*, *fehlt D*; liebes *ACNQ μ*] libes *B*, zartes *D*, *fehlt EP*.

Uz der stat alsam ein diep.
Die Juden lieffen alle
Da zů mit grozem *sh*alle.
Si lachten unde růften,
Si spotten unde wůften,
Si wůrfen *uf* den werden Krist
Hor und vil unreinen mist.
Si taten im schanden genůk,
Do er den galgen ůf im trůk.
Se verbunden im diu augen clar,
Die als einem edlen adel*ar*
Im stůnden minneclich<*en*>.
Si spitten biterlich<*en*>
An sin antluze shon<*e*>.
Den da in sinem tron<*e*>

464 alsam *GT*] recht alz *H*, als *JV μ*. **465** lvffen *THJ; hinter* alle *folgt getilgt* dar *V*. **466** Dar zů *HJV μ*; mit eyme groszen *V*; shalle *durch Überschreiben gebessert aus* zalle *G*, geschalle *H*. **467** wůrfen (: růften) *J*, rieffen (: wieffen) *V*. **468** *Vers fehlt T*; spotteten *J*. **469** uf *HTJV μ*] an *G*. **470** vil *GTV*] *fehlt HJ μ*. **471** schande *H*, den schanden *J*. **472** ůf im *GH μ*] vf in *T*, selber *J* (*vgl. HTJV 309*), des cruczes *V*. **473** Si *HTJV μ*. **474** als einē edlen adelær *G*, alz (alse *T*) ain edel adler (adeler *T*) *HT*, im als ainen adlar (einem adelar *μ*) *J μ*, ym als eym (*dahinter folgt getilgt* eddelen) addelar *V*. **475** Im stůnden *HT*] Si v̊nden *G*, Stůnden *JV μ*. **476** Si *fehlt T*; spiton (ver spythen *V*) in *TV*, spÿen *J*. **477** Im an *H*; sine *T*; antlit *HJ*, antlicze *V μ*. **478** Den da *GT μ*] Der *H*, Das *gebessert aus* Die *J*, Da er *V*.

Usz der stat <*gevůrt*> als ein diep.
Die Juden *liefen* alle
Do zu mit groszem sch*a*lle.
Si lachten unde *růften*,
Si spotten und<*e*> *wůften*,
Si wůrfen auf den schonen Crist
Hor, staine <*und*> unrainen mist. ||
Sy taten ym schande genůg, O 28v
Do er den galgen auf ym trůg.
Sy verbůnden im die augen chlar,
Dů als einem edel*n* adelar
Im stunden mynikleichen.
Si *spiten* [] pitterleichen
An sein angesichte schone.
Den do in seine*m* throne

---

210 Ffür die stat *A;* gevůrt *EP μ*] *fehlt ABCNOQ*; als *OE μ*] alsam *BCN*, glich als *A*, also *P*, alse *Q*; Wart vsz gefurt also eȳ diep *D*. **Nach 210** *zwei Plusverse E:*

Eȳ zeil v̄mē halz gebūdē
Czu dē selbē stūden.

211 lůffen *O*; Da gingen (Do lieffin *Q*) die judden alle *DQ*. **212** Dar zu *ABCNP μ*, Czu *EQ*, *fehlt D;* mit groszem *OABCNP μ*] mit eyme *E*, Mit eyme groiszen *D*, mit groessin *Q*; geschalle *A*, scholle (: alle) *O*. **213–214** *Verse fehlen DQ*. **213** Die *C*; růften (: wůften) *ABN μ*] ruften (: wuffen) *C*, rőuftē (: heuczten, *davor getilgt* hůften) *E*, wͤften (: růften) *O*, repen (: lepen) *P*. **214** spytē *E*, spotteden *P*. **215** Si] Vnde *DP*; schonen *OAP*] reinen *BCNE*, wden *D μ*, szuessin *Q*. **216** Hor] Dreg *DP*, *fehlt Q*; und *ABCNDEPQ μ*] *fehlt O*; unrainen *OADQ μ*] *fehlt BCNEP*. **217–224** *in Q:*

Sy begingin an ym schande genug
Sy gaben ym manchen boesin vlug
Sy vorbunden ym syn antletcz clär
Das alle zciet offinbar
Luchte sam dy sune
Sy fraitē nicht nach der wūnen
Noch nach dē clarē angesichte
Dem sich kundē gegliechin mit nichte.

217 schande *OADP*] schāden *BCNE μ*. **218** den *wiederholt und einmal getilgt P*; im] sek *P*; Die er gutlich verdrug *D*. **219** die] syne (sein *C*) *EPC*. **220** Dẘ als einem edelm adelar *O*, Die im als (also *D*, alse *P*) einem (eyme *D*, eym *E*, ein *AP*) adelar (adel arn *P*) *ABCNDEP μ*. **221** Im *O*] *fehlt ABCNDEP μ*; wūnichliken *P*. **222** spiten *BCNDE μ*] spūten im *A*, spirtzten in *O*; Se weren an fröuden gar rike *P*. **223** sinem *P*; angesichte *OABCN*] antlitze *DE μ*, antlate *P*. **224** Den] Der *D*, Dē *E*; seinen *O*.

Die hochen engel Seraphin
(577) Und die kŏre von Kerůbin
Und der engel geselleschaf*t*
Sehent in siner magenkraft []
Und och in siner gotheit,
Der lait vil grozze biterkait.
(582) Alsus wart er hin gezogen,
Daz ist ein warheit unerlogen.
Ich sach in furen || vor mir hin, G 9r
An dem aller min gewin
Und minez herzen fraude lak.
(587) O ach vil jemerlicher tak.
(590) Ich gie nach im uf sin sporn,
Der von mir reine wart geborn.
Auch giengen *frawen mit mir* da,
Die im von Galilea

---

479 Die heilgen engel cherubin *V*. **480** von *fehlt V*; keraphin *H*, seraphin *V*. **481** geselleschat *G*. **481–483** *Kontraktion in V:* Und der engel gotheit *V*. **482** Sehent in siner magenkraft *H μ*] *fehlt V*, Wē sehin in siner magē craft *T*, Sechent in siner grŏsen kraft *J*, In siner herren magen kraft *G*, *danach zwei Plusverse:*

Ze sehen begen vil
An vnder las anende zil *G*.

483 och *fehlt TJ*. **484** Der lidit nv der bitterkeit *T*, Der hie laid grůs bitterkait *J*. **485** *Initiale GJ μ*; Also *J*; wart *GJ μ*] so ward *HTV*; er] im *H*, er ẙn *V*. **486** die warheit *V*; unerlogen *GJ μ*] nit gelogen *H*, vngelogē *TV*. **487** ein fůren vor mir *T*, in vor mir fieren *JV*. **489** Und *fehlt J*; frede *J*. **490** O *fehlt TV*; bittslicher *HJV*. **491** nach in *T*, ym nach *V*; sin sporn *GH*] sinē sporen *T*, sinen sporn *J*, sine spör *V*, sinem spor *μ*. **492** reine *G*] rainer *H μ*, reinvn *TJ*, eyne *V*; wart] ist *V*. **493** Ach *T*; frawen mit mir *HJV μ*] mit mir frawen *G*, frowē mit im *T*; dar *J*. **494** Die ym auch von *V*.

(576) Die hohen engel Seraphin
Und die chore Cherubin
Mit aller engel gesellescaft
Sehent in seiner ma<*genkraft*>
Und auch in seiner gothait,
(581) Der leit der schonden pitrichait.
Alsus so wart er hin gezogen,
Daz ist ein warhait unerlogen.
Ich sach *in* furen vor mir hin, ||
An dem *aller* mein gewin O 29^{r}
(586) Und meines herczen fro̊de lag.
(587) Und owe jamerlicher *tag*.
(590) Ich gie nach im auf seinem sporn,
Der von mir *raine wart* geborn.
Auch giengen frawen mit mir da,
(593) Die im von Galylea

225–226 *in Q:*
Dy hougē engele trom' vnđ seraphin
In den chören pñcipatus vnđ cherubin.

225 cherubin (: seraphin) *P*. **226** Und die chore *OBCND μ*] Vnd der chor *A*, Vñ dy trone vñ *E*, Vñ trom vnde *P*. **227** Mit *OABCNPQ*] Vnde (Vñ *E*, unt *μ*) *DE μ*; selschafft *P*. **228** Seen *E*, Sein *P*; magenkraft *BCN μ*] magestat krafft *A*, mācraft *E*, ma--- *O*, groten crafft (*davor getilgt* selschafft) *P*; Hatte gelobit in syner crafft *D*, Dy do syn in synir maiestat *Q*. **229** auch *fehlt Q, vor dem Schriftspiegel nachgetragen E*. **230** schanden] schand *A*; Der schanden er vil da leit *BCN*, Der leyt allir schandē bittirkeyt *E*, Sin leit vñ der scāden bitte'icheit *P*. **Nach 230** *ein Plusvers E:* Dez warē dy iudē vil gemeyt. **231–232** *Verse fehlen Q*. **231** *Initiale BCNEO μ*; Also *A*; so *OP*] *fehlt ABCNDE μ*. **232** ein] in *P*, *fehlt C*; unerlogen *O*] vngelogen *ABNP μ*, vnge(r *getilgt*)logen *C*, v̄bet^{o}gē *E*; Viel lugen wart uff en gesagin *D*. **233** in] ich *O*; mir] mich *E*, mek *P*; Ouch saech ich on furē vō mich hin *Q*. **234** aller *ABCNDE μ*] alter *O*, al *P*; geweyn (: hȳ) *E*; An dem alle myne syn *Q*. **235** Vt *C*. **236** Und *OE*] *fehlt BCNDPQ μ*; de iēmerlike *P*; tag] rach (: lach) *O*; Ach wie so gar ein iem^{s}lich^{s} tag *A*. **Nach 236** *folgen in BCN μ die Verse* 411–412:
An dem ertotet ist min kint
Der werlde liht ist (*fehlt C*) worden blīt.

237–240 *in Q* (238 *fehlt*):
Ich gīg ym nach uff synir spaer
Ouch gingen mehir frauwñ mit en där
Dy volgitē en na
Vs dem lande galiliea.

237 nach im *OBCNP*] im nach *ADE μ*; seinem *BN μ*] sinen *A*, meinen *C*, seinē *O*, syn' *D*, syme *E*, dem *P*; sporn *OABCND*] spor *E μ*, spore *P*. **238** *Vers fehlt A*; von] vor *C*; raine wart *E*] reiner wart *BCN μ*, was rain *O*, reyne was *P*; Der reyne wart von mir geborn *D*. **239** Auch] Is *E*, V^{e}ch *O*. **240** im] eme alle *P*.

Gedien<*e*>t <*heten*> dikke wol.
Si waren <*mit*> mir leidez vol.
Si fůrten mich mit grozzer not,
Si brachten mich da hin fur tot,
Biz wir zů der stat quamen,
Da sie mir min kint namen,
Die miner seilikeit bedroz.
Si machten in nake*nt* und ploz,
Si zugen im ab diu cleider.
Do stůnt er nakent leider
Und ploz vor miner angesicht.
In sach auch meinik bo̊s<*e*>wicht,
Dem min lieber herre zart
Ze *schimph* und och ze spotte wart.
Si richten uf ein kruce groz,
Dar an so hiengen si in ploz.
Daz sach ich mit den augen min,
Do hette min herze grozze bin.
An dez cruces ende
Waren sin<*e*> hende
Gespannen mit den nageln groz,

495 Gedienet heten dikke *J μ*] Gedient dikke *G*, Gidienit dicke (dik *H*) heten *TH*, Gedienet hatten *V*. **496** Vnd *H*, Die *V*; waren *fehlt T*; mit *HTJV μ*] *fehlt G*. **497** *Initiale nicht ausgeführt H*; mit *G μ*] in *HTJV*. **499** stete *μ*. **500** Daz si min *T*. **501** verdrűs *JV*. **502** Die *V*; machit in *T;* naken *G*. **503** sin klaid[s] *H*. **505** Und ploz *fehlt V*. **506** In *GHV*] Ich *TJ μ*; auch *fehlt J;* mēg[s] *H*, mangē *T*, mangen *J μ*; bo̊swicht *GJ*, bosen wiht *T*, boser wiͨchte (: angesiͨchte) *V*. **507** Den *TJ*, Da *V*; lieber herne *T*; *nach* zart *folgt getilgt* zu schimp *V*. **508** Zu *V*; sphim *G*; och *fehlt TJ*; zu *V*. **509** *Initiale TV*. **510** so *fehlt HV*; in] min kinde *H*. **512** Auch *V*; hette *G*] het *TH*, laid *JV μ*; grozē pin *T*, vil grűsse pin *J*, des smerczē pin *V*. **514** sin *GT*, sin zartē *H*, im sin *J*. **515** Geschlagen *J*.

Gedien<*e*>t hetten oft<*e*> wol.
Si waren mit mir laides vol.
Si fů̊rten mich mit groszer nő̊t,
Si brahten mich da hin fů̊r tő̊t,
Ů̊ncz wi̊r zu der stat chamen,
Da si mir mein kint namen,
Die meiner ső̊lichait bedroz.
Si mach*ten* in nakhet und blő̊z,
Si zugen ym ab die chlayder.
Do stunt er nak*het* leider ||
Und blos vor mein*er* angesicht. O 29^{v}
Da macht ich im <*ge*>helfen niht.
Si spilten umb<*e*> sein gewå̊nt.
So wart myn liebes kint geschå̊nt.
S*i* richten ů̊f [] ein crucz<*e*> grosz,
Dar an so hiengen si in blő̊z,
Daz sach ich mit den augen mein,
Do leit myn hercze groszen pin.
An *des* crů̊czes ende
Waren seine hende
Gesponen mit den nageln grosz,

241–242 *Verse fehlen Q.* **241** hetten] hete in *C;* ofte *OBCN*] dicke *PA μ;* Ofte gedinet hattē wol *E*, Hatten gedienet harte wol *D.* **242** *in der Zeile von* 241 *in kleiner Schrift nachgetragen C;* mir] im *BCN.* **243–244** *Verse fehlen D.* **243** Si] Dy *E.* **244** Si] Vnđ *Q*; vor *nachgetragen Q*; ver tot *BCN.* **245** Ů̊ncz *OAC*] Biz *BNE μ*, Du (Do *Q*) *DQ*, Beth dat *P*; zu der] uffe die *D*; state (stete *μ*) *C μ*; chomen (: namen) *C*, q'men (: nemen) *P.* **246** benamē *E;* Myn kint (lybes kint *Q*) sie da namen *DQ.* **247** Den *P*; bedroz *O*] verdroz *BCNADEP μ;* Der boesheit en nicht vordroes *Q.* **248–251** *in Q zu zwei Versen kontrahiert:*

Sy machtē en der cleider bloes
Do stūt er bloes vor mynē angesicht.

248 Die *D*; machent *O*; nackten *BN*, nachat *C.* **249** sin cleyder *A.* **250** nachat *C*, nakcheit *O.* **251** vor *gebessert aus* von *B;* meiner *ABCNE μ*] meinen *O*, mynē *P*; āgesych (: nicht) *E.* **252** Da konde *DP*; gehelfen *ABCNDEP μ*] helfen *O;* Ich kunde ym leider gehelffin nicht *Q.* **253** vmb daz sin *BN.* **254** So *O*] Susz *DP*, Also *BCNAEQ μ*; liebes *OADEP μ*] *fehlt BCNQ.* **255–256** *in Q*:

Ouch hingē sy on so bloes
An eyn crucze groes.

255 *Initiale O*; Si] S *O*; rachten *D*; ein] in ein *O*; grosz] hir D. **256** Dar (*gebessert aus* Sar) *B;* so *OEP*] *fehlt BCNAD μ;* blő̊z] wont vn̄d sir *D.* **258** groszen *OBCN*] grosz *A*, groisze *DEP μ*; Das was mynes herczen pyn *Q.* **259** des] den *O*; cruces enden *D*, c^{v}cis astis ende *E.* **260** Waren im *BCN*, Worden eme (Wurden en *Q*) *DQ.* **261** den *fehlt BCNQ.*

Daz reine blůt dar uz floz,
Und die sůzzen fůzze sin
Liten wewen und pin ||
Mit den tieffen wunden G 9[v]
(619) An daz cruce gebunden.
Ich sach in an und er mich,
Daz sehen daz waz jemerlich.
Waz soll ich iu nu sagen me?
(623) Mir waz we und aber we.

(626) Ich sach, si taten an im mort,
Dar zů sprach er nie zornik wort.
Er waz gedultik und gůt,
Er sweik alsam ein lembl*in* tůt,
So man ez shirt, ez hat ged*u*lt.
(631) Min kint da gar ane shult
Stůnt nakent und bloz ane gewant,
Allen friunden unerkant.
Er tet ni uf den sine*n* m*u*nt,
Swie ser er doch wer<*e*> wunt,
(636) Do er an dem kruce hienc,

---

516 reine *durch Rasur gebessert aus* reinen *G*; blůt im dar vss *H*; gös *J*. **517** sůzzen *GH μ*] sv̊ze *T*, zarten *J*, *fehlt V*; syne (: pyne) *V*. **518** Liten *HTJV μ*] Die heten *G*; wewen *GT μ*] we we *H*, we *J*, not *V*; vnd grosse pin *J*. **519** wnde *T*. **521** er och (ouch er *J*) mich *HTJ*. **522** sehē *gebessert aus* sehēhē *H*; des was *J*. **523** nu *fehlt TJ*; me *gebessert aus* mer *J*. **524** waz vil we *T*; vnd uber we *V*. **525** daz im daten ain mort *T*, si tůn an im ain mort *J*, sie da begẽn den mort *V*. **526** gesprach *J*; zornik *G μ*] zornlich *T*, arges *HV*, kain *J*. **527** Er] Es *J*. **528** als *JV*; ein *GJV μ*] daz *TH*; lemblint *G*, lembli *H*, lembel *T*. **529** schnidet *H*, schiet *T*, sticht *J*; gedv̊lt (: shult) *G*; *nach* gedult *folgt getilgt* Min kind *H*. **530** *Initiale nicht ausgeführt H*; [M]in kind vor in ane schuld *H*, Min kint stv̊nt vor in (in *gebessert aus* im *J*) ane schvlt *TJV*. **531** Nachent blŏz vñ an gewant *TJ*, Er stund nacket vnd one gewant *V*. **532** Allen friunden *GH μ*] Aller (Allen *V*) froden *TJV*; da vnbekant *V*. **533** den *GT*] *fehlt HJ μ*; sinem mv̊nt (: wnt) *G*; Eyner det ẙm siner sythē mūt *V*. **534** Wie *HJV*; er doch were *G*] er were *H μ*, daz er (*fehlt T*) were *VT*, er was *J*.

Daz raine plut dar auz floͤz,
Und auch die rain*en* fuͤze sin
Liten smerczen und pin
Von <*den*> tiͤfen wuͤnden
An das crucze gepunden.
Ich sach in an und er auch mich,
Daz sehen daz waz jamerlich. ||
Mir waz wee und awer we, O 30^{r}
Doch layt siͤn hercze *smerzen* me
Von der grosz*en* quale mein,
Danne *im* tete die martir sin.
<*Si taten an im grozen mort,*
Dar zu sprach er nie zornic wort.>
Er waz geduͤltig und gut,
Er swaig vil stille also tut
Daz lembeliͤn, so man <*ez*> schirt,
Alle ungedult ez gar verpirt.
Also het er gedultichait
In aller seiner pitrichait.
Er tet ny uͤf den sinen mund,
Swie sere das er ware wuͤnt,
Do er an dem cruͤcze hieng,

---

262 raine] vil *Q*; dar auz] da vō eme *D*; vluz (: groz) *E*. **263** raine *OQ*. **264** Dy lidē *E*; smerte *PQ*; vnd grosz (groesse *Q*) pin *AQ*. **265** den *ABCNDPQ μ*] zo *E*, *fehlt O*. **266** Du sie en an daz crucze bonden *D*, Er hing alda gebunden *Q*; *Ende E* 12^{v}. **267** er auch mich *OA*] er mich *BCNDQ μ*, ok he mich *P*. **268** Das an sehen *Q*; daz *fehlt AQ*. **269** *Initiale (nicht ausgeführt C) NC*; awer *OAQ μ*] vber *D*, *fehlt BCN*; Min iāmer vñ we was ouer her *P*. **270** Doch] Das *Q*,Vnde *D*; layt] het *A*; siͤn] myn *D*; smerzen *ABCNDP μ*] swere *O*, pyne *Q*; mer *OP*. **271** Von der gros· *O*, Durch dy groesse *Q*. **272** im] er *O*; Vnde von (Denne dorch *P*) d^{s} bittern marter sin *DP*, Wenñ durch dy martir syn *Q*. **273–274** *ABCNDPQ*] *Verse fehlen O*. **273** an im] eme an *D*; grozen *CDP μ*] vil grozen *BNA*, eynē groessin *Q*. **274** gesprach *D*; zornic *ADP μ*] zorniges *B*, zornes *NC*, kein *Q*. **276** Er] Vnde *D*; vil *OBP*] *fehlt ANCDQ μ*; also *OD*] als noch (auch *A*) *BCNAQ*, alse dar *P*, als *μ*. **277–278** *in Q:*

Das scheffelin wen man das thoett
Vnđ syne wulle abe bloet.

277 lemlin *A*, låmp *D*, lēmeken *P*; so] als *BCN*; ez *BCNDP μ*] das *A*, *fehlt O*. **278** Aller *P*; gar *OAP*] *fehlt BCND μ*; vnbert (: schert) *P*. **279** gedultichait] grosz gedůltigkeit *A*, ouch gedult *Q*. **280** alle *PQ*; bitterkeid D, bittericheit *P*, arbeit *A μ*, vnschult *Q*; In den noten die er leit *BCN*. **281–282** *Inversion Q*. **281** entet *A*, gethet *D*; den *O*] *fehlt ABCND μ*; Up dede he sinen reynē mūt *P*, Doch tāt er nicht uff synē mūt *Q*. **282** das *OP*] *fehlt ABCNDQ μ*; was *APQ*; virwont *DQ*, gewūt *P*. **283** *Initiale BCN*.

Der got, der sunde nie begienk.
O ach wer mo̊chte gar gesagen
Min vil biterliches clagen,
Daz ich hete, do ich sach
(641) Die trehen und dez plůtez bach
Von *sinem libe* fliezz*en*
(643) Und *die* erde gar begiezzen.

(646) Ich sach daz plůt zespringen,
Von sinem libe dringen,
(648) Von henden und von fůzzen.
Ich sach Jesum den sůzzen,
Dem von *menschlicher* art
An wunne || gelich nie nit wart, G 10r
Der waz bleich, swarz, důrre und val.
(653) Sin scho̊ner lip der waz im vil sal,
Der e waz als ein sunne glantz,
Der wart versmechet gar und ganz.
Sin wunnecliches angesicht

536 Der *fehlt J*; sunden *V*. **537** *Initiale G μ*; Ach wer mag gesagen *V*. **538** vil *nachgetragen V*; biterliches *GHT μ*] jemerliches *VJ*. **539** Daz *HT μ*] Die *GV*, Als *J*. **540** Die *fehlt J*. **541** sinem libe *HTJV μ*] minem kinde *G*; fliezze *G*, da flieszen *V*. **542** die] der *wohl gebessert zu* de *G*; gar *fehlt H*; dvrch giesin *T*. **543** zespringen *G*] zepingen *T*, entspringē *HJV μ*. **544** Vnd von *HV*. **546** svzzē (: fv̊zzen) *G*; Mines lieben kindes süszen *V*. **547** von *G μ*] an *HTJ*, vnder *V*; menschlicher *HTJV μ*] minnneclicher *(sic) G*. **548** An wunne *fehlt V*; nie gelich ward *HJ*, sin gelich nie wart *T*, Nye nẙmant glich wart *V*. **549** wart *V*; bleich *fehlt J*; und val] val (*davor getilgt* varw) *H*, *fehlt T*. **550** Vnd sin *T*; der waz im vil sal *G*] waz im sal *TJ μ*, was vañ lidē sal *H*, gewañ manig mal *V*. **551–552** *Verse fehlen V*. **551** Der vor H; ein] der *HJ*; sūnē glancz *HTJ μ*. **553** wunnecliches *GV μ*] minēklich *H*, minnecliches *J*, mīneclichiv *T*.

Der got, der sunde *nie* begieng.
Ach wer machte gar gesagen
Mein vil jamerlichez klagen,
Daz ich pegieng, do *ich* [] sach ||
Die zaher und dez plutes pach O 30v
Von sinem leibe fliezen.
Do begunde sich entsliezen
Der hŏrt, der <*da*> verborgen lach.
Do ich erhŏrt den hamerslag
Und das plut sach entspringen
Und ůsz den wůnden dringen
Von henden und von fůszen,
Do sach ich got den suszen,
Dem an menschleicher art
Gelich an wunne nie nicht wart,
Der wart bleich, swarcz und val.
Sin schone vorbe diu wart vil sal,
Diu ee was als ein sonne glancz,
<*Diu wart sich verkerend ganz*>.
Sin mynikleich*ez* angesich*t*

---

284 Der got *fehlt Q*; der sunde nie *DP μ*] der nie svnde *BCNA*, der sunde mer *O*, Der keine sunde *Q*. **285** *Initiale O μ*; Ach *OP*] Owe *BCN*, *fehlt AD μ*; gar *OBCN μ*] das gar *A*, du *D*, r'chte *P*; Ach mag doch nymãt vulsagin *Q*. **286** Als min *A*; vil *fehlt DQ*; iēmerlike (*folgt getilgt* n) *P*. **287** do ich sach *ABCNDPQ μ*] do yn an sach *O*. **288** De trene *P*; Dez mŷniglichen bludes bach *D*, Dy troppin vnd blut bach *Q*. **289–318** *Verse fehlen A*. **289** Vs mynē kinde vliessin *Q*. **290** sek up to sleten *P*. **291** Dat her dat dar *P*, Dy not dy noch *Q*; da *BCND μ*] *fehlt O*; geporgen *C*. **292** horde *P*, hatte *Q*; den herczen slag *Q*. **293** das plut sach *OBCN*] sach daz blut *DPQ μ*; ut springen *P*. **294** Vnđ üs synē wunden rīnen (: entspringñ) *Q*. **297** Der *Q*; an *OBCNP*] von *DQ μ*; hoger art *Q*. **298** Gelich an wunne nie nicht *OBCN*] An schonde ny glich *D*, Van wūne ny nicht gelikes *P*, Keynē menschē gliehh *Q*, An wünne gelîch nie niht *μ*; enwart *BND*. **299** swarcz *fehlt DQ*. **300** Sin schone vorbe *OP*] Sin schone *BCN*, Sîniu schœne *μ*; diu wart vil sal *O*] wart da (dô *μ*) sal *BCN μ*, wart gar mal *P*; Syner farbe vber all *D*, Deme nicht glieche werden säl *Q*. **301** Diu *μ*] Die *BCND*, Der *OQ*, De *P*; ee *OBCN μ*] eir *P*, vor *Q*, *fehlt D*; was *fehlt Q*; also *D*, alse *PQ*; ein sonne glancz *O*] ein sunnen glanz *DP μ*, ein svnne *BCN*, dy sūne glancz *Q*. **302** Diu wart sich verkêrend ganz *μ nach D*] *Vers fehlt O*, Die wart sich v́keren gantz *D*, Die wunnencliche wunne *BCN*, De wart mek do ein iāmer gantz *P*, Der wart bleich vnđ vngancz *Q*. **303–306** *Verse fehlen P*. **303–304** *in Q* (*Inversion*):

Yēmirlichs wart ny nicht
So im was syn angesicht.

303 mynikleichez *D*] mynikleiche *O*, wünneclichez *μ nach B*; angesichte (: nicht) *O*; Vnde sinem (seinen *C*) wunnenklichem (klaren *NC*) angesiht *BCN*.

Wart *so, daz* jemerliches ni*ch*t
Nie uf der erde wart gesehen.
Dez mak ich wol, sin můter, gehen.
In der jemerlichen n*o*t,
Do er stůnt in dem plůt<*e*> rot,
Do waz daz ein min grost*ez* leit,
Daz mir daz herze gar durchsneit,
Daz ich mich scheiden solt<*e*>
Von dem, der von mir wolt<*e*>
Werden und wart gebor*n*,
Ze einer můter hat er mich erkorn.
Des <*quelte*> sich daz herze min,
Och leit min herze des smerzen pin.
Min stimme waz verdorben,
Wan ich waz nach erstorben.
Der sůfte lie mich nit sprechen,
Min herze wolt<*e*> [] brechen.

554–555 *μ:*
Wart sô jæmerlîchez iht
Ûf der erde ie gesehen?

554 Wart so daz *TJ*] Wart nie so *G*, Ward do dz *H*, Wart so *V*; iemerliches nit *G*, iåm^{s}lichest lieht *H*, iemerlicher nicht *J*, jemerlich zu nicht *V*. **555** Nie *T*] Hie *GJ*; vff erd *J*; Er ward nie vff erd gesehen *H*, Als uff erden nye wart gesehen *V*. **556** Dz *HJV*; ich *fehlt H*; sin] din *T*. **557** *Initiale μ* (*vgl. V 561*); In *HTJV μ*] An *G*; iemerlichen *gebessert aus* iemerlicher *G*; nőt (: rot) *G*. **559** Das was *V*; daz ein min *G μ*] an im min *H*, daz ein *T*, des min ain *J*, myn *V*; groste *G*. **560** mir *fehlt J*; min h^{s}ze gar *TJ*, dz hercze min *H*; v^{s}schnaid *H*. **561** *Initiale V.* **563** Geborē werdin vñ *T*, Worden vnd *J*. **564** Ze einer můter hat er mich *T*] Zů ain^{s} můt^{s} hatt er mich *HJ*, Vñ mich ze m^{v}ter hat *G*, Zu (Ze *μ*) müter hat er mich *V μ*; erkornen (: geboren) *G*, vs er korn *J*. **565** Dz *H*; quelte *V μ*] qualz *T*, kleget *H μ*, zertailet *J*, *fehlt G*; des hertze *J*. **566** Och *HJV μ*] Ach *GT*; lip des smerczē pin *HV*, hertz vil grosser pin *J*. **567** *Initiale nicht ausgeführt H*; Min] Syne *V*; waz *GJV μ*] was gar *HT*; erstorben (: ver dorben) *J*; *Beginn S 1ra: infolge der Beschneidung des oberen Blattrandes sind nur Buchstabenreste erhalten; die erste Zeile bietet wohl Raum für* verdorven *und Vers* 568. **568** Vnd ich *V*; nach *GTJV μ*] gar *H*; gestorben *V*; *nur das* g *von* gar *ist eindeutig zu erkennen S*. **569** sünfft (sûft *μ*) *H μ*, siesse *J*, iamer *S*. **570** wolte brechen *μ*] wolt in mir (wolde mir *V*) brechen *GV*, wolt brechē *T*, wolt zer brechē *HJ*, wolte gar zer brechin, *wobei* gar zer *nachgetragen S*.

Wart so, daz jamerleich<*ez*> nicht
Nie auff <*der*> erde wart gesehen. ||
Des mag ich wol, sein mů̊tter, jehen. O 31[r]
In der jamerlich*en* nő̊t,
Do er stů̊nt von blute rő̊t,
Do waz das mein grostes lait,
Das <*mir*> mein hercz<*e*> gar <*durch*>snait,
Das ich mich schaiden solde
Von dem, der von mir wolde
Werden und *wart geborn*,
Ze einer mů̊tter het er mich erchor*n*.
Dez qualte sich daz hercze mein,
Ich mů̊sz ein arme mutter sein.
Mein stimme ist gar verdorben,
Myn hercz ist *mir* erstorben.
Der saufte liez mich nicht [] *sp*rechen
Mein hercz<*e*> wolte [] prechen.

304–305 *μ:*
Wart sô jaemerlîchez iht
Ûf der erde ie gesehen?

304 War so daz iamerleich nicht *O*, Wart so iemerlichez niht *BCN*, Wart jemerlich gemacht zu nicht *D*. **305–306** *Verse fehlen DQ*. **305** Nie auff erde wart *O*, Vf der erden niht (nie *CN*) *BCN*. **306** Des *BCN μ*] Daz *O*; wol ich *B*. **307–308** *in Q nach* 310:
Ich sach mÿ̄ kint da thöt
Vnd gancz von blute röt.

307 *Initiale BCNO μ*; der] dieser *D*; iermerlichen *B*, iamerlicher *O*. **308** Da er waz *D*; rat (: not) *C*. **309–310** *in Q*:
Mir machte do mÿ̄ groesis leit
Das eyn swert myne seele vorsneit.

309 das *OBCN μ*] ein *P*; Da waz leid vber leyd *D*. **310** mir *BCNDP μ*] *fehlt O*; mein] dat *P*; durchsnait *BCDP μ*] ze sneit *N*, snait *O*. **311–312** *Inversion P*. **311** *vor* mich *getilgt* s *O*; Daz ez (er *C*) mir schaden scholde *BCN*, Mir was wee (*folgt getilgt* dach) das ich von ym scheidin solde *Q*. **312** Von dem *fehlt Q*; Von deme der da wolde *D*. **313** Von mir werdin vñ *D*; wart geborn *BNDPQ μ*] worn geporn *C*, wolt geboren (: erchorē) *O*. **314** Tho *P*; einer *OP*] *fehlt BCN μ*; mek ud der korñ *P*; Den han ich nu gar v́lorn *D*, Vnđ mich zcü eynir muter hatte irkorñ *Q*. **315** Do *C*; waz betrubit *D*, quelede mek *P*. **316** Darvmb̄e muste ich betrubit syn *Q*. **317** stimme *ODP μ*] sinne (sin *C*) *BCN*, liep *Q*; ist *OBCNPQ*] waz *D μ*; gar] mir *Q*. **318** ist *OBCNP*] was *Q*; mir *BNQ*] gar *OP*, mier (*davor getilgt* gar) *C*; erstarbñ (: v̇dorben) *O*, vor storuen *PQ*; Vnde myne sÿ̄ne (Unt mîn sin *μ*) irstorbin *D μ*. **319–320** *Verse fehlen P*. **319** Die svzze *C*, Myn sueftczñ *Q*; sprechen *ABCNQ μ*] entprechñ *O*; Ich mochte nicht gesprechen *D*. **320** wolte *OA μ*] wolde mir *DQ*; brechen *AD μ*] ze prechen *OQ*; Er wolde mir min herze brechen *BCN*.

So der mů̊terlich gedank
Mich ze reden <*icht*> betwank,
So viel daz wort ze grůnde
Und *zukt* es von dem můnde
Der bitterliche smerze
Hin wider an daz herze.
Gezůket und gebrochen, ||
Nit ganz und ungesprochen G 10v
Sus aůget [] des herz*en* swer<*e*>,
Daz ich verstummet wer<*e*>.
Ob ein wort zů der kelen reiz,
Daz waz von weinen als heiz,
Daz ez der *munt* nit kunde gesagen
Von d*es* herz*en* grozz*em* clagen.
O ach, wart ie můter,
Der ein sůn als gůter

571 So] Da *V*. **572** *Vor* ze reden *getilgt* re *G*, ze redenne *TS*; icht *HTS μ*] jħs icht *J*, *fehlt GV*. **573** worte zu grunde *V*. **574** zukt es *HTJ μ*] zoch es *GS*, zucket esz sich *V*. **575** Der] Der vil *T*; Von dem bitterlichen smerczen *V*. **576** Hin *HTJVS μ*] Gienk *G*; in daz hˢze *T*, zu dem herczen *V*. **577** Gerv́chit *T*, Wart er gezvhkit *S*; gebrôchē (: vngesprochen) *G*, vngesprochē *HJ*, verbrochen *V*. **578** Nit gancz vnd gebrochē *H*, Nit gantzes noch zer brochen *J*, Niht gantz vn̄ ...gesprochen *S*, Vnd nyt gancz gesprochen *V*. **579** So *HJVS*, Si *T*; agte (ogte *T*, ǒgete *S*) *HTS*, aůget (eyget *V*, ågte *J*, ougt *μ*) sich *GJV μ*; des herzen *HTS μ*] der (*folgt getilgt* smerze oder hz) herze *G*, das hertze *J*, yᵉ die *V*. **580** Daz ich *GTS*] Dz es *H*, Recht als es *J*, Als ich *V μ*; verstvnt niht mere *T*, ver stocket wår *J*. **581** zer kelī *T*, ze dˢ kelin *S*, zu den kelen *V*, zer keln *μ*; vsz reisz *V*. **582** weinin̄e *S*; als *GT*] also *HJVS μ*. **583** mv̊ter, *am Rande von späterer Hand* munt *G*. **584** des herzen grozzem *H μ*] dem herze grozze *G*, dem grozen herzen *TS*, dem bitterlichen *J*, der herczen groszen *V*; clage *V*. **585** *Initiale GTS*; O *fehlt V*; wart *GTS*] wo wart (wert *J*, was *H*) *VHJ μ*. **586** Der *fehlt V*; ein] an *T*; als *G*] also *HS*, so *JV μ*, alse *T*.

So der muͤtterlich gedank
Mich ze reden *icht* petwank, ||
So vil das wort <*ze*> grunde O 31v
Und zuchtez von dem munde
Der pitterliche smercze
Hin wider an das hercze.
Verzuchet und gebrochen,
Nicht gancz und ungesprochen
So auͤg*et des* hercz*en* sware,
Das ich verstuͤmet ware.
Ob ein wart zu der kele rais,
Daz was *von weinen also* haiz,
Daz <*ez*> der muͤnt nicht chunde sagen
Von dez herczen sware *kl*agen.
Ach, wa wart ye mutter,
Der ein suͤn also gutter

---

321 Da der *A*, Wañ der (Wen mich der *Q*) *DQ*; ghe (*folgt getilgt* dwank) dank *P*. **322** zü reden *AD*, to redene *P*; icht *P μ*] nicht *OA*, *fehlt BCN*; Icht zcu reden twang *Q*. **323–324** *in D:*

So viel daz wort zu grūde nydder
Zu hant dar nach qwam ez widd'.

323 Do *A*; ze *ABCNP μ*] zu *Q*, *fehlt O*. **324** zuchtez *OBCN μ*] zohe es *A*, toch id *P*; von *OAP μ*] vz *BCN*; Vnd bleib mir in den mūde *Q*. **325–326** *in Q:*

Von bittirlichin smerzcin
Qwam mirs üs dem herczñ.

325 Da ez der *D*. **326** Hin *OBCN μ*] Zohe in *A*, Toch *P*, Drang *D*; zü dem hertzen (: smertzen) *A*. **327–328** *Verse fehlen DQ*. **327** Gezücket *A μ*; zerbrochen *AP*. **328** Nicht] Such *(?) O*; vngesprachñ (: gebrochen) *O*. **329** So auͤgent daz h'cze *O*, Sich auget des hertzen *A μ*, Do wante des herzen *BCN*, Da duchte mȳes hertzin *D*, So wente myn hercze *Q*, So ökede sek des herten *P*. **330** Das *OBCNQ*] Als ob (Als *μ*) *A μ*, Wie *D*, Recht icht *P*; ich] dy muter *Q*; erstvmmet *BCN*, v́snedin *D*. **331** Ob *O*] So *A*, Swenne *BCN μ*, Wan *DPQ*; ein] mir eyn *Q*; von d' kelin *D*, zcur khelen *Q*, ze der keln *μ*. **332** Daz wart *D*; von weinen also *BCNDQ μ*] von weinē so *A*, alz gar pitter *O*; Van trenen was id also heit *P*. **333–334** *in D:*

Daz mȳ mūt nicht machte clagen
Mynen kōmer nicht gantz gesagen.

333 ez *fehlt O*; nit moht *A*; sagen *OAP*] gesagē *BCNQ μ*. **334** swærem *μ*, *fehlt Q*; kelagen *O*, clage *Q*. **335–338** *in Q:*

Ach wy wart y eyn sohen gutir
Also gehandilt vor syne muter
Vor mynē ougen gehangin
Das mochte mich sere vorlāgñ.

335 *Initiale O*; Ach *OADP*] Owe *BCN*, O ach *μ*; ye] ye ein *A*. **336** also *OBCNP*] so *AD μ*.

Vor iren augen sturbe
Und sie doch nit verdurbe.
Joh tet er uf diu ougen sin
Und sach an minez herzen pin.
Er sach an mir [] groz ungemach,
Owe, wie jemerlich er sach
An mich, die vil arme maget.
Ich waz vor lei*d*<*e*> gar verzaget.
Er sach mich sere weinen.
Wes herze wer so steinen,
Der sich nit můst erbarmen
Uber Marien die vil armen.
598a (701,1) Do er so jemerliche sach
598b (701,2) Zů mir, al weine*nd* ich sprach:
'Ach und o, lieber herre min,
Nu last du mich alleine sin.
Du stirbest, wie sol ich *nu* leben?
Du wilt mir biter urlop geben.
O Jesu, herre mi||nneclich, G 11^{r}
Wer hilfet mir, daz ich fur dich

587 Vor] Der vor *V;* ir *HTJS μ.* **588** doch *fehlt V.* **589** Joh *S μ*] Do *G*, Jo *HT*, Ouch *J*; Min kint det uff die augen sin *V.* **591** groz *TJVS μ*] vil groz *G*, grosses *H.* **592** Ach wie *V*; er da sach *H*, er da sprach *V.* **593** Ach mich dü vil arme maget *V.* **594** von leide *HTJVS μ*, vor leit *G*; gar] nach *JV*; verzaiget *T*, verzaigt *J.* **596** Wes herze wer *G*] Wa ward ie hercz *H*, Wer (Swer *μ*) were nv (ouch *J μ*) *TJVS μ*; so *fehlt S*; steinin *T*, steinen *gebessert aus* steinin *J.* **597** Dz sich *H*, Der si *T*; mőcht *J*, wolte *V.* **598** mariā *S*, Marjam *μ.* **598a–b** *Verse fehlen HTJVS.* **598a** *Initiale G μ (vgl. S 599).* **598b** Zuo im *μ*; weined *G*, weinende *μ.* **599** *Initiale S*; O ach vñ o *H*, Ach vil *J μ*, Ach vñ ǒwe *S*, Ach vnd ach *V.* **600** du *fehlt T.* **601** nu leben *HTJS μ*] geleben *G*, genesen *V.* **602** mir ein bitter vrlǒp *T*, ain bitt^{s} end mir nū *H*, mir bitter end nun *J.* **603** *Initiale nicht ausgeführt H*; O ihesus herr *HV*, Ach lieber herre *J.*

Vor ir augen sturbe
Und sy dach nicht verdurbe.
Ja tet er ůf die augen sein ||
Und sach an meines herc*zen* pin. O 32r
Er sach an mir grosz ungemach,
Awe, wie jamerleich er sach
An mich, die vil arme magit.
Ich waz *v*on laide gar *v*erczagit.
Er sach mich sere weinen.
Wer ware *auch* so stainenn
Der sich nicht můste erparmen
Uber Marien die vil armen.

Ich sprach: ,Ach lieber herre mein,
Nů last du mich aleine sin.
Du st*irbest*, wie sol ich nu leben?
Du wil*t* mir <*bitter*> urlaup geben.
O zartes kint vil mynnikleich,
Wer hilffet mir, daz ich fůr dich

---

337 erstvrbe *BCN*. **338** Und] Vnd das *A*. **339** *Anfangsbuchstabe mit verlängertem Anstrich P* (*vgl. Initiale O* 335); Ja *OBCN*] Doch *AQ*, Do *P*, Joch *μ*; Nu hebbe uff die ougen dyn *D*. **340** Vnde siech *D*; hercze *O*; Vnde sach die grozen swere min *BCN*, Do er sach myne groesse pyn *Q*. **341** Er sach an mir] Ich sach sin *D*, He sach an mȳ *P*, Vnđ mȳ *Q*; grozen *BN*, groszes *A*, grote *P*. **342** er sprach *D*. **343** Aue *O*; die *OAP μ*] *fehlt BCNQ;* Siech an mich vil armē magit *D*. **344** Ich waz *fehlt A*; *vor* von *getilgt* v́t *und vor* v́tzagit *getilgt* v́ge *O;* Von leide waz ich gar v́zagit *D*, Ich was vor iāmir vorczait *Q*. **345–348** *Verse fehlen P*. **346** Wer ware auch so *A*] Waz herzen were so (Wes hercze nu were *Q) BCNQ*, Wer were so gar *D*, Ver ware ach so *O*, Swer wære ouch sô *μ*. **347–348** *in BCN:*

Daz sich niht erbarmen
Wolde. vber marien die armen.

347 můste] liesse *Q*. **348** mariam (Marjam *μ*) *A μ*; Vber mȳ kint vnd mich vil armen *D*. **349** *Initiale BCN μ*; sprich *NC*; ach *OAPQ*] vil *BCND μ*; lybes kint *Q*. **350** Wy lestu mich nu alleyne syn *Q*. **Anstelle von 351–352** *in D vier Verse* (351a, 350a, 352, 351):

Du stirbest wie sal ich gnesin
Ich musz alleyne in elende wesin
Du wilt mir bittern orlob gebin
Waz sal mir armen nů daz lebin.

351 stirbest *ABCNPQ μ*] stůrbest (*gebessert aus* stůrberst) *O*; mag ich gelebin *Q*, schal ek genesen (: wesen) *P*. **352** Du wil *O*; bitter *BCNDPQ μ*] ein bitter *A*, *fehlt O*. **353** zartes *OABCN μ*] liebes *DP*, werdis *Q*; vil] trut *D*, *fehlt Q*; wūnichlich *P*, lobelich *Q*. **354** dek *getilgt vor* dich *P*.

An dem cruce sterbe,
Daz min kint nit verderbe?
O vater, *herre, lieber* Krist,
Mines herzen trost und min genist,
Vil sůzzer und vil gůter,
Zůch uf dine můter,
Ziuch uf mich die vil armen
Und la mich dich erbarmen.
Ziuch uf mich an des cruces as*t*,
Er ist so stark und och so vas*t*,
Daz er uns wol getragen sol.
Ich ermu můter leides vol,
Wa sol ich <*nu*> hin keren?
Min quale můz sich meren.
O Jesu, min kint reine,
Du stirbest nit wol ein<*e*>,
Tů ein sunder frade mir,
Daz <*ich*> ersterbe, kint, mit dir.
O grimmer tot, du fliuest mich,
Es ist [] zit, *nu* auge dich.

---

605 sterbe *GH*] ersterbe *TJS μ*, no ersterbe *V*. **606** E das *J*, Vnd *V*; nit *GTVS*] icht *H μ*, *fehlt J*; verdurbe *T*, verderve *gebessert aus* verdreve *S*. **607** herre lieber *SV μ*] lieber herre *G*, herre ih·v (ihus *JH*) *TJH*. **608** nū nit genist *H*. **610** uf *GHV μ*] vf mich *TJS*; dine lieben müter *V*. **611–612** *Verse fehlen V*. **611** mich.vil die. armen *Korrektur der Reihenfolge G*; die *fehlt H*. **613** Zúch mich vff an *HJV μ*; das *gebessert zu* des *S*; aste (: vaste) *G*. **614** och *GTV*] *fehlt HS μ*; starck ståt vnd vast *J*. **615** getragen] tragē *H*; *vor* sol *getilgt* mak oder *G*. **616** leides] bin leydes *V*. **617** War *J*; nu *HTJVS μ*] *fehlt G*. **618** Min klag *J*; můz] die mv̊s *TJ*; sich] sich nū *H*. **619** O *fehlt J*; ihes· *HJV*; kint so reyne *V*. **620** wol allaine *JV*. **621** besvnder *V*; frŏd an mir *J*; Tv̊ eine || (*1*[rb]) *beschnitten, anhand der Buchstabenreste Raum für* svnder frovde mir *S*. **622** ich *HTJV μ*] *fehlt G*; sterbe *HJ*; *anhand der Buchstabenreste Raum für* Das ich irsterve ki/, *wieder lesbar in der folgenden Zeile* / nt mit tir *S*. **623** *Initiale GJS μ*; grimg[s] *H*. **624** zit *JV μ*] nv zit *G*, vil zit *HTS*; nu *HTJVS μ*] mir *G*.

An dem crůcze ersterbe,
Daz mein kint nicht verderbe? ||
O vater, herre, lieber Christ, O 32v
Meines herczen trost und genist,
Gar sůszer und<*e*> gůtter,
Ziuch ůf mich dein<*e*> můtter,
Ziuch ůf mich vil armen
Und la *mich dich* erbarmen.
Ziuch ůf mich an dez crůczes ast,
Er ist so stark und auch so våst,
Daz er unz wol tragen sol.
Ich arm*e* můtter laydez vol,
War sol ich nu cheren?
Mein quale můz sich meren.
O Jesu, lib*ez* kint rain<*e*>,
Du stirbest nicht wol aine,
Tu ein sunder frode mir,
Daz ich ersterbe, kint, mit dir.
O grimmer tot, du flůchest mich, ||
Ez ist zeit, nu *auge* dich. O 33r

---

355 irsterbin (: v́derbe) *D*. **356** Vñ mӯ *P*, Das du *Q*; nicht *OPQ*] iht *BCNAD μ* **357** hesre ih̄u crist *AQ*. **358** und genist *O*] min genist *A*, vñ min genist *BCN μ*, vñ vrist *P*, du bist *Q;* Dez waren godes sō du bist *D*. **359** Gar] O *D*, Du *Q*; vnd vil gůter *A μ*, vnd o guder *D*. **360** Ziuch ůf mich *OA*] Zevch vf *BCNQ μ*, Siech an *D*, The mek up *P*. **361–362** *Inversion AC*. **361–362** *Verse fehlen P*. **361** Ziuch ůf mich *OA μ*] Zevch vf *BCN*, Siech an mich *D*, Mich *Q*; vil *ODQ*] die vil *BCNA μ*. **362** mich dich *AC μ*] mich dir *BN*, dich mӯ *DQ*, dir mich *O*. **363** Ziuch ůf mich an *O*] Zühe mich vff *AQ*, Zevch mich an *BCND*, The mek up an *P μ*. **364** De is *P*; auch *O*] *fehlt ABCNDPQ μ*. **365** wol tragen sol *OP*] wol getragē sol *A μ*, beide treit wol (treit beide wol *D*, beidin wol tragin sal *Q*) *BCNDQ*. **366–367** *in Q:*

Wo sal ich arme leidis vül
Mich ymber hin kerē.

366 Mich *BCN*; armen můtter *O;* bin leides vol *A*. **367** War *ODNP*] Wa *BCA μ*; nu] mek *P*; cheren] hin keren *AP μ* **368** quale *OBCNP μ*] iamer *A*, leid *DQ*; můz *OBCNP μ*] wil *AD*, wirt *Q*. **369** O] Ach *D*; ihesus *AP*, *fehlt D*; libe *O*, mӯ lybes *Q*; rain (: aine) *O*, viel reyne *D*. **370** en steruest *P*; wol *fehlt P*; aine *OBN μ*] ein (: rein) *C*, allein (: rein) *A*, alleyne *DPQ*. **371** ein besünder *A*, eyne sund'n *D*, eyne sünderke *P*, eyne besunderñ *Q*; frode mir] liebe an mir *Q*. **372** mit] bi *B;* Vnde lasz mich sterbin kint mit dir *D*, Vñ laes mich mit dir sterbin alhir *Q*. **373–424** *Verse fehlen A*. **373–374** *in Q:*

Du grӯmender thöt wy flustu von mir
Is ist zciet nӯ mich vō hir.

373 *Initiale μ, vgl. Lücke 373–424 in A*; O *OD μ*] *fehlt BCNP*; Grӯmigher *P*. **374** auge *D μ*] angen (*lies:* augen) *O*, ende *P*; Ez ist gar zit nv kvm an mich *BCN*.

(728) O tot, du were biter e,
Nu ist mir nach dir sere we,
Wan du *mir* suzze alleine bist.
O tot, <*nu*> gib mir keine frist,
Zerre [] mit dinem smerzen
(733) Daz leben von *minem* herzen.
Du wer ie grimme, du bist verzagt,
Du scho̊nest einer armen magt.
Kum, brich enzwei daz || herze min, G 11^{v}
Daz ich nit sehe mines kindez pin.
(738) O sůzz*ez* <*kint*>, du [] fraud*en* kint,
(739) Der sele leben *mir gar* durchmint,
(742) Dir stat, vil lieber herre, wol,
(743) Wan du bist aller *tugende* vol.

---

625 Owe tot *S*; wärd mir bitt^{s} *HJ*. **626** nah dir worden we *S*. **627** mir *HTJVS μ*] nit *G*. **628** Owe tot *S*; nu *HJS μ*] *fehlt GT, in G vor* gib *getilgter Buchstabe*; engeine *S*; La mich ersterben one frist *V* (*vgl.* 680). **629** Zerre *GS*] Zerr *H μ*, Zers *T*, Brich *J*, Zuch *V*; mit *HTJVS*] mir mit *G μ*; dinē *H*. **630** von minem *HTJS*] von dem *G μ*, mynes *V*. **631–632** *Verse fehlen J*, **631** Dvͥ *T*; ie] E *V*; grimme du bist *GTS*] grim nū bist (grimme no bistü *V*) *HV μ*. **632** *Vers fehlt T*; armen] rainē *H*. **633** Kom vnd brich *HV*; in zei *T*; mies herczē pin *H*. **634** nit] icht *H μ*; mins Svnis *T*. **635** *Initiale nicht ausgeführt H μ*; O sůzzez kint *HT μ*] O sv̊zze *G*, Owe (O *J*) sv̊zer sun *SJ*, O sůsze frucht *V*; du frauden *HS μ*] dv aller fravde *G*, div frǒden *T*, der fro̊den *J*, o frauwen *V*. **636** Der sele leben *GHTJ μ*] Der sele frovde *S*, Die sele *V*; mir gar durchmint *T*] wart dvrch mint *G*, mir gar gemiñt *H μ*, mich gar zwingt *J*, gar an dir sint *S*, myn gar durch mynt *V*. **637** lieber *gebessert aus* lieben *G*. **638** tugende *HTS*] gnaden *GJV μ*.

(728) Ach tot, du ware pitter ee,
Nu ist mir nach dir sere we,
Wan du mir susze alleine pist.
Ach tot, nu gib mir dehain<*e*> vrist,
Zebrich mit deinem smerczen
(733) Daz leben meinez herczen.
Du war ie grimme, du bist verzagit,
Du scho̊nest ainer arm*en* magit.
Tot, brich enzway daz hercze mein,
Daz ich icht <*sehe*> meinez <*kindes*> pin.
(738) O suszes kint, du fro̊d*en* kint,
(739) Meiner sele gar gemint,
(742) Dir stat, vil lieber herre, wol,
(743) Wan du bist aller tugende vol,
(740) Erho̊re, herre, mein gebet,
(741) Ich bit dich, alz ich ee tet. ||

---

375 Ach *ODP*] Owe *BCN*, Ô *μ*, *fehlt Q*; werest ein bitter se *P*, warst gar bittir e *Q*. **376** sere] also rchte *P*; noch dir wordē (wurden nach dir *Q*) we *DQ*. **377–378** *Inversion Q*. **377** alleyne susze *DQ*. **378** Ach *fehlt DPQ*; Kom vn̄d (Darvmb̄ *Q*) gib *DQ*; keine *BCNDQ μ*, neyne *P*. **379** Zv brich *B*, Tho brikt *P*, Nu brich *Q*; dinen *P*, dynē *Q*; Gib eyn ende dez smertzen *D*. **380** Vn̄d brich daz leid mẏes hertzin *D*, Entzcwei mȳ betrubitis hercze *Q*. **381–382** *in Q:*

Wo bistu grusam' vnd̄ vnu'czait
Warvmb̄ schonistu eyn' krancken mait.

381 ie *O*] ê *BCN μ*, *fehlt DP*; grīmich *P*, grim *μ*; du *OBN*] nu *CP μ*, vn̄d *D*; bistu *P*. **382** armer *O*. **383** Tot *OBN μ*] Du *C*, *fehlt DPQ*; brich] Brich mir *Q*; daz] o *D*. **384** nicht *PQ*; sehe *BCNPQ μ*] *fehlt O*; kindes *BCNPQ μ*] *fehlt O*; Vnde lose mich von dirre pin *D*. **385–386** *in D:*

Jhesus myn vil liebes kint
Mynes hertzin jamer entpint.

in P:

O söte kint der fröude myn
Miner sele ein gülden schryn.

in Q:

O szüss· sohen o vrouden schryn
Mynir seelen hogiste gewin.

385 *Initiale BCN μ*; fro̊den *BCN μ*] fro̊de *O*. **386** Meiner *O*] Dv miner *BCN μ*. **387–390** *μ:*

389 (740) Erhoere, hêrre, mîn gebet,
390 (741) Ich bitich als ich ê tet:
387 (742) Daz stât dir, lieber hêrre, wol,
388 (743) Wan dû bist aller gnâden vol.

387–388 *Verse fehlen Q*. **387** Daz stedt dir liebe (lieber *μ*) h're wol *D μ*. **388** Wan] Daz *C*; bist] were *D*; tugende *ODP*] gnaden *BCN μ*. **389** Erho̊re *O μ*] Hore *BCN*; Irhore dyner muter gebeth *D*, Erhore he· myne bede (: dede) *P*, Dirhore mich an mynē gebethe (: tet) *Q*. **390** bidden *D*; dich *fehlt P*; also *D*, alse *PQ*; ee *OD μ*] vor *BNPQ*, vor (*folgt ein Buchstabe getilgt* e?) *C*.

(745) Erho̊re [] die armen můter din,
(744) Ziuch mich an die siten din.
(746) Ach liebes *liep*, erkenne mich,
(747) Ich bin din můter, ere *mich*.
O kint, gib mir deheine frist,
Wan ez recht und billich ist,
(750) Daz wir, <*die*> ein lip waren ie
[] Noch die <*ein*> minne nie verlie,
Daz die sin *in einer* not
Und liden samt den bitern tot.
O Juden *volk*, ein grimmu diet,
(755) Du bist, diu den tot geriet.
Min geslechte, Juden liut<*e*>,
Wes scho̊net ir min hiut<*e*>,

---

639 Erho̊re *HTJVS μ*] Erho̊re herre *G*; *Korrektur der Reihenfolge* din mv̊ter *G*, din armes můterlin *H*. **640** Ziuch mich an *G μ*] Zvch mich hin an *THS*, Züch vff mich an (Vnd zuch mich uff an *V*) *JV*; die *gebessert aus* din *S*. **641** liep *HTJS μ*] kint *GV*; mich] dich *S*. **Anstelle von 642–643** *in J*:

O kind güb mir kainen frist vm̄ dich
O kind du bist min genist (*vgl.* 608).

642 mich *HTVS μ*] dich *G*. **643** enkeine *HS*, keine *TV*. **644** Wand daz *V*. **645** Daz wir die ein lip *S*] Daz wir ein lip *GHJ*, Daz wir dvͥ einē liep *T*, Wand die vereynet *V*, Daz die ein lîp *μ*; ie] e *T*. **646** Noch die ein minne *HS*] Vn̄ noch die minne *G*, Noch dv ein minne *T*, Noch kain liebin *J*, Daz die mynne *V*, Noch dehein minne *μ*; nie verlie] ver liessen nie *J*. **647** Daz die sie *T*, Das si sient *J*; in einer *HTJS μ*] meinen *G*; Noch keynerley not *V*. **648** Vn̄ lident *HJ*, Sie lident *V*; samt *GS μ*] samē *H*, mit dir *T*, mit ain ander *J*, billichē *V*; den bitern *GT*] den grimē *H μ*, den *J*, einen *SV*. **649** *Initiale (nicht ausgeführt G) GTS μ*; O Juden volk *SJ μ*] [O] ivden welh *G*, In dem folk *H*, O Iivdin volch *T*, Yͤr judden *V*; ain grimē diet *H*, der grimen gmiet *J*, eyn vi̊l grymme diet *V*. **650** Yͤr sint die der *V*; tode riet *J*. **651** Min *HTJVS μ*] Mit *G*; Juden] in den *H*. **652** War vm̄ schonent ir min nit hüte *J*.

Ziuch mich {*hin an die site*} din, R XII[r] (O 33[v])
Trőst<*e*> d{*ie arme műter*} din.
Ach her{*ze liep, erchen*}ne mich,
Ich <*bin*> dein műt{*er, ere*} mich.
Min chint, gib mir deheine frist,
Wan ez rehte und willich ist,
Daz wir, die ein lip waren ie
Noch die ein minne nie verlie,
Daz die sin in einer not
Und liden sampt den bittern tot.
O Judei, grimme diet,
Du wist, diu den to*t e* geriet.
Min<*e*> mage, Juden leute,
Wez schonent ir mein hiute,

391–392 *Inversion Q.* **391** *Beginn R XII[r]*; Vnd czuch *Q*; hin *O*] *fehlt BCNDPQ μ, Raum für* hin an die site *R.* **392** Vnde (Vnd *C μ*) troste *BCN μ*; Vñd hilff mir vsz diesir pin *D*, Tröste dine muder mach id sin *P.* **393** *Vers fehlt C.* **393–394** *Verse fehlen O; Inversion BN.* **393** Ach *RDP μ*] O *Q, fehlt BN*; herze liep *D*] Herzen lip (herzenliep *μ*) *BN μ*, herte (liebis *Q*) kint *PQ*; irbarme *D*, irkenne *Q*; dich *DP.* **394** bin *BCNDP μ*] *fehlt R*; ere *BCNP μ*] irhore *D*; Dyne arme mutir bin ich *Q.* **395** Kint mỹes (mỹ *Q*) *DQ*; gib] nv gib *BCN μ*; deheine *R*] kein *BN*, cheine *CDQ μ*, da ain *O*, neyne *P.* **396** rehte vñ (*nachgetragen*) willich *R*, gar vnbillich *BCN*, recht vnpilleich *OP*, billich vnđ mogelich *Q.* **Anstelle von 397–405** *sieben Verse in D:*

Daz ich sterbe kint mit dir
Daz ist mỹ sin vñd myn ger
Wante die juddesche diet (401)
Habin groiszen mort vñ nyt
An dir begangen hute (404)
Wez schonet ir juddeschin lute (403)
Sint ir mit uwer grỹmigē taid (405).

397–398 *in P:*

De ein liff weren to voren
Vñ sek ny vor kören.

in Q:

Eyns hatte den ande'n liepp y
Vnđ habñ vns irczornit ny.

397 Daz wir die *RO*] Dar (Wan *NC*) wir *BCN*, Daz die *μ*; ie] ee *O.* **398** die ein *R*] kein (dhain *C*, dehein *μ*) *BCN μ*, die *O.* **399** Daz dein sin (sin *nachgetragen*) *C*, De schüllen sin *P*, Llas vns nü syn *Q*; einer *gebessert aus* keiner *B.* **400** sampt *RO μ*] allentsamt *BCN*, ī sāmet *P*; bittern *ROP*] grīmē *BN μ, fehlt C*; Vnđ mit enander sterbñ töt *Q.* **401** *Initiale RBCNO μ*; O Judei grimme *R*] Ivdei vil grimme *BCN μ*, I iuden grimmen *O*, O iöden gi grīmyge *P*, Iuda du grỹmīdis *Q.* **402** Du wist *fehlt O*, Si sint *P*; diu] der *Q*; tot e geriet *] tote geriet *R*, tot geriet (gereit *P*) *BCNP μ*, tot ye gerit *O*, töt vorryt *Q.* **403** mage *RBP μ*] magen *CNQ*, magte *O*; Juden *RBCNO μ*] iödessche *P*, ir erdinische *Q.* **404** schone *P*; ir] nu ir *O.*

Sit daz ir mit grimm*er* hant
Min liebez kint erhangen hant.
(760) Tůnt mir auch den selben tot,
Wan daz leit ist vor aller not,
Daz ich [] st*i*rbe und <*doch*> enmak
(763) Nit sterben. Ach vil biter tak,
(763a) An dem ertotet ist min kint,
(763b) Sinu claren augen schin||ent plint. G 12^{r}
(764) Nu henket mich zů im [] dar,
Ich bin diu můter, diu in gebar,
Oder tůnt mir anders, swie ir welt,
Ich bin nach dem tode erquelt.
(768) Waz sol mir armen můter frist,
Sit mir min kint erhangen ist.
Er stirbet nit wol eine,
Nu totent mich gemeine
Mit minem sun, wan ich dez bit<*e*>,
(773) Und rechent iuch *an mir* da mit<*e*>,

653–656 *in V*:

Sint daz yͤr mit bitterm grȳme
Vnd auch mit leydes stȳme (*vgl. 871.2 und 879.80*)
Mir myn liebes kint erhangē hat
No dut mir an den selben dot.

653 grimmer *HTJ μ*] grimmē (grimmen *S*) *GS*. **654** erschlagen *J*. **655** ŏch an den *S*. **656** daz] dis *J*; leit *fehlt HT*; v̊ber alle not *J*. **657** stirbe *T*] gern stvrbe *GV*, sterb (sterbe *μ*) *H μ*, stirb *J*, sterve *S*; und doch enmak *TS μ*] vñ enmak *G*, vnd doch nit mag *HJ*, vnd nit gesterbē mag *V*. **658** Nit sterben *GT μ*] Sterbñ *HJ*, Niht steven *S*, *fehlt V*; ach we bitter tag *J*, Ach du bitterlicher jamers dag *V*. **659** erstorbē *T*, getődet *V*. **660** schinent *GHTS μ*] die send *J*, sint wordē *V*. **661** hangent *S*; dar *HTJVS μ*] al dar *G*. **662** bins dú *H*. **663** Ald tůnd *H*; wie *HJ*, waz *V*; *vor* welt *getilgt* wőnd *H*, wilt *S*, wolt *V*. **664** Wan ich *JV*; dem tode] y^{e}m *V*; v^{s}quelt (v^{s}kelt *T*) *HTS*, erqwalt *V*. **665** sol *fehlt T*; můter] magen *J*; first (: ist) *S*. **667** eine] alleyne *V*. **668** Ir tőtent *H*, Nv toten *T*; Eya dot no bisz gemeyne *V*. **669–670** *in V:*

Mit myme libe wan ich dich bidde
Vnd rͤiche dich da mydde.

670 wrehint *S*; amir *G*.

(758) Sit daz ir mit grimmer hant
Min zartes chint erhangen hant.
Tůt mir den selben tot, ||
Want daz leit ist vor aller not, R XII[v]
Daz ich stirbe und doch enmach (O 34[r])
(763) Nicht sterben. Ach vil bitter tach,
(588) An dem ertŏtet ist min chint,
(589) Der werlde liecht ist w*orde*n plint.
Henchet mich zů im dar,
Ich win diu můter, diu in gebar,
(766) Alle tůt mir anders, swie ir welt,
Ich bin nach dem tode herqůlt.
Waz sol mir armer můter frist,
Sit mir min chint erhangen ist.
Er stirbet nicht wol eine,
(771) Nu tŏtet mich gemeine
Mit Jesu, wan ich dez bite,
Und rechent *iuch an* mir da mitte,

405–406 *Verse fehlen P.* **405** daz *fehlt Q*; ir mir mit *BCN*; mit falschin raed *Q*. **406** zartes *RBCNO*] liebes *DQ μ*; gehangñ *Q*; haid *DQ*. **407** Tůt mir *RO*] Tvt an mir *BCNP μ*, So thut mir an *D*, Thüt mir ouch *Q;* selbigñ *Q*. **408** Want *fehlt D*; ist mir vor *DO*; allen *P*; Vnđ helffit mir von myn' not *Q*. **409** stirbe *RBCNO*] sterue *P*, sterbe *μ*; Daz ich nicht gesterbin mag *D*, Nu sturbe ich doch gerne ich enmag *Q*. **410** Nicht sterben *fehlt D*; ach vil bitter *RO*] owe bitter *BCN μ*, owe jemerlicher *D* (*vgl. 236*), och bitter *P*; Totit mich ouch uff dissñ tag *Q*. **411–412** *folgen in BCN μ nach Vers* 236 (*μ* 588–589); *Verse fehlen D*. **411** ghe dödet *P*; So ir habit getotit mȳ kint *Q*. **412** ist *fehlt C;* w...ren *(nicht lesbar) R*. **413** Henchet *RO*] Hohet *BCN*, Nu hengket *D μ*, Henget *PQ*; zů im] zv zim *N*, mit eme *P*, ouch *Q*. **414** Ich byns die *Q*. **415** Alle *R*] Oder (Ader *D*, Edder *P*) *BCNDOP μ;* anders *fehlt DO*; swie] waz *DP*; wollet *D;* Do von so thut wy ir welt *Q*. **416** dem] syme *D*; erqvelt *BND μ*, enquelt *C*, verquelt *O*, gequelt *P*; Myn hercze nach dem tode quelt *Q*. **417** armen keyne frist *D*. **418** Sit] Nu *Q*; mir *fehlt DPQ*; gehangen *P*, dirhangñ *Q*. **419–420** *in Q:*

Konde ich nu von euch irwerbin
Das ich solde mit ym sterbin.

419 He en steruet nicht alleine *P*. **420** Nu *fehlt BCN*; gemeine *RDOP μ*] alle (al *NC*) gemeine *BCN*. **421–422** *in Q:*

Dar vmƀ wil ich euch sere bitten
Das ir euch rechit do mitte.

421–422 *Inversion D.* **421** Jesu] ihū xpō *P*; wan *fehlt DP*; ich dez bite *RO*] ich evch des bite *BCNP μ*, ich daz bidde *D*. **422** iuch an mir *OD μ*] wan mir *R*, evch (an mir *fehlt*) *BCNP*.

Ich bin diu in gebar und trůk,
So hant ir mir vergolten genůk.
O Jesu vil gůter,
Sun uber din můter
Geruch<*e*> dich erb*a*rmen
Und frawe mich die armen.
Wiz mir nit also herte
Ze diner hinverte,
Wan du min einer trost nu bist.
So l*a* mich sterben ane vrist.
Ich bitte, herre min, als e,
Wan mir ist we und aber we.
Ziuch an *daz* cruce <*mich*> zů dir,
Ach *herze liep*, dez hilf du mir.
Ich enweiz waz sůzzer mo̊chte sin,
Danne sterben bi der siten din.
Mir wart nie kunt so bitter not,
So uberlebe ich dinen tot.

---

671 dvͥ mv̊ter dvͥ in gebar *S;* vnd in trůg *H.* **672** mir gefolget *H,* im vergolten *J.* **673** *Initiale (nicht ausgeführt G) GTS μ*; Jesu *GS*] lieber svn *THJV μ;* vil] o *V.* **674** Sun *GS*] Iesuz *THJV μ; hinter* mv̊ter *folgt* Er *G.* **675** Růche *HTS*, Tůn *J*; erbermen *G.* **676** Und frawe mich *GTS*] Vnd tro̊st (trœste *μ*) mich *J μ*, Vnd erfrauwe mich *V,* Vber mich *H*; die *GS*] vil *HTJV μ.* **677** Bis *HJ*; also *G*] so *HJS μ*, als *T, fehlt V.* **678** Zů *HTJV.* **679** Sit *J*; min ainger trost *HJV*, min trost alleine *T*; nu *GHS μ*] *fehlt TJV.* **680** So la *J μ*] So lan *G*, La *HTVS*; sterben *GHTJS μ*] ersterben *V*; first *S.* **681** Ich bitte *GS*] Ich bitte (bitt *H*) dich *THJV μ*; hore min alz e *H*, h^{s}re min (als e *fehlt*) *T*, min lieber here *J.* **682** vnd uber we *V*, vnd schwere *J.* **683** daz *HTVS μ*] dich *G*; mich *HTVS μ*] *fehlt G*; Züch mich an das krütz zů dir *J.* **684** herze liep *SJ*] lieber herre *GH*, h^{s}zen lieb *T μ*, herczes liep *V*; das *JV*; hilffe mir *H*, hilf mir *T.* **685** Ich waiss was süss^{s} *H*, Ich wais nichtz des bo̊sser *J*; möcht gesin *H*, mohte gesin *TV.* **686** Dan (Deñ *HJ*) *SVHJ μ;* bi] an *JV μ.* **687** kunt] kind *J μ*; so bitter] söllich *H.* **688** Vnd vber leb ich *H*, Dāne vber leb ich *T*, Als das ich v̈ber leb *J*, Dañ uberleben ich *V*, So ob ich vber leve *S.*

Ich pin diu in gebar und trůch,
So hant ir mir vergolten genůch. ||
O suzzer sun vil gůter, R XIII^r
Nu sich an din<*e*> můter,
Růch<*e*> dich erbarmen (O 34^v)
Und trôst<*e*> mich die armen.
Wiz mir nicht also herte
Zu deiner hinverte,
Wan du mein einer trost nu bist.
La mich ersterben an<*e*> vrist
Ich *bi*te, herre min, als e,
Wan mir ist we und aber we.
Ziuch an daz chrutz<*e*> mich zů dir,
Ach, herze lieb, dez hilf du mir.
Ich enweis waz sůzzer mocht gesin,
Danne sterben bi der site din.
Mir wart nie chunt so bitter not,
So uberlebe ich deinen tot.

423–424 *Inversion Q; in D:*
Ich bin die en trug vñ gebar
So hat ir uch gerochin gar.

423 diu in] din *N*; Wenñ ich byns dy dy en getrug *Q*. **424** vergolten *ROP*] getan *BCNQ μ*; **425** *Initiale RAO μ*; O *fehlt BCNP*; sun vil gůter] vnd o guder *D*, sone vnde guder *PQ*. **426** Nu *RDOP*] *fehlt ABCNQ μ*; dyne arme muter *Q*. **427–428** *Verse fehlen P*. **427** Rŭche *O*] Růch *R*, Rich *A*, Gervche *BCND μ*, Vnđ geruche *Q*. **428** Und trôste mich] Vber mich *AQ* (*vgl. 348*); die *RO*] vil *BCNADQ μ* **429** Bis *AOQ*; nicht also *RBNO*] nit so *ACP μ*, nicht zu *DQ*. **430** Ze *μ*, An *AQ*; dissir *Q*. **431** mein einer trost] nu min trost *A*, myn eygen troist *D*, mȳ enyghe trost *P*, heil vñ troest *Q*; nu *RP*] *fehlt ABCNDOQ μ*. **432** Lat *P*, So las *Q*; ersterben *RBCNDO*] sterben *AQ μ*, der steruen *P*. **433** Ich bite *OP*] Ich ... te *(nicht lesbar) R*, Ich bite dich *BCNAD μ*; her *A*, here *P*; min] *fehlt A*, aber *D*, nv *P*; Herre ich bitte dich ymber me *Q*. **434** Wan *fehlt D*; und aber we *RAO μ*] vñ we *BCN*, ouer ser (: er) *P*, obir wee *Q;* Mir ist noch dir worden we *D* (*vgl. DQ 376*). **435–436** *Verse fehlen O*; *Inversion Q*. **435** Zuch mich an daz crutze hir *D*, The (Vnd czuch *Q*) mek an dat crütze to dek *PQ*. **436** Ach *RA μ*] *fehlt BCNPQ*; herze lieb *R*] Herzen lip *BCN μ*, hertzes liep *AQ*, Herte kint *P*; dez] das *A*, nu *Q*; du *fehlt PQ*; Vñd thu eyne süd'n frütschafft mir *D* (*vgl. 371*). **437** mocht gesin *R*] mohte sin *BCNDOP μ;* Ich enweisz wz möht besser sin A, Mir konde nicht bas gesyn *Q*. **438** Wan *BCNPQ*; bi *RBNOP*] an *ACDQ μ*. **439–440** *Verse fehlen P*. **439** enwart *D*; nie chunt] kint nie (nie kint *μ*) *A μ*; so bitter] groessir *Q*. **440** So uberlebe ich *RDO μ*] Sol ich über leben *A*, Vnde vber lebe ich *BCN*, Alse das ich gelebe *Q*.

O ach, min liep, war sol ich *gan*,
Wem sol || ich dich, min fraude lan? G 12v
∞ *Du wer min vater und min můter,*
Du wer min bruder, Jesu gůter,
Du wer min brutigam vil zart,
Dem gelich an sůzze nie nit wart,
Du wer min kint und al min trost,
Nu belib ich ermu ungetrost.
Ich můz ei*n* armer weise sin,
So ich [] *den <zarten> vater* min
Und můter dich *verliure.*
Alliu genade wirt mir tiure.
Ich mak nit sin ein můter me,
Wan ich nit kindes han als e.
Ich můz ein ermu witwe sin,
So ich verliuz den fridel min.

689 Owe ach *H*, Ach *V*; gan *HTJVS μ*] han *G*. **690** Wē so... ich *S*; dich *GS μ*] hie *T*, nun *J*, *fehlt HV*. **691–692** *Inversion G*. **691** min vatt^{s} min můt^{s} *H*, myn son vnd müter *V*. **692** jh̄s gůter (ih's gvt *T*) *JT*, vil güter *V*. **693–694** *Verse fehlen H*. **693** *Hinter* wer *durch Rasur getilgt* b *G*; brv̊tigǒme (brvtigam *S*) zart *TS*, gmachel zart *J*; Dü were süsze vnd zart *V*. **694** Dem sin gelich an sv̊ze nie wart *T*, Dem nie gelÿch an scho̊ni wart *J*, Dem nÿͤ nicht glich an süsze wart *V*. **695** kint] freude *V*; al *GS μ*] alle *HT*, aller *JV*; min *fehlt J*. **696** *Vers fehlt T*; Nv blive ich armv vnirlost *S*. **Nach 696** *zwei Plusverse in S*:

Von leide vñ ǒch vō sorgin (*vgl. 725*)
Die sint mir vn verborgin.

697 ein *gebessert aus* einer *G*; arme *V*, armv *S*. **698** No *V;* den zarten vater min *HTJVS μ*] verlivs den vater min *G*. **699** verliure *HTJS μ*] verlorn han *G*, verliere *gebessert aus* verliesen (: ture) *V*. **700** Alliu genade *S*] Aller gnæden *G*, Ällú gnad H, Alle genad (gnad *J*, gnade *V*) *TJV*, elliu gnâde *μ*; wirt mir tiure *HTJVS μ*] wirt ich an *G*. **701–702** *folgen nach* 703–704 *V*. **702** Wan] No *V*. **704** So] No *V;* v^{s}lúre (verlür *J*) *HTJS*, verliese *V*, verliuse *μ*; fridel *GTS μ*] sune *H*, gmachel *J*, herrē *V*.

O ach, min chint, war sol ich gan, ||
O ach got, wem sol ich dich lan? R XIII^{v}
Du were mein vater, du mein můter,
Du min brůder, Jesu gůter,
Du were mein vriedel minnichlich
Und auch mein chint gar wunnichlich, (O 35^{r})
Du were mein<e>s herzen trôst,
Nu belibe ich arme ungetrôst.
Ich můz ein armer weis<*e*> sein,
So ich dich, liber vater {*mein*},
Und dich min chint verl*iure*.
Alle genade ist mir tiure.
Ich mach nicht sin ein můter me,
Wan ich nicht chindes han als e.
Ich můzz ein armiu wittiwe sin,
So ich verlure dich, chint min.

---

441 *Initiale BCN*; O ach *RAO μ*] Owe *BCN*, Ach *DPQ*; min chint *RBCNOP*] min zart *A μ*, liebes kint *DQ*; wa sal ich hin ghan *Q*. **442** O ach got *RO*] Herzen lip *BCN*, Ach kint mins *A*, Ach *D μ*, Leue god *P*, Oddir *Q*; wem sol ich dich lan *RABCN μ*] wie hastu mich gelan *D*, wem (wenn̄ *Q*) wil du mich lan *OPQ*. **443** du mein můter *RO*] du wert myn můtter *A*, vn̄ min mvter *BCNDP μ*, vnd ich dine muter *Q*. **444** Du min *RO*] Dv were (wert *A*, waer *C μ*) min *BCNADP μ*; ih̄us *AD*; gůter] du gůter *A*, vil guder *P*; Du warist (*zweifach, einmal getilgt*) mȳ troest vnd myn hütir *Q*. **445–448** *Verse fehlen Q*. **445** *Fehlt O*; vriedel] freud *A*, frede *D*; minnenclich^{s} (: wunnenclich^{s}) *BCN*, ȳnichlik *P*. **446** Und auch *RBCND μ*] Vnd *AO*, Du werest *P*; chint *RDOP*] zart *BCN* (*vgl. A 441*), spiegel *A μ*; gar *RO*] *fehlt ABCNDP μ*. **Nach 446** *Ersatzvers für den fehlenden Vers 445 in O:* Nu sich ich (*folgt getilgt* ze) dich ze iamerleich. **447** were] wast *C;* mȳes hertzin lost *D*, min kint mins he'tzē trost *A μ*. **448** belibe] bin *D*; Ich arme blibe nü vngetröst *A*; Nv bliue ek leider vngelost *P*. **449** arm *D*, arme *P;* Nu müs ich eyne arme mut' syn *Q*. **450** So] Sint *D*, Wan *P*, Nu *Q*; dich] den *Q*, *fehlt D*; liber vater *RO*] freud *A*, lieber herre *DP*, liebin vater *Q*, vater *μ*; So ich dich verliese vater min *BCN*. **451–452** *in BCN:*

Din tot ist mir worden sẘer (suwer *NC*)
Alle genade ist mir worden tiwer.

451–452 *Verse fehlen D*. **451** dich *fehlt Q*; min chint *RO*] kint *A μ*, mȳ leue kint *PQ;* verlure *RO*, verlöre (: düre) *P*, vorlyse *Q*. **452** Darvmb ich vroude vorlyse *Q*. **453** enmag *A*, mage *BN*, ne mach *P*, kan *Q*; sin ein můter *ROP*] sin mvter *BCN μ*, mutt^{s} sin (gesyn *Q*) *AQ*, heiszen mut^{s} *D*. **454** Wan] Sint *D*; als e] also ee *D*, alse er (: mer) *P*; Wan ich han nit kindes als ee *A*, Sint ich myn liebis kint habe nūme *Q*. **455** můzz] mach nůtz *O*; eym arm weise *D* (*vgl. 449*). **Anstelle von 456–462** *in Q:*

Nach dem tode des kindes myn
Vorloren habe ich dy vroude myn
Wenn̄ ich mus ymber betrubit syn.

456 So ich verlure dich *R*] Sol ich v^{s}liezen dich *O*, So ich dich v^{s}lüse (v̊liese *D*) *AD μ*, Sint ich dich v̊liese (verleuz *C*) *BCN*, Wan ek dek vorleise *P*; chint] die freud *A*, vriedel *μ*.

Wer sol mich trosten, so ich dich
Verliuse, bruder minneclich?
Ich verliuse an dir, swaz ich han
Und allez, daz <*ich*> ie gewan.
Mir tůt not, daz ich trurrik bin
Nach dir, wa sol ich keren hin?
Wer hilfet mir, wer git mir rat,
So jemerlic*h als* es mir stat?
Sol ich <*niht*> liden, *trut*, mit dir,
<*Den tod*>, so rat <*doch*>, herre, mir,
Dem elliu dink sint mů||gelich, G 13r
Bedenke, herre, *selbe* mich.‘
Ze disen selben ziten
Stůnt ich bi siner sitten.
Ich stůnt bi dem cruce her,
Dar an so hienk min kint vil ser,
Und auch Johannes ewangelist,
Min mak, als *ez* gescriben ist.
Wir waren *b*eidiu erstorben
Und [] vil nac*h* verdorben

---

705 dich] dich v’liese *V*. **706** V^{s}lure *H*, Verlivre (Ver lüre *J*) *TJS*; Herre bruder vnd son wyse *V*. **707** v^{s}lúr *HJ*, verlivre *T*, verlvre *S*, verliesen *V*; swaz] was *HJV*, s... *S*. **708** daz] das daz *V;* ich *HTJVS* *μ*] *fehlt G*. **709** *Initiale TS, vgl. H 711.* **710** wa *wohl gebessert aus* war *G*, war *HV*. **711** *Initiale nicht ausgeführt H.* **712** So jemerlich als *HT μ*] So iemerlichen so *G*, So kimerlich als *J*, Also iemerlichē als *V*; stat] gắt *J*; *in S nur Buchstabenreste durch Beschneidung des oberen Blattrandes erhalten, wohl:* So iamirlichen es mir stat. **713–726** *Verse fehlen V*. **713** ich niht liden trut *HTS*] ich liden den tot *G*, ich nit liden kind *J μ*; dir] din *T*. **714** Den tod so rat doch *HTJS μ*] Nit so rat *G*; herre] selb *T*. **716** selbe *HTS μ*] selb an *G*, selber *J;* mich *GTS*] dich *HJ μ*. **717** *Initiale (nicht ausgeführt G) GJS μ*; Zů *SJT*; disen] den *J*. **720** so *fehlt J*; sere (: herr) *H*. **721–722** *Inversion H*. **721** Bÿ mir ouch *J*; johannē *H*. **722** Min mak *GTS*] Ich sach (*dahinter getilgt* astes) *H*, Min pfleger *J*, *fehlt μ;* ez *THJ μ*] e *G*; Min mag ....scriven ist *S*. **723** *vor* beidiv *getilgt* g *G*; verdorben (: erstorben) *J*. **724** Und vil nach *J μ*] Vn̄ gar vil nache *G*, Vn̄ och vil nach *HTS*.

Wer sol mich trôsten, so ich dich
Verlure, Jesu minnichlich? ||
An dir verlure ich, swaz ich han O 35r
Und allez, daz ich ye gewan. ||
M*ir* tůt *not*, daz ich traurig pin O 35v
Nach dir, war sol ich kchern hin?
Wer hilfet mir, wer geit mir rat,
So jamerleich als ez mir stat?
Sol ich nicht laiden, kint, mit dir
Den tott, so rat doch, herre, mir.
Bedenke, got, mein armez leben,
Wer sol mir armen trost nu geben?‘
An den selben zeitten
Stunt ich pei siner seiten.
Ich stunt pei dem crůcze her,
Dar <*an*> hi̊ng mein Jesus vil ser,
Und auch Johannes ewangelist,
Als ez geschriben ist.
Wir waren peidů erstorben ||
Und vil nach verdorben O 36r

---

457 Swer *C*; so] swen *BCN*, wan *P*. **458** Verlure *RO*] Verliese (Verlüse *A* *μ*, Verleus *C*, Virliesin *D*, Vorleise *P*) *BCNADP* *μ*; Jesu] kint *D*; wünichlik *P*; *Ende R XIIIv*. **459–460** *Verse fehlen P*. **459** verlure *O*] verliese (verleus *C*, verliuse *μ*) *BCNADμ;* was *AD*. **461** *Initiale O*; Mir tůt not *ABCNP μ*] Mir ist noid *D*, Dir tůt we *O*; drůuich *P*. **462** war *OAD*] wa *BCN μ*, wur *P*. **463–464** *Verse fehlen P*. **463** Wer hilffit vn̄d gibt *DQ*. **464** So *ABCNDQ μ*] O *O*; kōmerlich *D*, cleigelich *Q*; als *fehlt D*; er mier stat *C*, es mir gat *A*, ez v̄me mich staid *D*, mirs zcustad *Q*. **465** laiden] steruen *P*. **466** Den tot *OABCND μ*] *fehlt PQ*; so rat dich her mir *A*, So tröste du (So rat doch *Q*) leue hes mir *PQ*. **467** Bedenchet *C*, Gedengke an *D*, Vn̄ bedenke *PQ*; got *OABCN μ*] *fehlt DPQ*; mȳ vil armes *DP*. **468** armen trost nu geben *OBCNP*] nü (*fehlt Q*) trost geben *ADQ μ*. **469** *Initiale μ*; Czu den selbigin *Q*; getzijden *DQ*. **470** pei] an *D*; seinen *CQ*; syte (: zyten) *A*. **471–472** *in D:*

Benebin deme crutze sint
Dar an ihesus hing mȳ kint.

471 here *A*, swere *Q*. **472** an *fehlt O*; hi̊ng] so henk P; min *fehlt P*; Jesus *OBCNP*] kint *AQ μ*; vil *OAP μ*] *fehlt BCNQ*; sere *A*, ser (*gebessert aus* her) *C*, here *Q*. **473** Geyn (By *Q*) mir stunt Johañes ewāgelist *DQ*. **474** Als ez *OBCND μ*] Als *A*, Alse dat *P*, Also das *Q*; geschriben *OBCNP μ*] geschriben was vnd *A*, gentzlich geschrebin *D*, wol beschrebin *Q*. **475** beide waren *A*, waeren peideu *C*; erstorben *OBCND μ*] gestorben (na gestorbin *Q*) *AQ*, bestoruen *P*. **476** Und vil nach] Vn̄d in vnmacht na *D*, Vn̄ ok vil na *P*, Vnd warē an dem libe *Q*.

(828) Von leide und auch von smerzen,
Der durchsneit unser herz*en*.
Min kint tet uf diu augen sin,
Do wart sin ganziu minne schin.
Mit wein*en*den augen er mich an sach,
(833) In siner nо̊t er zů mir sprach:
'Sich, wibes kunne, můter min,
Johannes sol din sun sin,'
(836–39a) Als er spreiche: ‚můter, maget,
(836–39b) Von miner marter wiz unverzaget.
(836–39c) Zertiu můter, rainer lip,
(836–39d) Du bist ze weinen als ein wip.
(836–39e) Du hast ze vil bermherzikeit
(836–39 f) Zů mir und der miltekeit.

---

725 Vo ... eide *S*; auch *fehlt H*. **726** herzen *HJVS μ*] herze *GT*. **727** *Initiale S*; dv̍ ŏch sin *S*. **728** wart] war *S*; Vnd sach an mines hertzen pin *J* (*vgl. 590*), Da wart mir sine mÿ̄ne schin *V*. **729** Mit weineden avgen *G*, Mit wainēt *H*, Mit weinden ougen *μ*; an sach *GHV μ*] sach *TJS*. **730** In minē nötē *H*. **731** *Initiale V*; Sich wÿbe liebe *J*, Ach wybes kо̊nne *V*. **732** Joh's der sol *T*; sū nū sin *H*. **733** Als *G*] Alz ob *HTJVS μ*; můter (muter mÿ̄ *V*) vnd magt *JV*, mv̊| magit (ter *offenbar beim Zeilenwechsel vergessen*) *S*. **734** Von] An *J*; bis *HJ*; Wisz myner martel vnuerczaget *V*. **735** Zartú maget *H*; liep *T*. **736** Dv bist zu *S*; wainēt *H*, weimenne *S*, weinene *μ*; ein *fehlt S*; *vor* wip *getilgt* li *H*. **737** zu *V*; erbarmherczikait *HJ*, irbarmekeit *TS*, der (*eingefügt*) erbermekeit (*dahinter getilgt* Zu mir) *V*. **738** *Vers fehlt T*; Ze *S*; und *G μ*] vnd och *HJVS*.

Von laide und <*von*> smerczen,
Der durchsnait unsrůͤ herczen.
Jesus tet auf die augen sin,
(831) Da wart sein gancze trůͤ<*we*> schein.
Mit weinenden augen er mich sach,
In siner nôͤte er zu mir sprach:
'Sich, werde můͤtter, magit mein,
Johannes sol dein son sein,
(836) Habe yn zu einem kinde.
Ach, mutter mein, erwinde
Und la dein weinen sein,
(839) Du nim sein war recht als mein.

477–478 *Verse fehlen P.* **477–478** *in Q:*
Vnd durch vnser h'czin
Snittē vns groesse smerczin.

477 lyden *D*; von *AD μ*] ovch von *BCN, fehlt O.* **478** Der] Der da *A.* **479** *Initiale BN.* **480** Dar wart mir gantze *D*, Do wart vns syne *Q*; trůwe] libe *BCN.* **481** Weinende er *A*; mich] vns *Q;* sach] an sach *AQ μ.* **482** In synē noden *D*; mir] vns *Q.* **483** werde] libe *BCN*; můtter magit *OBCND*] maget mütter *A μ*, maget vñ müder *P*, mut' *Q*; mein] fyn *D.* **484** Johãnes de schal *P.* **Nach 484** *zwei Plusverse in Q:*
Vnd du syne muter
Er sal dich habñ in hute.

485–486 *in D:*
Vñd sal din plegin vort als ich
Werde mut' an den halt dich.

485 zu *nachgetragen O.* **486** Ach *fehlt Q*; erwinde] nv wende *P*, irfinde *Q.* **487** Las me dyn *Q*; din groiszes weynē *DP.* **488** Du *OBCN*] *fehlt APQ μ*; recht] to r^{s}chte *P, fehlt Q;* alse *PQ*; Du must dich entraden myn *D.*

739 (840) Du weist, ich bin dar umbe komen,
740 (841) Daz ich wil allen selen fromen.
(842) Ich wart mensh *von* dir <*ge*>bor*n*,
Nu ist || gestillet mines vater zorn. G 13^{v}
Die sel<*en*> wil ich behalten,
744 (845) Die vor mir waren versalten,
745 (845a) Mit minem zarten plůt<*e*>,
(845b) Maria, maget gůt<*e*>.
Wie mo̊cht anders erfullet sin
Diu schrift? Da von so lide ich bin
Fuͤr alles menshlich kunne.
750 (849) Dar nach sol ich mit wunne

---

739 Dv waist wol (doch wol *V*) *TVS*; daz ich darvm bin *T*, wie ich bin *V*, ich ich bin darvmbe *S*. **740** frvmen (: komen) *G*; Dz ich wol manig^{s} sel sig from (: kom) *H*, Daz ich allen selen wil frommen *V*. **741** von *HTJVS*] ze *G* μ; geborn *HTJVS* μ] boren *G*. **743** selen *HTJVS*] sel *G*, sêln μ. **744** vor *G* μ] von *HTJVS*; geschalten *V*. **745** zarten] roten *S*. **746** O Maria *V*. **748** geschrifft *HJ*; da von ich lid (liden *V*) *JV*. **749** alle *HV*; menschlichez *T*; künde (: wunne) *J*. **750** Dar nah *S*; sol ich mit] wil ich mich *H;* wūnen *S*.

(840) Du weist, ich pin *dar umbe cho̊men*
(841) Daz ich wil allen selen fro̊men ||
Dar zu *wart* ich von dir gebor*n*, O 36v
Nu ist gestillet meinez vater zorn.
Die sele <*wil*> ich behalten,
Ich wil *nieman* versch*a*lten.

(846) Wie mocht anders erfullet sin
Die schrift? Da von so laide ich pin
Ffůr allez menschleich kůnne.
Da nach sol ich mit wůnne

489–490 *erweitert in BCN:*
Dv weist wol ich bin dar zv geborn (489|491)
Swaz sele sint verlorn (490a)
Daz ich den wil allen vrvmen (490b)
Dar vmb bin ich (pit ich dich *C*) von himel kvm̄e (491|489).
489–492 *in A:*
Nü ist gestillet mins vatter zorn (492)
Dü weist wol wie ich bin dar zü geborn (489|491)
Das ich wil allē selē frūmen (490)
Dar zü wart ich vō dir genūmen. (491|489)
489–497 *in D* (*Verse* 491.492 *fehlen*):
Du weist wol ich bin dar vm̄e kom̄en (489)
Allen betrubeten selen zu from̄en (490)
Die von myn' pin sollen w'den irloist (483|496)
Vnde da von habin gnade vñ troist (494)
Wie mochte die schrifft irfollet sin (*gebessert aus* pin) (495)
Dan von myn' martel vñd pin (496)
Die ich lyden vor menschlich koñe (497).
489 Du weist *OP*] Du weist wol *Q μ* (*vgl. ABCND*); ich bin dar umbe komen *μ nach D*] ich pin von dir becho̊men (: frůmen) *O*, das ich bin dar czu komen *Q*, ek bin dar tho ghe komen *P*. **490** Das is sal dē sehelen *Q*. **491** Dar zu wart ich *BCNP μ*] Dar zu pin ich *O*, Vnd wart dar zcu *Q*; geboren (: zorn) *O*. **492** Do wart gestilt mins *Q*. **493–494** *Verse fehlen P*. **493–498** *in Q:*
Der sehelen wil ich gewaldin
Vnd wil dy alle behaldin
Llede ich nicht desse pyn
So konde dy schriefft nicht irfullet syn
Ich lyde durch alle mensliche kūne
Dar nach dorste mich mit wūnen.
493 sele *OBN*] sel *C*, selen (sêln *μ*) *A μ*; wil *ABCN μ*] *fehlt O*. **494** nieman] meinen *O*, im *C*; verscholten (: behalten) *O*. **496** geschrifft *A*; se liden pin *P*. **497** Vor alle *P*.

Erstan und erschinen
Dir und den ju*ng*ern minen.
Daz geschiht an dem triten tage,
La frawe, můter din*e* clage.
(854) Dar nach sol ich ze himel varen
Mit den engellichen scharen
Zů minez vater trone,
Da sol ich leben sch*o*ne.
Frawe [], la <*din*> truren stan,
(859) Liebiu můter, wan ich *funden* han
Min herzeliebes shevelin,
Daz lang irre ist ge*sin*
Und lange wil<*e*> *was* verlorn.
Dar zů wart ich von dir geborn,
(864) Daz ich alleine disen tot
(865) Enph*ahe* fůr aller wel*d*<*e*> not.
(866) Warumbe misevellet dir,
(867–73a) Daz min vater hat geboten mir
(867–73b) Und daz im so wol gehaget,
(867–73c) Daz la dir liep || sin, můter, maget. G 14^{r}

751 Ierstan *S*, Er stant *T*; und *G μ*] vnd dir *HVS*, vnd och *TJ*. **752** Dir und *GJ μ*] Vnd och *HTVS*; den ivgern *G*, den iunger *J*, dien ivngerin *S*. **753** Daz *HTJVS μ*] Da *G*; geschihte *T*, be schicht *J*. **754** La frowe minv *T*, Laus můter frow *J*; dine *TVS μ*] diner *G*, din *HJ*. **755** *Initiale S, Paragraphenzeichen V, Keine Initiale μ;* zu *V*. **756** engelschlichē *HJ*, engelischen *V*. **757** Ze *TS*. **758** ich *fehlt T*; sitzen *J;* schŏne (: trone) *G*. **759** Frawe la din *TV μ*] Frawe min la *G*, Frow la *H*, Frǒwe dich la *S*, Můter lås din *J*; trure ston (: han) *H*. **760** funden *HTVS μ*] von dir *G;* Wan mitt miner marter ich funden hån *J*. **761** herce liebin *T*, hercze liebe *V*. **762** *Vers fehlt T*; Die lange *V*; ierig *HJ*; ist gesin *HJS μ*] ist gewesen *G*, sint gesin *V*. **763–764** *in V*:

Dar czu wart ich von dir geborn
Vnd auch darzcu vszerkorn.

763 Die lang *T*; was *HJS μ*] ist *G*, waren *T*; velorn *S*. **764** dir *fehlt S*. **765** dise not *gebessert zu* disen tod *J*; Daz ich wil allaine disin tot *T*, Daz ich dissen jemerlichē dot *V*. **766** Enphahe *TS*] Enphieng *GV*, Enphach *H*, Litte (Lîde *μ*) *J μ*; aller *GJ*] aller d[s] *S*, al der *TH*, der *V μ;* welt *GT*. **767** missefellet dir das *V*. **768** mir *fehlt T*; Min vater hat mir geboden das *V*. **769** Vn̄ im *HJ*, Vnd daz mir *T*, Daz ẙm *V*; so] also *H*; behagit *SHTJV*. **770** můter] raine *H*, můter vnd *J*.

Erstan und dir erscheinen
Und auch den jungern meinen.
Das geschicht an dem dritten tag<*e*>,
La fraw<*e*>, mů̊tter, dein<*e*> chlag<*e*>.
Dar nach sol ich ze himel f*a*ren
Mit den eng<*e*>lischen sch*a*ren
Zu meines vatter throne, ||
Da sol ich leben schone. O 37r
O mů̊tter, la dein *truren st*an,
Wan ich die sele funden han
Und auch mein liebes scheffelin,
Daz lange irre ist gesin.
<*Der mensche lange was verlorn,* [B 25ra]
Dar zu wart ich von dir geborn,
Daz ich aleine disen tot
Lide vor al der werlde not.>
Warumbe mis<*se*>vallet dir
Mein tot? Ja hat der vater mir
Geboten, das ich trinken sol
Der marter trank, daz chů̊met wol

---

499 Erstan] Vp stan *P, fehlt Q*; und dir erscheinen *OBCNP*] vnd dir herschin (: min) *A*, vnde erschynen *D μ*; Vnde wil dir irschynē *Q*. **500** Und auch den *OABCN*] Dir vnd den *D μ*, Vnde den *PQ; vor* jvngern *Rasur B*. **501** Das geschicht *fehlt P*. **502** Dar vm̄e lasz *DQ*; frawe mů̊tter *OAP μ*] zarte mvter *BCN*, lieb muter *Q*, frauwe *D*. **503** *Initiale O*; werde ich *Q*; ze] zü *ADQ*; foren (: schoren) *O*. **504** engelschen *AD*, engellîchen *μ*. **505–506** *Inversion BCN*. **505** Zu] In *BCN*. **506** saltu *D*, wil ich *Q*; sitzen *DP*. **507** *Initiale (nicht ausgeführt C) BCN*; O mů̊tter] Dar vme muter *D*, Muder *P*; truren *ABCNDPQ μ*] weinen *O*; stan] sein *CDQ*, sin *verbessert zu* stan *O*. **508** sele *OBCN*] selen *AP μ*, sel *C*; ge wnden *P*; Ich musz lijden diese pin *D*, Ich wil dirloesin dy sehelin myn *Q*. **509–510** *Verse fehlen DP*. **509** auch mein liebes *O*] auch myn liebe *A*, min vil liben *BCN*, myne *Q*, mîniu lieben *μ*. **510** Daz *O*] Die *BCNAQ μ*; ist gesin *O*] gevaren (gewarn *C*) sin *BCN*, gewesen sin *A μ*, gegāgin syn *Q*. **511–514** *ABCNDPQ μ*] *Verse fehlen O*. **511** Vor den menschin d' waz v'lorn *D*, Das der mensche was vor lor'n *Q*. **512** Dar vm̄e *DQ*; ich *fehlt D*. **513–514** *in D:*

Daz ich diese martel vn̄d noid
Wil lijden vor dez mēschin toid.

513 aleine] hute *Q*. **514** Liden solt für *A*; al der *BN*] aller der *C*, der *APQ μ*. **515–517** *in A* (*Kontraktion* 515.517, 516 *fehlt*): Nit missevalle dir dz ich trinken sol. **515** Dar vmbe *Q*; be misse uallet *P*; dir] das dir *Q*. **516** Mein tot *ODP*] Der tot *BCN μ*, Dissin töt *Q*; Ja *OBCN μ*] io *P*, nu *D*, *fehlt Q*; der] mȳ *Q*. **517** ich den trincken *Q*. **518** martel tranck *A μ*, *fehlt Q*; daz] der *BCN*; chů̊met] stedt *D*; Das bekūmit den sehelin wol *Q*.

(867–73d) Wie wilt du, daz ich trinke niet
(867–73e) Daz tr*ank*, daz er mir beshiet,
(867–73 f) Do er mich sant erlo̊sen
(867–73g) Mengen sunder bo̊sen.
(886–91a) O seilik vor allen wiben,
(886–91b) Din weinen la beliben.
(886–91c) Du bist mines todes ze ser erkomen.
(886–91d) Du weist wol, wannan ich bin komen.

(880) *Wan* swie der tot *an mir gesige*
(881) Und swie ich im auch under*lige*,
Des soltu dich nit missehaben.
Wan swie ich nu werd<*e*> begraben,
Ich wil doch immer mit dir sin
(885) Noch enwil *nimmer* vergezzen din.

---

771 Wie *fehlt JV*; niet] nie *T*, nit *J*. **772** Daz trank daz *HTJS μ*] Daz trinke daz *G*, Den dranck den *V*; beshiet *GV μ*] vor beschied *H*, vs beschiet *TJS*. **773** sant zů lo̊sen (sante zu erlosen *V*) *JV*, sante lo̊sin *S*. **775** *Initiale (nicht ausgeführt G) GJS μ*; O *fehlt TV*; Selige *V*. **776** das laz bliben *V*. **777** zu *V*; ser] hart *H*; enkomen *J*, be kommen *gebessert aus* benommen *V*; Dv hast dich ez ze vil an genomē *S*. **778** wannan *G*] wie *HTS*, war vm̄ *J*, wannen *μ*; ich her bin *H*; Wie ich dir eȳ wile werde benommen *V* (*vgl. 790*). **779–780** *Verse fehlen V*. **779** Wan swie *TS μ*] Vñ swie *G*, Wan wie *HJ*; an mir gesige *TS*] mir angesigt (mir angesige *μ*) *G μ*, an mir gesig *H*, an mir gesigt *J*. **780** swie] wie *H*, *fehlt J*; ich van im *HJ*; auch *G*] noch *TS*, *fehlt HJ μ*; underlige *T μ*] vnder gelieg *G*, vnder lig *HJ*, vnder gelige *S*. **782** Wan wie ich *H*, Wā (Vnd *J*, *fehlt V*) swie (wie *JV*) daz ich *TJV μ*; nu *fehlt JV*; werde *HTJVS μ*] wird *G*. **783** Ich wil doch by dir sin *V*. **784** Noch enwil nimmer *μ*] Noch enwil immer *G*, Noch wil niemer *TS*, Vnd niem^{s} *H*, Vnd wil (wil auch *V*) nimer *JV*; din vergesin *T*.

Den selen, die gebunde*n*
Sint mit den hellehunden.
Den wil ich ze helffe ch*u*men,
Mein tot sol *manger* sele frumen.
Da von, vil zarte mutter mein,
Maria, la dei*n* weinen sein. ||
Ach, herczen<*liebe*> schone magit, O 37v
Hab ein hercze unverzaget,
La dein weinen uber mich,
Susze mutter, troste *dich*.
Swie der tot an mir gesige
Und swie ich im underlige,
Dez solt du dich nicht missehaben.
Wan swie ich werde begraben,
Doch wil ich nicht vergezzen dein,
Wan ich wil immer mit dir sein.
Du weist wol, wie ich pin geborn.
Du pist erwelt und erchorn
Vor aller creature.

---

519 Den selen *OABN μ*] Den (*gebessert aus* die) selen *C*, Die selen *D*, Den armen selen *P*, *fehlt Q*; die gebunden *OP*] die da sint gebvnden *BCNAD μ*; Do dy do syn gebunden *Q*; gebunden *gebessert aus* gebundent *O*. **520** Sint *OP*] *fehlt ABCNDQ μ*; mit den *OBCNPQ*] von den bösen *AD μ*. **Anstelle von 521–524** *zwei Verse in D:*

Die wil ich losin muter myn
Dar vm̄e lasz frauwe din weynē syn.

521 zü hilff *APQ*, zv (ze *C*) staten *BCN*; chemen (: frumen) *O*. **522** manger sele *AP μ*] allen selen *BCN*, yn an der sele *O*; Myn töt der sal en frōmē *Q*. **523** *Initiale O*; Da von *OABCN μ*] Dar v̄me *PQ*; vil *fehlt Q*; zarte *O*] liebe *BCNAPQ μ*. **524** Maria *fehlt Q*; deine *O*; weinen] truren *A μ*, groessis weynē *Q*. **525–526** *Verse fehlen P*. **525–540** *Verse fehlen D*. **525** herzenliebe schone *μ*] hertz liebe schöne *A*, herzen lip (liep *CN*) vil schone *BCN*, herczen schone *O*; Du werde schone mait *Q*. **526** vnverzagat *N*. **527** Vn̄d las dyn *Q*; über mich (*folgt getilgt* sin) *A*. **528** Susze *OBCNP*] O süsse *A μ*, Liebe *Q*; troste dich *ABCNP μ*] troste mich *O*, des bitte ich dich *Q*. **529–530** *in Q*:

Wy nu dissir tot an mich irgee
Das wil ich geduldig lyden.

529 Swie *OBCN*] Wan *A*, Wol dat *P*, Wan swie *μ*; an mir gesige *OBN*] mir angesige *AC μ*, an geseghe *P*. **530** Und swie ich *O μ*] Vnd wie (wol *P*) daz ich *BCNP*; im] eme nv *P*; Vnd ich in der erden lige *A*. **531** Dar vmb̄ saltu *Q*; dich] dich des *A*. **532** Wan swie *O*] Wān wie (swie *μ*) das *A μ*, Vn̄ swie daz *BCN*, Wēte wol dat *P*, Ab *Q*; ich *OP*] ich nv *BCNAQ μ*; *von* begraben *nur lesbar* be[*B*. **533** Doch *ABCNPQ μ*] Noch *O*; mag *BCN*, so wil *A*. **534** Wan *fehlt P*; mit] bi *BCN*. **536** erchorn *OBN*] vsz erkorn *ACPQ μ* **537** Von *B*; alle *PQ*.

(892) Es ist zit, daz ich kere wider,
Von dem <*ich*> komen bin her nider.
Daz <*ist*> min vater *here*,
Zů dem [] ich wider *kere*.
Dar enmacht du, můter, noch nit komen,
(897) Swie ich *ein wil* dir werd benomen.
Doch solt du schier<*e*> komen dar,
O liebiu můter, diu mich gebar.

Die wil<*e*> so sol phlegen din
Johannes, liebiu || můter min. G 14v
(903a) Der ist, dem ich getrůwe wol,
(903b) Der din mit triuwen phlegen sol.
Er sol din phlegen alle wiz,
Recht als du sin můter sis.

786 *Initiale nicht ausgeführt H*; ich *HTJVS μ*] *fehlt G*. **787** Da *T*; ist *HTJVS μ*] *fehlt G*; here *HTJVS μ*] herre *G*. **788** Zů dem ich wider kere *HTJS μ*] Ze dem wil ich wider keren *G*, Zu dem wil ich keren *V*. **789** Dar macht du *HTS*, Da hin magstu *J*. **790** Wie *HJ*; ein wil *HTJ μ*] enwil *G*; wird *H*, werde *μ*; Wie ich dir werde eȳ wile benōmen *V*, Swie ich nv werde dir binomen *S*. **791** *Vers fehlt T*; Doch solt du *HJS μ*] Och solt dv *G*, Dü salt auch *V*; schiere *fehlt V*. **792** O] Ach *V*, *fehlt J*; liebiu můter *G μ*] zartv mv̊ts *TV*, zartú magdt *HJ*, reinv magit *S*. **793** so *fehlt TV*; so pfleg din *J*. **795** Der ist truwen gar foll *V*. **796** Das er din alweg pflegen sol *J*. **797–798** *Verse fehlen V*. **797** alle wiz *GTS*] in alle (aller *J*) wis *HJ μ*. **798** Recht *fehlt J*; alz ob du *HJ μ*; sis *HS μ*] sist *GTJ*.

Mein tot ist dir ze *sure*
Worden und wirt noch me. ||
Dir ist nach mir we und we. O 38r
Ez ist zit, daz ich chere wider,
Von dem ich chomen bin her nider.
Das ist mein vatter *here*,
Zu dem ich wider chere.
Dar macht du *nicht schiere* chͤomen,
Swie daz ich werde dir benomen
Ein weile, doch solt du dar
Chomen mit der engel schar.
Da solt du *ymmer mit mir* sein,
Maria, la *dins* herczen pin.
Die weile sol Johannes dein
Mit trͤuwen pflegen, mutter mein.

Er sol dir dienen allen weis,
Recht als du sein mͤutter seis.

---

538 ist dir ze sure *μ*] ist dir zü süere *AP*, ist dir worden sͤvre *BCN*, ist dir zefure *O*, wirt dir sür *Q*. **539–540** *Verse fehlen Q*. **539** Worden *fehlt BCN*; noch *OP*] dennoch *BCN μ*, auch *A*. **540** we und *fehlt A μ*. **541** ich nü kere *A*. **542** bin kom̃en *DPQ*. **Nach 542** *folgen in D sieben Verse, von denen ein Teil aus dem Bereich* 643–654 *vorweggenommen ist. In der in D später zu zwölf Versen gekürzten Passage* 635–670 *fehlen die vom Schreiber wohl vorab erinnerten Verse.*

Von myme vater also du wol weist (543)
In syne hende beffeln ich mȳen geist (643|644)
Rieff he mit luder stymme (645|653)
Von dez todes grȳme (645|654)
Da korte ich mich trurig dar
Ich wolde mȳes kindes nemē war
Ich sach synē lip bleich vn̄d fail (*vgl.* 299)
Min hertze vō dem jamer qual (*vgl.* 315).

543 here *ABCN μ*] herre *O*, he' *P*, der h're *Q*. **544–586** *Verse fehlen D*. **544** Zu *ABCNPQ μ*] Ze *O*. **545** Dar *BCNP μ*] Var *O*, Do *Q*; nicht schiere *BCN μ*] ihesu nicht *O*, nicht so sche[s] *PQ*; hin kōmē *Q*; Dar nach soltü schier kümen *A*. **546** Wie das *A*, Uul dat *P*, Wenn̄ *Q*; werde dir *OP*] dir werde (würd *A*) *BCNAQ μ*; genümē *AP*. **547** Ein weile *fehlt Q*; doch *OAP*] iedoch *BCN μ*; Doch saltu vo kōmen dar *Q*. **548** Komen *fehlt Q*. **549** So *Q*; ymmer mit mir *ABCNPQ μ*] mit mir ȳmer *O*. **550** Maria] Muder *P*; la *fehlt C*; dins *AC μ*] dines *BNP*, dez *O*; Darvmƀ las dyn weynē syn *Q*. **551–552** *Verse fehlen Q*. **552** Phlegen liebe muet[s] mein *C*, Mit trüwen din vorweser sin *P*. **553–554** *Verse fehlen BCNP*. **553** allen weis *O*] in all wise (in alle wîs *μ*) *A μ*; Johannes sal dir dynen mit vlies *Q*. **554** Recht als *O*] Reht als ob *A μ*, Recht ab *Q*; syest *AQ*.

Er sol *mich* des geniezzen lan,
(907) Daz ich in gar geminnet han
Und och von herzen minne.
(909) Johannes, liebiu minne,
(909a) Johannes, min vil gůter,
(910) Sich an dine můter.
(912) Du nim ir war, diu mich gebar,
Si waz min můter unze h*ar*. []
Nu sol si din můter sin,
Nu phlige ir wol recht als min.'"
Der worte waz ein ende.
(917) Si wunden beidu ir hende.
Ir ungemach waz also groz
Daz von ir rein*en* augen floz
Der treher flůt ein michel bach.
Si swigen beidiu, ir tweders sprach
(922) Ein wort. Si mochten reden ni*ch*t
Von der sweren angesicht,

---

799 Es sol *J*; mich *HTJVS μ*] dich *G*; des *fehlt H*. **800** in *nachgetragen V*; gar *GTVS*] ie *H μ;* Das ich in ser lieb ge hǒbt hån *J*. **801–802** *In J:*

Vnd ouch von hertzes grunde
Johes lieber frainde.

801 Vnd noch *VS*; mynne *gebessert aus* mynnen *V*; Gar mit gůtē siñē *H*. **802** Johannes liebe myn mynne *V*, In allun minen sinne *S*. **803** min *GHT μ*] du *JV*, ivnger *S*. **804** an] an nv *TS*; Du plig wol diner můter *J*. **805** Dů ẙr wol die mich gebar *V*. **806** vnze her *G*, vncz alle (al *μ*) dar *H μ*, bis hieher *J*, bisz har *V*, vntz har *S*. **Nach 806** *folgt ein Plusvers in G:* Wan sie hat grozzen herze ser. **807** din] nv din *T*, ouch din *J*, vorbasz din *V*. **808** Du *H*; pflig *HTJS μ*, plege *V;* wol *fehlt H μ;* recht alz och min *H*, als si (sie plage *V*) min *JV; nach* min *folgt am Zeilenende nochmals* als *G*. **809** *Initiale (nicht ausgeführt G) GTJS μ, Paragraphenzeichen V*; wort der was *J*. **811** vngehab was so gross *H*, vngemach das waz grosz *V*. **812** Dz da van *HJS*; ir reine avgen *G*, ir (iren *TJV*) ogē *HTJVS μ;* flv̊z (: groz) *T*. **813** trehēne flv̊t *TS*, trähen fluss *H*, tråher blůt *J*, czeher flůt *V;* bach] tail *T*. **814** beidiu *fehlt H*; ir *fehlt T*; enweders (in wedir *S*) *HTS*, weders *J*, keynes *V*. **815** *Vers fehlt T*; nit (: angesicht) *GJ*. **816** Von] Vor *S*.

(906) *Er sol mich* dez genizen lan, ||
Daz ich <*in*> y *geminnet* han — O 38v
Und noch von herczen *minne*.
Johannes, *liebe minne*,
(911) Johannes, junger gutter,
(910) Sich an dein<*e*> mutter
(912) *Du* nim ir war, diu mich gebar, — R XVIIr
Si waz mein můter unze har.
Nu sol si [] dein můter sein,
Phlig ir wol recht als mein.'"
(916) Der worte waz ein ende.
Si wunden weidiu ir hende.
Ir ungehabe waz so groz,
Daz von ir sůzen augen floz
Der zeher fluz alsam ein bach.
(921) Si swigen beide, ir weders sprach
Nie ein wort. Si mochten nicht
Reden von der angesicht, — (O 39r)

---

555 Er sol mich *ABCNP μ*] Mich sol er (*folgt getilgt* der) *O*, Er sal dich *Q*. **556** in y geminnet *BCN μ*] in allwegē gemÿnet *A*, y lieb gehabet *O*, leff ghehat *P*, on so liepp *Q*. **557–558** *Verse fehlen Q*. **557–558** *in P*:

Van herten vnde dar ynne
Dit legge an dine synne.

557 noch *OBCN*] auch *A μ*; minne *ABCN μ*] mein *O*. **558** liebe minne *BCN μ*] lieber myne *A*, pfleger mein *O*. **559–560** *Inversion A μ:*

Sich an nu din (Sich an dîne *μ*) mütter
Vnd bisz ir pfleger güter.

559 Johañes myn iūgir gutir *Q*. **560** Se nv an *P*. **561–562** *in Q:*

Dy mich gebar
Du salt ere nemen wär.

561 *Beginn R XVIIr*; Du nim ir war *OBCN μ*] Nu nim ir war *R*, Vnd nÿ ir war *A*, Nv er war *P*. **562** unze har *RO*] daz ist war *BCNA μ*, sunder var *P*. **563** Nu sol si *P μ*] Nu sol si wol *RA*, Vnde sie sol *BCN*, Ach sol si *O*, Sy sal *Q*; sein] dein *C*. **564** Pflege *O*; wol recht als *O*] wol recht also *R*, reht als (alse *Q*) *AQ μ*, alse *P*; Dv solt ir phlegen reht als min *BCN*. **565** *Initiale RBCNO μ*; Der wort der was *BCN*, Desse wort namē *Q*. **566** bunde *O*, wrüngen *P*. **567** ungehabe *RBCNO*] vngemach *AQ μ*, vnghelaghe *P*; so *RBCNOP*] also *A μ*, *fehlt Q*. **568** Daz *ABCNOPQ μ*] Da *R*; ir sůzen augen *RP*] iren augen wasser *A*, iren (ier *C*) zarten ovgen *BCN*, den augen liechten *O*, irē (ir *μ*) oughin *Q μ*. **569** Die zeh' waren grosz *A*, De trene (czere *Q*) vlöten *PQ;* alsam *R*] als *BCNAQ μ*, sam *O*, alse *P*. **570** sweigin *Q*; ir weders *R*] ir keines (erre kein *Q*) *BCNAQ μ*, ir entwederz *O*, he wedd' *P*. **571** Nie *RAOP*] *fehlt BCN μ*; ein] neÿ *P*; mochten *P*] mechten *R*, en mohtē *ABCNO μ*; nit *A*; Weñ sy mochten eyn wort nicht *Q*. **572** Gereden *PQ*; vñ er angesicht *P*, von der geschicht *Q*; *Ende R XVIIr*.

Die sie an im sachen,
Do im begunde nachen
Der swer und der bitter tot.
(927) Da von waz || [] groz ir herz*en* not. G 15^{r}
Si wurden bleich, gel und val,
Wan ir *liep* hienk vor in sal.
Si sachen sinen lip vil bleich,
(931) Da von ir kraft vil gar besweich.
(933) Von des libes ungewalt
(932) Ir leit daz waz so menikvalt,
(942) Daz ir tweder*z von vorcht*
(943) Moͤchte gel*e*isten stimme noch wort.
(940) Si waren beidiu ane kraft,
(941) Der smerze heit si so behaft,

817 an ir herrē sachend (: nachend) *H*. **818** Do in begude *H*. **819** Der vil bitt^{s}lich tod *H*, Der hartte vnd der bitter dot *V*. **820** *Am Beginn von Fol. 15^{r} wiederholt G* Da von waz; waz groz ir] was schwär irs *H*, yres *V*; herzen not *HTVS μ*] herze not *GJ*. **822** Wan *fehlt H*; ir liep *TS μ*] ir lip *GH*, sin lÿb *JV*; sal] val *J*. **823–830** *Verse fehlen V*. **823** lÿb erblichen *J*. **824** krafft in gar entwaich *H*, craft in gar gesweich *S*, krafft was gar entwichen *J*. **Nach 824** *ein Plusverspaar in S:*

Das si vielen in vmmaht
In was d^{s} liehte tac ein naht (*vgl. 887*).

826 daz *fehlt H*; so *fehlt J*. **827** twederz *μ*] twedes *G*, endweders *H*, ē weders *T*, in wedir *S*, weders *J*; von vorcht *H*] dvrch daz mort *G μ*, mochte wort *T*, mohte vor wort *S*, moch von vorcht *J*. **828** Moͤchte *GH μ*] *fehlt TJS*; geleisten *H μ*] gelisten *GTS*, Geben weder *J*; noch ein wort *T*. **829** *Initiale nicht ausgeführt H*. **830** so *fehlt J*.

Die si an im sahen,
<*Do im begunde nahen*> [B 25va]
Der sware und der pitter tot.
Da von wart grosz ir *herczen* not.
Si wurden blaich, gel und val.
Ir *herze* lieb hiench vor in sal. R XVIIv
Si sahen sıͤnen lıͤp gar bleich,
Do was geswigen ir freuden leich.
Ir quale waz so manichvalt,
Daz von des libes ungewalt
Si beid*iu* warn also tot
Von der bitterlicher not,
Die si an irn hertzen
Liten von dem smerzen,

573–574 *Verse fehlen A.* **573–574** *in P:*

Dar se mede na eme seghen
To sek to eme beghunde to neghē.

573 Die] Das *Q*, Diu *μ*. **574** *BCNPQ μ*] *Vers fehlt O*; Das ym begunde zcu yagin *Q*. **575** Der] Die *A*, De *P*; Der bitter vnde swere tot *Q*. **576** Do wart *Q*; ir herczen not *μ*] irs (eres *P*) herzen not *BCNP*, ir (ire *Q*) peider not *OQ*; Da von ir hertz leide not *A*. **577–578** *Verse fehlen P.* **577** blaich gel und val *OA μ*] bleich vñ val *BCN*, gar bleich vär *Q*. **578** *Beginn R XVIIv*; Ir herze lieb *OA*] Ir herre lieb *R*, Irs h^{s}zen liep (Ir herzenliep *μ*) *BCN μ;* hiench vor *RO μ*] lac vor *BCN*, ward *A*; Ire scheppfir hīg vor en dar *Q*. **579–580** *Inversion A, Verse fehlen Q.* **579–580** *in P:*

Se seghen dar sin bleke liff
Do er hoff sek erst eres hertē kiff.

579 sinen lip *BCNO*, ir liep *A;* gar *RA*] vor in *O*, *fehlt BCN μ*. **581** waz *fehlt C*; Vñ ere quale mānichualt *P*, Ire clage was mānichfalt *Q*. **582** Daz von *RBN*] Da (Do *C*) von *AC μ*, Daz si *O*; Dat van eres liues walt *P*, Das machte des lybes gewalt *Q*. **Nach 582** *ein Plusverspaar in Q, danach folgen die Verspaare* 583–584 *und* 585–586 *jeweils invertiert*:

Sy warē beide töt gestalt
Vnd von groessin sorgin alt
Das machte dy groesse not
Sy warē beide alse tot
Sy hattē zcu male groesse smerczen
An ir beidir herczen.

583 beidiu *O μ*] beiden *R*, beide *ABCNP*; waren vñ also töt *O*, wörden alse doden *P*. **584** Vor *C*; bitterlichen *ABCNO μ*; *vor* not *wohl von späterer Hand eingefügt:* angest vñ *B;* Van den bittern nöden *P*. **585** Die] Wēte *P*; irem *BCNA*, iren *OP*, ir *μ*. **586** Liden (Leidem *C*) *BCN*, Litem *O*; Leden grote smerte *P*:

(934) Daz si waren also tot
Von der biterlichen not,
Die si trůgen an dem herzen.
Si wurden gewar dez smerzen,
(938) Als si ein swert důrchsteich<*e*>,
(939) Da von ir herze breich<*e*>.
(944) Doch swer ez rechte merken wil,
So gienk Marien nacher vil
Sin marter, als es billich waz,
(947) Wan si in trůk und <*sin*> genaz.
Da von so gienk ein scharphes swert
Besunder dů*r*ch die maget wert.

---

831 si *fehlt T*; als *JVS*, alse *T.* **832** iemerlichen *J*, groszen bittern *V.* **833** Den *J*; an dem *GTS*] an ir (iren *J*) *HJ μ*, in ẙrme *V.* **835** Alz si ain schwˢt stäche *H*, Als ein swert dvr siv steche *TJVS.* **836** Da *gebessert aus* daz *G*; Vnd da von ir hercz zerbräche *H.* **837** wer *HJV*; esz zu rechte *V.* **838** gienk] gienc ez *S*; mariā *H*, marie *J*; nach vil *T.* **839** wen es *J*, als das *S.* **840** sin *HTJVS μ*] *fehlt G.* **841–842** *folgen nach* 843–844 *in V.* **842** Besvnders *T;* dv̊ch *G.*

Sam ein swert durch si steche,
Da von ir herze breche.
Si warn beidiu ane chraft, || (O 39^{v})
Die quale het si [] so beh*a*ffť,
Daz ir entwed*erz* mocht von for*h*t
Geleisten stimme noc*h* wort.
Doch wer ez rechte merken wil,
So gieng Marien nahe*r* vil
Sin martir, als ez pilleich waz,
Wan si in truͤg und sein genas.
Da von so gieng ein schorffez swert
Besunder durch die maget wert.

587–592 *in D:*

Alse ob mich eȳ swert steche
Vnde durch mȳ hertze breche
Also hatte mich die quale behafft (590)
Daz mir entging macht vñ crafft (589)
Ich enmochte geleistē stym̄e noch wort
Do ich ersach den groissen mort.

587 Sam *RBCNO*] Als *A μ*, Ab *Q*, Recht icht *P*; ein swert durch si steche *ROP*] ein schwert das dúch sie stech *A*, sie ein swert dvrch steche *BCNQ μ*. **588** ir] ire *Q*; herczen *O*. **589–592** *Verse fehlen P.* **589** *Ende R XVII*^{v}. **590** Die quale] Das lyden *Q*; si so behafft *μ*] sie so (sich also *A*) gemacht *BCNA*, si beiden so behofft *O*, sy behafft *Q*. **591** entweder ez *O*; h *in* forht *gebessert O*. **591–592** *in A:*

Das ir yetweders nit bringē moht
Von dem munde das doht.

in BCN:

Daz ir (ich *C*) keines mohte bringen
Von dem mvnde wort noch stīmē (wort geswingen *NC*).

in Q:

Das ere keins mochte vort
Gesprechin me eyn wort.

μ:

Daz ir iewederz durch daz mort
Mohte geleisten stimm noch wort.

592 nocht *O*. **593–602** *Verse fehlen D.* **593** Doch] Do *C*, *fehlt Q*; swer *BN μ*; reht erkēnē wil *A*. **594** marie *A*; neher vil *BCNP μ*, nahe als vil *A*, nahet vil *O*; So leit maria martir vil *Q*. **Nach 594** *ein Plusverspaar in Q:*

Vnd was synir martir geggliechit wol
Wenñ ich recht sagen sal.

595 alse dat *P*; Als es billich was die martel sin *A*, Darvmb̄ das bilch was *Q*. **596** vnd genasz sin *A*, vnde genäs *Q*. **597** Da von giench *BCN*, Darvmb ging *Q*. **598** Besvndern *BNPQ*.

So vil so si in minnet me,
So vil waz ir wirz und [] we.
Waz sol ich iu nu me sagen
Von || dem jemerlichen clagen, G 15[v]
Daz diu maget ane mazze leit,
Do [] ein swert *ir* sele <*durch*>sneit,
Wan ir herze waz so wunt,
Daz es *diu zunge noch der* munt
Niemmer mocht entsliezzen,
Ge*k*unden noch uz gegiezzen
Nach des herzen grimme

---

843 so si *GS μ*] vnd si *H*, als si *JV*; mainte *H*, lieb het *J*; So vil so minete si in me *T*. **844** So vil so was H, So waz *V;* vnd we *HTJVS μ*] vñ aber we *G*. **845–846** *in V:*

Ach wer mag gesagen
Die vil bitterliche clage (*vgl. V 893–894*).

845 *Initiale (nicht ausgeführt G) GJS, Paragraphenzeichen V*; vͥch mer nū sagē *H*, vͥ me sagin *SJ*, iv nv sagen me *T*. **847** Daz diu *S μ*] Die dv *G*, Das sú *H*, Dē dv *T*, Den die *J*, Die die *V*; ane massen *HT*. **848** Do ein swert ir sele durchsneit *H*] Do ir ein swert die sele sneit (Dô ein swert ir sêle sneit *μ*) *G μ*, Do ein swert dvr ir sele sneit *TS*, Da ain schwert ir sel ver schnaid *JV*. **849** Wan] Vnd *JV*; so wund H, so sere wunt *J*, da wůnt *V*. **850** es *fehlt J*; diu zunge noch der *HTJS μ*] die sele vñ och den *G*, die zůnge vnd der *V*. **851** Niemer mŏcht *H*, Nim̄er mag *J*, Nimmer wol mohte *S*; entslizzen *G*, virzliesin *T*. **852** Gebunden *gebessert zu* Gekunden *durch nachgetragenes*.k. *am linken Blattrand G*; Gekunden noch *GVS*] Noch kunden *H (nach Mone)*, Kvnde noch *T*, Noch kain hertz *J*, Noch *μ*; uz gegiezzen *GS μ*] vss giessē *HTJV*. **853–857** *in V*:

Nach des herczen grůͤnde
Da sprach der lebendige brŏͤnne
Sicio. Mich důͤrstet sp'cht zu důͤtsche daz.

853 Von des *J*; h[s]rē grimme *T*. **Nach 854** *folgen 22 Plusverse in G (vgl. Lc 23, 39–43):*

(a) Der megde qvale waz al ein
(b) Daz ir kint zartes vñ vil rein
(c) Waz zewishen zwain morderen
(d) Erhangen als er were
(e) Ein havpet aller diebe erkant
(f) Ir einer ze der vinstern hant
(g) Begvnde sin avch spotten
(h) Er sprach bistv gŏtes svn
(i) So erlŏse vnz mit dir von der not
(j) Dv benim vnz den bitern tot
(k) Ze dem sprach do mit swere
(l) Ze der ander siten der shacher
(m) Svs hanget ernn *(?)* si in der selben not
(n) Fvrchst dv nit den waren got
(o) Er bestraft in minneclich

So vil so si in min*n*te mee,
So vil was ir wirs und we. R XVIII^{r}
Waz sol ich iu nu <*me*> sagen
Von dem jåmerchlichen chlagen,
Daz diu werde maget leit,
Do ein swert ir sele durchsneit,
Wan ir herze was so wunt, (O 40^{r})
Das diu zunge noch der munt
Daz chunde nicht entsliezen
Noch *mochte* uz<*ge*>giezen
Nach dez herzen grimme

599–600 *Verse fehlen P.* **599** vil so] vil also *A*, sere alse *Q*; si *fehlt BN*; minte *O*, lybete *Q*. **600** *Beginn R XVIII^{r}*; Also was er ouch furder (*folgt getilgt* me) wee *Q*. **601** *Initiale R*; iu *RAP μ*] *fehlt BCNOQ*; nu me sagen *APQ μ*] nu sagen *RBCN*, nv sagen mer *O*. **602** dem] den *C*, dessin *Q*. **603–604** *in D:*

Vnd smertzē den ich arme leid
Eӯ scharpes wert mӯe sele zu sneyt.

603 diu] si *C*; reine maget leit *BCN*, leit werdiv maget *O*. **604** ir sele durchsneit *RBNOPQ*] durch ir sele schneit *A*, ein sel durch sneit *C*, ir sêle sneit *μ* **605–610** *Verse fehlen D.* **605** Wan *fehlt PQ*; so wunt] so se^{s} ge wūt *P*, also vor wūt Q. **606** Daz si zung *C*, Das wedir czunge *Q*; der] den *O*, *fehlt Q*. **607–608** *Verse fehlen Q.* **607** Daz chunde *RO*] Kunden *A μ*, Kvnde *BCN*, Enkönde *P*. **608** Nach *A*; mochte *O*] chvnden *R*, künden *A*, vollen *BCN*, *fehlt μ*; uzgegiezen *OA μ*] vz giezen *RBCN*; Noch der trene vleten *P*. **609–610** *Verse fehlen P.* **609** Nach] Vō *Q*; hercze *O*.

Mit worten noch mit stimme. []
Do *diz geschach*, do sprach also [G 16r]
Der lebende brunne "Sicio".
„Mich duͤrstet" sprichet ze tůten daz.
Si buten im důrch ir haz
Ezzich, mirren, gallen win,
Da wart *ir* biter nit wol schin.
Er bot sinen reinen munt aldar.
Do er der gallen wart gewar,
Er wolte sin nit trinken me,
Der Juden spot <*tet*> im [] we. []

(p) Vñ sprach do riweclich
(q) Ih'vs here gedenke min
(r) So dv komest in daz riche din //
(s) [*G 16r*] Ach in welher miltekeit
(t) Got sprach (*nachgetragen*) fv̊r war (*folgt Rasur*) si dir geseit
(u) Daz dv mit mir frivnt min
(v) Solt hivt in dem paradyse sin.

855 *Initiale (nicht ausgeführt GH) GHJS μ, in T das zweite* do *auffällig weit geschrieben*; diz geschach *S*] dizze waz ergangen (*folgt im Freiraum der Zeile darüber* oder gesach) *G*, dis beschach *HJ μ*, daz gesach *T*. **857** ze tůten *G*] in tútsch *H*, ze mser *T*, ze dvtsce *SJ μ*. **858** Da boten sie ym (ym *eingefügt*) *V*. **859** gallen mirren win *J*, myrre gallen vnd wyn *V*. **860** Do *T μ*; ir bitter nît *μ*] sin biter nit *G*, ir bitter mit *SH*, ir biteri *T*, ir (ÿm die *V*) bitterkeit *JV*. **861** reinen *GTS*] *fehlt HJV μ*; mund dar *J*, mvnt al da (: gewar) *S*. **863** Er en wolt *T*, Er wol *S*; sin] ir *J*, *fehlt V*; mer *HT*. **864** tet *JV μ*] der tet *HTS*, *fehlt G*; im we *HTJV μ*] im vil we *G*, ime we *S*. **Nach 864** *folgen, beginnend mit einer nicht ausgeführten Initiale, acht Plusverse in G, zu 864c-d vgl. 911f.:*

(a) [E]r sprach cōsvmmatvm est
(b) Daz tvtet iwers arges ist daz lest
(c) Nv koment vñ hań (*am Rande nachgetragen*) vollebracht
(d) Swaz ir ze mir hetent gedacht
(e) Ir vindent nit me sachen
(f) Von der ir mir mvgent gemachen
(g) Vber dizze vollebracht wort
(h) Qvalen pin vñ schanden hort::.

Mit worten noch mit stimme.
Do daz geschach, do sprach er so ||
An dem crucze „Sicio".
„Mich důrstet" sprich*t* <*ze diute*> daz.
Si puten im durch ir haz
Ezzeich, mirren, gallen wein,
Dar an wart ir unsalde schein.
Er bot den suzen munt aldar. R XVIII^{v}
Do er der gallen wart gewar,
Do wolt er sin nicht trinchen me,
Der Juden spot tet im we.
Si spoten si̊n mit schalle, (O 40^{v})
Die armen Juden alle.
Si sungen unde růften,
Si tantzten unde wůften,
Si sprachen: „Wurde du ie got,
Ganch her nider, la di̊n spot",
Und andriu scheltwort genůch
Sprachen si, diu er vertrůch ||
Mit gedulticleichem herczen
In allem seinem smerczen,
Do er sin blůt von im gozz
Und daz waszer nider flo̊z

---

610 Hattē keyne stȳme *Q*. **611** *Initiale RBCNO μ*; Do daz gesach *O*, Do he dat gesach *P*; do sprach er so *RQ*] do sprach also (so *BO*) *ABCNO μ*, he sprak also *P*; Dar nach sprach er aber da *D*; *Ende R XVIII^{r}*. **612** crucze *ODQ*] krvce ihesvs *BCNA μ*, vronen crucze *P*. **613** spricht ze diute *nach BP*] zü tütsch sp^{s}cht *A*, spricht zu dvͤte *BP*, sprach ze dute *CN*, spricht zu (ze *μ*) dutsche *D μ*, sprichet *O*; Das bedutit zcūm dhuczen das Mich durstit *Q*. **614** Sy gabin *Q*; ir *fehlt Q*. **615** mirren *fehlt Q*; gallen (galle *Q*) vnd win *DQ*. **616** Dar an] Dar van *P*, Do *Q*. **617** *Beginn R XVIII^{v}*; den münt susse *A*, sinen reinē mūt *Q*; aldar *RBCNDP μ*] dar *AOQ*. **618** den *gebessert zu* der *C*. **619–634** *Verse fehlen D*. **619** Do *fehlt P*; sin *RAO μ*] siner *P*, *fehlt BCNQ*. **620** tet ser im we (: mer) *O*. **621** siner *P*. **622** armen Juden *RBCNOP*] richen vnd armen *A μ*, vorfluchtñ iuden *Q*; aller *gebessert zu* alle *C*. **623–624** *Verse fehlen P*. **623** růften] wuften *BCN*, rieffin *Q*. **624** tantzen *B*, sprungen *Q*; wůften] ruften *BCN*, lieffin *Q*. **625** würt du *A*, bistu *Q*, waer dû *μ*; ie] nu *Q*. **626** Ganch *RAO μ*] So stige *BN*, Du steikch *C*, So stich *P*; her nider *ROP*] her ab *ACN μ*, her *B*; la di̊n *RA*] vñ la dinen *BCN*, la den *O*, be war den *P*, lâ dînen *μ*; Sy stig herabe ane spot *Q*. **627** ander spottische werg *Q*. **628** si] si im *BCN*; die] den *O*; Dy er en allis vortrug *Q*; *Ende R XVIII^{v}*. **629** gedulticleichem *OBCN*] gedültigem (geduldigñ *Q*) *AQ μ*, düldichliken *P*. **630** alle sinen *P*, allen synē *Q*; hertzen *getilgt vor* smertzñ *O*. **631** von im] van sek *P*, *fehlt Q*; Do daz blvt von im doz *BCN (vgl. 750)*. **632** nider] von ym *Q*.

(993–97a) Do der gotes sun der zart
(993–97b) Důrchmarteret und durchqualet wart ||
(993–97c) Als er selbe wolte G 16^{v}
(993–97d) Fur uns und sterben solte,
(993–97e) Zelesten an sinem ende
(994) Er sprach: „In dine hende
(995) Bevil ich, vater, minen geist,
(995a) Des beger ich allermeist.
(993) Nu ist ein ende miner not,
(993a) Und nachet mir der swere tot.“
(996) Er růfte durch *die* grimme
Des todes lůter stimme
In judesh “Hely, hely”,
Und auch „Lamasabaktani“.
(1000) Daz sprichet und betutet sich:

864i–l *Verse fehlen HTJVS.* **864i** *Initiale nicht ausgeführt G.* **865** Zeleste *μ.* **865–868** *in HTJVS, zitiert nach S:*

866 Er sprach: 'In dine hende
865 Bevelhe (Enphilch *HJ*, Bevilich *T*) ich, vater, min ende
867 Und ouch minen (min *H*) werden geist,
868 Dez gert (begert *HTJV*) min herze allermeist (allermeiste *T*).'

869–870 *Verse fehlen JV.* **869** miner] mir *H.* **870** nachent *G*; swere *GHS μ*] bitter *T.* **871** rieff *V*; die *HTJVS μ*] den *G.* **872** Des todes lůter *G*] Gar mit lut^{s} *H*, Des todes grozir *S*, Dise groze *T*, Des todes. mit grosser (Des tôds mit lûter *μ*) *J μ*, Mit des todes *V.* **873–874** *Kontraktion in V:* Hely hely Lamazabathany. **873** júdschem (jüdeschem *μ*) *HJ μ*, tvschin *T*, hebreisch *S*; ely ely *T*, heloy heloy *J.* **874** lamazabathany *H*, lamasatani *T*, lamazabatoni *J*, lamaza bachani *S.* **875** Dz spricht in túsch sich *H*, Das spricht zu betůde *V.*

Von augen und von seitten.
In dez jamers zeiten
(986) Sprach er: „Nu sol ein ende sin
Der pitterlaicher martir mein. ||
Doch, lieber vatter, bit ich dich, O 41r
An meinem ende erhoͤr<*e*> mich,
Vergib in vil ganczlaichen,
(991) Den die mir jamerleichen
(992) Meinen leip hant benomen,
Meines endez zeit ist chomen.
Ich befilche [] in die hende dein
[] Mein*en* geis*t*, <*lieber*> vater mein.“
(996) Dar nach so růffte er grimme
Mit einer groszen stimme
In judischen „Hely, hely“
Und auch „Lamazabathani“.
Das sprichet und betauͤtet sich:

633–634 *Verse fehlen P.* **633** vnd syten *Q.* **634** *Initiale μ*; Von des yāmirs geczyten *Q.* **Anstelle von 635–670** *zwölf Verse in D (vgl. auch zu D 542)*:

He sprach nu nymt ende mÿe pin (635, *vgl. 496*)
Susz musz die schrifft irfollet sin (635a, *vgl. 495*)
Du v́loisz die sonne eren schin (658)
Von der bittern martel sin (636)
Die erde erbebete vber all (665)
Da von erwegete sich berg vñ tail
Ely ely myn kint schrey (647, 670)
Von noden riszen die steyne antzwey (669)
Von den selbin jemerlichē sachen
Hatten die wissagen vorgesprochē
Vnd in der alden ee geschrebin
Daz wart da folliglich getrebin.

635 Sprach er *OABCN μ*] He sprak *PQ*; ein *OBCN*] *fehlt APQ μ* **636** bitterlichen *BCNP*, vil bitter (bittern *μ*) *A μ*, bitter *Q.* **637** lieƀ *Q*; bit ich *OBPQ*] ich bit *ANC μ.* **638** myme gebethe *Q.* **639** in vil *O*] in gar vil *A*, den *BCNQ μ*, nv *P*; getrüweklichen *A.* **640** Den die *OP*] Die *BCNAQ μ*; mich *C*, mek *P*, mich so *Q;* iermerlichen *B.* **641** liepp *Q*; genvmen *CPQ.* **642** Meines endez zeit *OP*] Mynes ende zciet *Q*, Min ende ist (end das ist *A*) nv *BCNA μ*; gekomē *P.* **643** beuilich in *C*, befilche mich in *O.* **644** Meinen geist *ABCNP μ*] Mit meinē geiste *O*; lieber *ABCN μ*] söte *P, fehlt O*; Liebir vater dē geist myn *Q.* **645** *Initiale (nicht ausgeführt O) BCNO*; so *OC*] do *BN, fehlt APQ μ*; růffte *OA μ*] rief *BCNPQ*; grimme *OBCN μ*] mit grÿme *AQ*, in grime *P.* **646** In sulchir stÿmen *Q.* **647** In judischen *OBCNQ*] In jüdschem (jüdeschem *μ*) *A μ*, Dat söte wort *P.* **648** auch *fehlt A μ;* lamazabany *B.* **649** Das bedütit zcu dhucze sich *Q.*

„Min got, min got, wie hastu mich
Verlan, den du unschuldik weist?“
Sůs růfend*e* liez er sinen geist. []
Zů dirre grozzen stimme
(1005) Von des *leides* grimme,
Do er so biterlichen schrei,
Do reiz der umbehank enzwei,
Der in <*dem*> vronetempel hienk.
Der claren sunnen schin zergienk,
(1010) Der himel clar wart vinster var,
(1012) Der mane und daz gestirne gar

(1011.13) Wart důnkel und der liechte tak,
(1016) Wan von sinem tőde erschrak

---

876 Min got myn got wie lestů mich hude *V*. **877** Gelön. den du *J*, Wand du mich gar *V*. **878** Sůs *G μ*] So *TS*, Alsus *V*, *fehlt H*; rv̊fenden *G*, rv...nde S; sinen] den *V μ*; Mit dem rieffen gab er vff den gaist *J*. **Nach 878** *ein Plusverspaar in G:*

Mit herzzˢ zeher flv̊te
Svs endet ih·vs der gv̊te.

879 *Initiale S μ, Paragraphenzeichen V*; Zů *TVS*] Mit *GJ μ*, Ze *H*; diser *J*, der *V*; grosse *H*, grozer *TS*. **880** Vnd von *J*, Als von *V*; leides *TV*] seres *G μ*, todes *HJS*. **881** erschraig *H*. **882** rais sich der *J*. **883** dem *HTJV μ*] *fehlt GS*; vronetempel *GT*] frone tempelo *S*, foˢderē fr (*Mone:* vordern) tempel *H*, fronen tempel *J μ*, tempel *V*. **884** clare svnnen *S*; ver gienich *TJVS*. **885** Der liechte hy̅mel *V*, Der himel clar (clar *nachgetragen*) *S*; farw (: gar) *H*. **886** Die mon *J*; des ge stirn *J*, das gestere *S*. **887** Waren *T*; fůnster *J*, tvnkil gar *S*; der liecce tach *T*. **888** Wan er von *H*; ir scharch *T*; Von gottes tod gar er schrack *J*, Von syner stymme da erschrag *V*.

„Mein got, mein got, wie hastu mich
Verlan, den du unschuldik waist?“
So ruffende liez er den gayst. ||
Zu der vil groszen stimme O 41v
Von dez laidez grimme,
Do er so pitterleichen schray,
Raisz [] der umbehank enczway,
Der da in dem tempel hieng.
Der sonnen schein vil gar zergieng,
Der hymmel wart [] finster var,
Der liechte tag *wart* tuͤnkel gar,
Der mone und die sterne clar
W*u*rden trauͤrich, daz ist war,
Do si sahen sterben Christ, R XXr
Der hymelriches wunne ist.
Diu erde erpi*demt* und erschrac*h*.
Ach du vil jaͤmerchlicher tach,

---

650 wie hastu *OQ μ*] wem hastu *BCNP*, war vmb lassest *A*. **651–654** *in Q:*
Also vorlaessin nü
Synē geist lies er do
Dy selbe groesse stȳme
Rieff er von todis grȳme.
651 Verlan *fehlt A*. **652** So *O*] Also (Alsüs *P*) *AP*, Sus *μ*; den] sinē *P*; Svst liez (lez liez *N*) er von im den geist (geit *C*) *BCN*. **653** *Initiale μ*; vil *OBCN*] *fehlt AP μ*; grozem *C*. **655** so *OAPQ μ*] *fehlt BCN*; yēmirlichin *Q*. **656** Raisz der umbehank *] Rasz sich der vmbehank *O*, Der vmb hanck spielt sich *A*, Do reiz der vmbhanch *BCNQ μ*, Reyt dat laken *P*. **657** Der da] Dat dar *P*, Der *Q*. **658** Der svnnen sein *C*, Dy sūne *Q*; vil gar *OA μ*] do gar *BCN*, gar *Q*, *fehlt P*; verging *APQ*. **659–662** *in A:*
Der hȳmel wart dů̊nkel gar (659)
Der mon vnd die sternē clar (661)
Wurden dünkel das ist war (662)
Vmb ihm auch der engel schar.
659 himel der wart *BNP*; finster var *] vil finster var *O*, tvnkel var *BCN μ*, düster var *P*, finster gar *Q*. **660** *Folgt nach* 662 *NC*; Vnd der *NC*; wart tů̊nkel gar *nach P*] war tünkel gar *O*, vinster gar *BCN μ*, wart dunker gar *P*, tūckil var *Q*. **661** mit den sternē *Q*. **662** worden *O*; traů̊rich *OBCNPQ*] tunkel *μ (vgl. A 659–662)*. **663–664** *Verse fehlen P*. **663–664** *in Q:*
Do sy sagin sterbin irē schepfir
Darvmb sy wurden finster.
663 *Beginn R XXr*. **664** Der des himels wunne ist *BCN*. **665** her biedempt (erbidemet *μ*) *A μ*, erpitemt *C*, erpittent *R*, erbibent (erpibende *O*) *BNO*, beuede *PQ*; erschracht (: tach) *R*, vor schrak *P*. **666** Ach du vil jå̊merlicher tach *R*] An dem (Als an dem vil *A*) iemerlichen tak *BCNA μ*, Ach du iamerleicher tag *O*, Van deme daghe grot' vngemak *P*, Wen das was eyn yēmirlich tag *Q*.

Und erbibende elliu erde
(1018) Von Kristes tode werde. ||
(1020) Die starken stein sprungen enzwei G 17^{r}
Do got die *grozen* stimme schrei.
O ach, wer mak gesagen daz,
Wie Maria do genas,
(1024) Daz ir herze do nit prach,
Do si mit <*ir*> augen sach
(1026–29a) Die toten von dem grab*e* stan,
(1026–29b) Hie sprich ich [] fůr war ane wan.

(1030) Ir was vil we und aber we,
(1031) Wan sie durchfloz ein biter se,
(1031,1) Do si daz leben sterben sach
(1031,2) Do leit si groz ungemach,
(1032) Daz nieman daz gesagen kan,
Er *si* junk, alt, wip oder man.
(1034) Er můst an worten gar verzagen,
Swer ir smerzen wolte sagen.

---

889 Und] Des *V*; erdbidmede (erbidemede *μ*) *H μ*, erbibete (ertbibbete *V*) *TV*, irbevede *S*; elliu *G μ*] gar die *HTJVS*; erden *HV*. **890** Da dis laid der werde *J*; Von cristus tode des werden *V*. **891** Die hőrten stain spielten enzwai *J*, Sprvngen die starcken steine in zwei *S*. **892** grozen *HTJVS μ*] grimmen *G*. **893–895** *in V (vgl. auch V* 845.6*)*:

Ach wer mag gesagen
Die vil bitterlichē clage
Daz maria da sprach.

893 *Initiale (nicht ausgeführt GH) GHVS μ*; [ ]Och (*Mone:* Doch) *H*; mőcht *J*. **Anstelle von 895–896** *vier Verse in J:*

Das ir hertz do nit brach
Von dem grőssen vngemach (*vgl. 902*)
Vnd si sach mit iren ougen
Tőchtern von sÿon das sőllent ir gelouben.

896 ir *HTVS μ*] *fehlt G*. **897** von dem grabe stan *T*] von dem graben stan *G*, von dem grab erstan *H*, von dem grab vff stån *J*, vsz den grebern stan *V*, vō d^{s} erden stan (: wane) *S*, von dem grabe enstan *μ*. **898** Hie sprich ich ane wan fv̊r war ane wan *G*, Hie sprach fůr mich gar ain wan *H*, Hie sprich ich sunder wån *J*, Das ist ware one wan *V*. **899** Ir] Dir *H*; vil *fehlt V*; aber] uber *V*. **900** Wan *fehlt J*; sie durchfloz ein *G μ*] durch si floss ain *HJVS*, dvr sin flẙz en *T*; biter se] gross^{s} (*folgt getilgt* se) bitt^{s} se *H*. **901** den liebn̄ *H*, des leben *J*, ẙr kint *V*. **902** laid si vil gross *H*, leit si so grős *TS*, laid ir hertz grős *J*. **903** daz *GTS*] wol *V*, *fehlt HJ μ*. **904** Er *gebessert zu* Es *H*, Esz *V*; si *HTJVS μ*] wer *G*; alt iūg wip *H*, iung alt frow *J*; oder] noch *T*. **905** mvze *T*; an] von *V*, *fehlt H*. **906** Wer *HJ*, Der *V*; Swer ir iamer wolte volle sagin *S*.

An dem gotes chint erstarb,
Do unser fråwd<*e*> gar verdarb.
Die stein<*e*> rizzen gar enzwei,
Do got d*ie* grozze stimme schrei. (O 42[r])
O ach, wer mag gesagen daz,
Wie Maria do genas,
Daz ir herze do nicht brach,
Do si mit ir augen sach,
Daz sich uber Christes tot,
Der vor ir hiench von blůte rot,
Erbarmde hymel und erde.
O schǒniu maget werde,
Ja waz dir we und aber we, ||
Do von dir vloz der za'here se. R XX[v]

Dein jamer nieman gesagen chan,
Er si alt, junch, wib oder man,
Er můste gar an worten verzagen,
Swer deinen smerzen wolde sagen.
Wer sol*d*<*e*> nicht han ungehabe,
So die tǒten in dem grabe (O 42[v])

---

667 An dem *fehlt P*; gotis sohen *Q*. **668** Vnd vnser fraw gar verdarp *O*, Dar mede he vns froude er warff *P*, Der als vnsir heil irwarb *Q*. **669** gar *RABCN μ*] sich *O*, ok *P*, *fehlt Q*. **670** div *R*; erschray *O;* Do got an dem krvce schrei *BCN*. **671** *Initiale μ*; O ach *R*] We *BCN*, Dach *O*, Ach *PQ*, *fehlt AD μ*; mochte follin sagen *D*, mag nu gesagin *Q*. **672** Maria] marie moder *P*. **673** Daz er er hertze *D*; do *fehlt DQ*; brach *RABCN μ*] enbrach *DP*, zeprach *O*, zcubrach *Q*. **674** gesach *Q*. **675** Christes *RBCNO μ*] cristus *ADPQ*; tot] noid *DQ*. **676–688** *verkürzt in D*:

Vnde vber synẽ bittern toid (676)
Vnde vber mich viel armen (687)
Niemãt wolde irbarmen (688).

676 Der da hing *A μ*. **677** Er (*folgt getilgt* me) barmede *P*, Derbarmte *Q*. **678** Vil schone *BCN*, O reyne *Q*; maget herde (*wohl gebessert zu* verde) *C*, maget mutt' werde *O*. **679** Ja *RBCNO*] Da *A*, Do *P μ*, *fehlt Q*; Dir was *Q*; und *fehlt P*; aber *RAO μ*] ouer P, obir *Q*, *fehlt BCN*. **680** dir vloz *RAOP μ*] vloz dir *BCN*, vlös us dir *Q*; trene se *P*. **681–682** *Verse fehlen P*. **681** Dinen *BCNO μ*, Sinẽ *A*; vol sagñ *OQ*. **682** Er *RA μ*] Ez *BCNO*; alt iunch *R*] jung alt *A μ*, *fehlt BCNO*; Wedir wypp noch man *Q*. **683** můste gar an worten *RABCNO μ*] müste an worden gar *P*, muste an rede *Q;* v'sagen *O*. **684** Swer *RO*] Der *BCNAPQ μ*; dinẽ iamer *A*, dine smerte *PQ*; scholde *PQ*; vul saghen *P*. **685** *Initiale R*; We scholde mit dek nicht lidẽt hauen *P*, Er muste habin czietlich angehobin *Q*. **686** So] Do *A*, Si *O*, Sint das *Q*; in dem grabe *RABCN*] ime grabe *O*, in den grauen *PQ*, ûz dem grabe *μ*.

907 (1048) Si stůnt, si *saz*, si vil da nider.
Si sprach: „Ach, noch gebet mir wider,
Ir Juden, min zartes kint,
910 (1051) Wan al min herze nach im brint.
Ir habt an im volbrach*t*,
Des iu zů im waz gedacht.
Noch ho̊rent daz jemerlich<*est*> gebet,
Daz můter důrch [] kint ie getet.

907 zas *G*. **907–918** *Verse fehlen H*. **Anstelle von 907–910** *sechs Verse in V:*

Sie stund uff vnd sasz nydder /
Sie vil dahin vnd sprach sidder /
Ach vnd uwe
Waz sal uch myn kint / Me
Ÿr juddē gebet mir widd' mȳ zartes kint /
Want alles myn hercz noch ẙm brint /.

908 ach noch gebet mir *G μ*] ach ach noch gent mir *TS*, ach gient mir noch *J*. **909** zartes *GS*] vil zartez *T*, vil liebes *J μ*. **910** Wan min hertz gantz *J*; im] in *T*. **911–912** *Verse fehlen V*. **911** volbrach *G*, volle bracht *TS*. **912** Des ir zů im hånd gedåcht *J*. **913** Noch *TS μ*] Nv *G*, Ach *J*, *fehlt V*; daz jemerlichest gebet *nach TS*] daz iemerlich gebet *G μ*, noch dz iemerlich gebet *J*, die jemerlichen bet *V*, das iamerlichoste gebet *S*, daz iamerlichist (gebet *fehlt*) *T*. **914** Die ein muter *V*; důrch kint *TV*] důrch ir kint *G μ*, vm̄ ir kint *J*, nah kinde *S*; tet *μ*.

Můsten sich erbarmen
Uber Jesum den vil armen.
Die tot waren manigiu jar,
Die wurden lebendich, daz ist war.
Si wolden sin geziuge sin,
Daz diu warheit wurde schin,
Daz er wåre gotes chint,
Dem alle creature sint
Underta'nich immer me.
Da mit waz Marien we. ||
Nu stunt si, nu viel si da nider. R XXI[r]
Si sprach: „Awe, noch gebet mir [] wider,
Ir Juden, mein vil libes chint.
Swie daz ir unba'rmich si*n*t.
Ir habet an im volbracht,
Dez eu zů im waz gedacht. (O 43[r])
Joch horent mich, d*ie* můter sein,
Sehent miner sele peyn.

---

687 Sich ouch mustin *Q*. **688** Ouer crist (cristus *Q*) den armen *PQ*. **689** De dar dot *P*; manigiu *RO*] vor manigẽ (manigem *NC*, mänich *Q*) *BCNQ*, manig *ADP μ*. **690** Dy stundñ uff das ist war *Q*. **691–692** *Inversion D*. **691** Si wolden sin geziuge *RO*] Sie wolten sin gezügen *A*, Sie wolten des (das *Q*) gezevck (geziugen *μ*) *BCNQ μ*, Dez sulden sie gezugen *D*, Se wolden sine tüghen *P*. **693** was *A*, wes *gebessert zu* wer *C*. **694** allem *O*; creaturen *D μ*. **695–696** *in D:*

Gehorsam vñd vnderthan
Die wolden mit eme lyden han.

695 Vndirtan *Q*; mer (: we) *O*. **696–700** *Verse fehlen D*. **696** Da mite *BN*, Dar ṽme *P*; marie *O*; Des wart marien sere wee *Q*. **697** Nu stunt si nu viel si *RAO μ*] Si stvnt vñ viel (viel vnd stvnt *C*) *BCN*, So stũt se so vel se *P*, Von || Von stũt vil sy *Q*; da *RO*] dar *BCN*, *fehlt APQ μ*. **698** awe *RO*] owe *AP μ*, *fehlt BCNQ*; noch *R*] nu *ABCNPQ μ*, *fehlt O*; gebet mir *RPQ*] gewint mir *BCNA μ*, mir gebet *O*; in wider *R*. **699** mek mȳ leue *P*, mȳ liebis *Q*. **700** Swie daz ir *RO*] Wie das ir nü *A*, Swie ir (ir doch *NC*) *BCN μ*; unba'rmich *RBCN μ*] vnerba[s]mhertzig *A*, vnerbarmich *O*; sit (: chint) *R*; Wu ṽbarmh'tich iuwe h'te sint *P*, O wee wy vmbar̃herczig sy sint *Q*. **701–702** *Verse fehlen P*. **701** an im volbracht *RABCN μ*] nu an eme vollinbracht *D*, an im gar vol pracht *O*, doch hute an mir vul bracht *Q*. **702** Das *ADQ*; eu zů im waz *RA μ*] evch lange (*fehlt C*) was *BCN*, ir zu eme hat *D*, v̊ch hincz im waz waz *O*, vor lange zciet ist *Q*. **703** Joch *R*] Doch *A*, Noch *BCNO μ*, Dez *D*, Och *P*, Nu *Q*; horent mich] dirhorit mich *Q*, höret nv *P*; div *R*. **704** Sehent *RO*] Vnde sehet *BCN*, Vnde sehit an *D μ*, Sehent an *APQ*; miner sele *RAO*] mines herzen *BCNDPQ μ*.

Minnert [] min [] ungehab<*e*>,
Lůsent in von dem cruce abe,
Minnert || so vil min<*e*> not, G 17v
Daz ich min kint hab also tot,
Den ich *niht* leben*den* haben mak,
So wirt geheilt mines herzen slak.“
Alsus stůnt diu maget *her*<*e*>
Bi dem vronecruce *ser*<*e*>.
Si sach ir kint tot und ges*h*ant.
Si wolt in růren mit der hand.
Wie tet si *do* diu sůzze?
Si ergab sich gar der fůzze,
Si stůnt enbor uf die zechen,
Durch daz si mo̊chte genechen
<*Und*> gerůren ir [] liebes kint,
Daz vor ir hienk *t*ot und plint.
Si bot uf hohe *ir* hende gůt,
Swie daz si wer ungemůt,

915–916 *Verse fehlen TJV.* **915** Minnert min *nach S*] Minnert mir min groz (*fehlt μ*) *G μ*, Minnerint min *S.* **917** Minnert so vil *GTS μ*] Mindrent mir *J*, Ẏͤr judden mȳnert vil *V.* **918** ich hab min kind *J*; alse *T.* **919** Das *JV*; niht lebenden *TS*] nie lebendigen (lebendec *μ*) *G μ*, lebn̄t nit *H*, nit lebent *J*, nit lebendig *V*; gehabn̄ *HV.* **920** geringert *H*, gestillet *V*; slak] klag *J.* **921** *Initiale (nicht ausgeführt G) GS μ, ein nicht näher erkennbares Zeichen am linken Blattrand V*; Also *JV*; here *V μ*] ser *G*, mit sere *S*, her *HT*, rain *J.* **922** Bi *HTJVS μ*] Vor *G*; vronecruce *GHT*] fronen crvce *S*, criuze *μ*; sere *μ*] her G, here *S*, ser *HT*, da sere *V*; Bÿ dem krütz ir frо̊d was klain *J.* **923** h *in* geshant *radiert G*; vnd vngeschant *T.* **924** in berieren *J*; den *gebessert zu* der *V.* **925** si *GTJS*] *fehlt HV μ*; do *HTJVS μ*] so *G.* **926** Si gab *J*; gar der fůzze *GTS*] der füsse *H*, vff die (ir *μ*) fiesse *JV μ.* **927–928** *in G:*

Vff die zechen enbort si sich dvrch daz
Ob si mochte dester baz.

927 Si stůnt enbor *HJS μ*] Si stvnt vor *T*, Vnd drat vorn *V*; uff die *HVS*] vf den *TJ μ.* **928** Durch daz si mo̊chte *HTV μ*] Dar vm̄ das si mo̊cht *J*, Das si sich mo̊hte *S*; genechen *HV μ*] erhohen *T*, genächen *J*, genahin *S.* **929** Und *HTJVS μ*] *fehlt G*; berieren *JV*; ir liebes *HTS μ*] ir vil liebes *G*, ires lieben *J*, da ẙr liebes *V.* **930** *Vor* tot *Rasur G*; Das vor ir hieng wund an dem wind *J* (*vgl. J 78*). **931** hohe *GTVS*] *fehlt HJ μ;* ir *HTJVS μ*] die *G.* **932** Wie *HJV*; were vil (gar *V*) vngemv̊t *TVS.*

M*i*nret mein ungehabe,
Loͤsent sein<*en*> lip herabe,
M*i*nret so vil mein<*e*> not,
Daz ich in noch habe tot,
Den ich anders nicht enmach
Haben. O du jamers tach.“
Also stůnt diu maget her<*e*>,
Wei dem chruz<*e*> stunt si ser<*e*>.
Si stůnt, er hiench vil unerchant. ||
Si wolt in růren mit der hant. R XXI^{v}
Wie tet so diu suͤzze?
Si ergab sich an die fůzze,
Si stunt vor auf die zehen,
Durch daz si mochte gen*e*hen (O 43^{v})
Und gerůren ir liebes liͤp,
Der vor ir hiench alsam ein diͤp.
Si bot hin uf ir hende her,
Si wolt in růren also ser,

705–736 *Verse fehlen BCN.* **705–708** *in D:*
Sprach sie mit leides vngenach
Da sie den toden korper sach
Loset en von deme crutze abe
Vnde bestadet en zu dem grabe.

705 Minret mein *O*] Mein ret mein *R*, Minrent mir min *A μ*, An mȳ leit vñ *P*, Vnd myne groesse *Q*; vngemach (: herab) *A*, vnhabe *Q*. **706** Laessit mir myn kint erabe *Q*, Lœsent in von dem criuze abe *μ (vgl. D 705–708 und Spiegel 916)*. **707** Minrent *A μ*, Minnert *O*, Mein ret *R*; so vil mir min *A*; So wenigher maket myne (*gebessert aus* mynē) not *P*, Vnd korczit mir myne not *Q*. **708** Daz ich in noch *R*] Daz ich doch *A μ*, Daz ich dach in noch *O*, Dat ek ene doch *P*; Vnd gebit en mir tot *Q*. **709** Den *ROP μ*] Des *A*, Wan *D;* nit mag *A;* Nu ich en andirs nicht gehabin mag *Q*. **710** Haben *RAO μ*] Ghe hebben *P*, *fehlt DQ*; o du *ROPQ*] oder *A*, Owe *D μ*; jamers *RAOP μ*] jemerlicher *D*, ledigir *Q*. **711** *Initiale (nicht ausgeführt O) RO μ;* Alsus *μ*. **712** Wei *R*, By *AOP μ*] Vnder *DQ*; stunt si sere *RA*] swere *DQ*, vil sere *O*, iūm^{s} mer *P*, sêre *μ*. **713–714** *Verse fehlen P.* **713** Si stůnt er hiench] Er waz er kint *D*; vil *RAO μ*] gar *DQ*; unerchant *RDO*] vnbekant *AQ μ* **715** so *R*] da *A*, do *O μ*, doch *P*; Wy tet dy werde szusse *Q*; Wie sie thet die susze *D*. **716** Se gaff sek *P*, Sy hub sich *Q*; an die *RP*] auf die *O*, vff ir *AQ μ* **717** vor auf die *RO*] vorn an vff den *A*, vorn uff den *D μ*, vor up den *P*; Sy trat enpoer uff ere czheen *Q*. **718** genahen *RO*, genehern *A*, seyn (: teyn) *P*; Das sy deste bas mochte reichin *Q*. **719–720** *Verse fehlen D.* **719** Und] Sy wolde *Q*; gerůren *RO*] rüren *APQ μ*; ir liebes lip *R*, ir libes liep *O*, ires (ir *μ*) kindes lip *A μ*, ere kint leiff (: deiff) *P*, ere kint liepp *Q*. **720** Der *RO*] Das *APQ μ*; alsam *R*] als *AQ μ*, recht sam *O*, also *P*. **721–722** *Verse fehlen Q.* **721–724** *Verse fehlen P.* **721** hin *RO*] *fehlt AD μ*; ir] die *D*; hende sere *A*, hende hêre (: sêre) *μ*. **722** *Vers fehlt A.*

Und wolt in so ergriffen han.
Daz sachen frawen unde man.
(1076) Sie umbevie dez cruces <*ast*>,
Der uns da truk dez ha*il*es last.
Daz waz ir <*ouch*> ein ungemach,
Daz si in vor ir hangen sach
Und doch *so luͤzel daz* vervienk,
(1081) Wan er ze *hohe ob ir* hienk.
Si mochte nit berůren in,
Do [] viel si *von* leide hin
In unmacht. Doch von gerde
Si erhůp sich von der erde,
(1086) Swie si mochte || unde trat G 18r
Hin wider an die selben stat,
(1087,1) Ob noch diu můter sůzze
(1087,2) Berůren mocht sin fůzze.

---

933 Si wolt *H*, Vnd wol *T*; so ser ergriffē *H*, so begriffen *V*. **935** *Initiale nicht ausgeführt H;* ast *fehlt G, am linken Blattrand von späterer Hand mit Bleistift ergänzt*. **936** Daz *V*; da *fehlt HJ μ;* halies *G*. **937** ouch *HTJVS*] *fehlt G μ;* ein] gar *H, fehlt J*, ein *nachgetragen S*. **938** si ir vor in *S*; Daz sie mit yren augen sach *V* (*vgl. 896*). **939** Und doch so lůzel daz *S*] Vñ doch daz so lvͦzel *G*, Vñ si so lútzel daz *H*, Vñ doch daz lvzzil da *T*, Vnd es si lützel *J*, Vnd doch so luczel sie *V*, Unt doch lützel *μ*. **940** Wan] Dañ *V*; ze hohe ob ir *] ze hohe dar vber (da ob ir *T*) *GT*, ze hoch enbor *H μ*, hőch ob ir *J*, czuhoe uber ẏr *V*, ob ir ze hohe *S*. **941** Doch mocht si nit *H*. **942** Do *TS*] Da von *G μ*, Dar vmb *HJ*, Bisz daz *V*; viel si von leide hin *] viel si vol leide hin *G μ*, viel si van laid da hin *HJ*, si von laide viel da hin *TV*, viel si da vō leide in hien *S*. **943** Ir vmmacht *T*, In ŏnmacht *J*, In Amacht *V*; do von *TJV*; gierd (: erd) *J*, girde (: erde) *S*, begerde *gebessert aus* gerde *V*. **944** Hůb (Ir hvͦf *S*) si sich von *JS*, Sie erhub die fusze von *V*. **945** Swie *GTS μ*] Wie kum *H*, Wie *JV*; si da mocht *J*. **947–948** *Verse fehlen H*. **947** Ob doch *V*. **948** Mochte bervͦren (Mőcht ge rieren *J*) *TJVS*; die fvͦze *TJ*.

(1075) Si wolt in so ergriffen han,
(1074) Daz sahen frawn und<*e*> man.
(1076) Si umbeviench dez chruces ast,
Der uns do trůch dez heiles last.
Daz was ir auch ein ungemach,
Daz si in vor ir hangen sach
Und doch so lucel si verviench,
(1081) Wan er ze hohe ob ir hiench. ||
Si machte nicht beruͤren in,
Do viel si von laide hin
In unmacht. Doch von gerde ||
Si erhub sich von <*der*> erde, O 44^{r}
(1086) Swie si mochte unde trat
[] Hin wider an die <*selben*> stat.

723–724 *Inversion A μ; Verse fehlen D.* **723** so *R*] also *O;* Das sie in wolt (wolde *μ*) griffen an *A μ,* Sy welde en an gegrieffin han *Q.* **724** Da *gebessert zu* Daz *O.* **726** Der *ROPQ*] Das *AD μ*; uns *fehlt DQ*; do *R*] da *DQ*, dar *P*, *fehlt AO μ*; des] vnsirs *Q.* **727–730** *Verse fehlen DP.* **727** Das was ir auch ein groszes (Daz was ir ein grôz *μ*) vngemach *A μ,* Sy was yn groessin vngemach *Q.* **728** Daz] Do *Q*; *nach* hangen *getilgt* ha *R.* **729** so *RO*] *fehlt A μ*; erfink *O*; Sy das crucze vmbefing *Q.* **730** Wan er ir zü (ze *μ*) hohe hing *A μ,* Do er zcu houch obir er hing *Q*; *Ende R XXI^{v}.* **731–732** *in D:*

Sie en mochte en begriffen nyt
Sie waz irstorbin zu der zijt.

in Q:

Sy konde on nicht gelangen
Do viͤl sy nedir vor groessir bangñ.

731 berůren *OP*] gerüren *A μ.* **732** Da (Dô *μ*) viel sie vor leid (leide *μ*) hin *A μ,* Des si von laide do viel hin *O,* Do se van leide vel dar hen *P.* **733–734** *in D:*

Sie viel in vnmacht zu d' erdin
Sie hub sich widder uff die werde.

in Q:

Do dirhub sich dy mait werde
Widder uff von der erden.

733 In unmaht *AP μ*] En un mach *O*; doch *OP*] *fehlt A μ*; gerden (: erden) *A μ,* begherde *P.* **734** Si erhub sich *A μ*] Erhub si sich *O,* Huff se sek *P*; der *AP μ*] *fehlt O.* **735** Wie *ADPQ*; unde trat *OAD μ*] vnde dede (: stede) *P*, hin widdir sy trat *Q.* **736** Hin wider *AD μ*] ie hin wider *O,* Se trat wedder *P*; selben *AD μ*] *fehlt OP*; Abir uff dy selbige stat *Q.*

Do si es versůcht genůk
(1089) Und es si so lůzel fů̊r trůk,
Dez sl*u*zzen sich ir hende wider,
Si viel *von* unmacht aber nider

Und richte sich aber ze Criste.
Ach got, der recht<*e*> wiste,
(1096) Do man [] den griulichen spies
Ir kinde durch die siten stiez
Und er im <*in*> daz herze wůt,
Und do daz minnecliche plůt
Mit wazzer von der wunden floz

---

949 *Initiale (nicht ausgeführt G) GS, Paragraphenzeichen V*; Du si er *S*. **950** so lůzel *GJV μ*] vil luzil *TS*, wenig *H*; fů̊r getrůg *H*, vertrvch *TJ*. **951** Da *JV*; sluzzen sich *S μ*] slivzzen (sclv̍zen *T*) sich *GT*, schloss si *HJ*, lieszen sich *V*. **952** Si *HTS μ*] Vñ *GJV*; von *HT μ*] en *G*, vor *SJV*; vngemach *T*, o̊̈nmach *J*, amacht *V*; aber *GHS μ*] da *TV*, *fehlt J*. **953** Vnd richte sich zů *H*, Vnd richt sich wider vff zů *J*, Vnd sie rǐchte aber czu *V*. **954** *Initiale μ*; der] wer *J*; recht ebñ wist (: crist) *H*, rechte daz alles wiste *V*. **955** den *HTJVS μ*] im den *G*; grv̍zenlichē *T*, gruwelichen *VS*. **956** die *GTS*] sin *HJV μ*; siden st... *S*. **957** in *HTJS μ*] durch *V*, *fehlt G*; des hertze *J*. **958** Und do daz *GH μ*] Vnd da des *J*, Dv das *S*, Daz das *TV*; mēschlich blůtt *H*. **959** Mit] Vnd *H*; von der sythen *V*.

Do si daz versůͤchte genůͤg
Und si lůͤczel fůͤr getrug,
Ir hende *sluszen* sich hin wider,
Si viel von unmaht abir nider.
Also lach die raine maget
Von herczen laide gar verzaget.
Doch bot si sich abir ze Christe.
Ach got, *w*er rechte wiste,
Da man den graůͤlichen sp*iez*
Ir kinde durch die seiten stiez
Und er im durch daz hercze *wůͤt*,
Do das min*n*icliche blůͤt
Und waszer von dem herczen vloz

737–738 *in P:*

Doch id er lüttek vor druch
Dar van hadde se iāmers ghenůch.

737 *Initiale (nicht ausgeführt O) BCNO*; si] die *C*; daz] ez *D μ*; hatte vsucht gnug *D*. **738** Und si *O*] Und sie doch *AD μ*, Vñ sie vil (Vnd sei daz *C*) *BCN*, Das sy das *Q*; weynig *Q*; fůͤr getrug *OBN*] für trüg *ACDQ μ*. **739–742** *Verse fehlen P*. **739** sluszen sich *ABCN μ*] boid sie *D*, czog sy *Q*, sůͤszen sich *O*; hin *fehlt Q*. **740** Vnd vil *Q*; von *OA μ*] vor *BCNQ*, in *D*; amacht *C*, yāmir *Q*; abir] wid^s *C*, *fehlt Q*, *vor* nydder *getilgt* widd^s *D*. **741** Da lag *Q*. **742** Vnd von hertz leid gar vnv̊ͤzaget *A*, Sie waz von leide gar verzagit *D*, Von yāmir was sy vorczait *Q*. **743–746** *Verse fehlen D*. **743** Doch bot si sich *OAP*] Si bot sich aber *BCN μ*, Doch karte sy sich *Q*; ze *OC μ*] zü *ABNPQ*; crist (: wist) *A*. **744** *Initiale μ*; Ach got *APQ μ*] Owe (Awe *C*) *BCNO*; wer *ABCNPQ μ*] swer *O*; weste *BC*, wuste *Q*. **745–752** *in Q:*

Wy der grueliche spysz
Cristū durch syn hercze stys
Vnđ ym durch wuet
Darus vlos wassir vñ blut
Ouch so sach man das offinbar
Alle iudische schar
Was maria dar an ire lybe kint gesach
So gros leit vnd vngemach.

745 Daz *C*; speis (: stiez) *O*; den freiszlichē spiesz *A*, dat grīmige speit *P*. **746** die seiten *OP*] sin siten *BCNA μ*. **747–748** *in D:*

Du eme vsz deme hertzin wut
Sin mȳnecliches rode blut.

747 wunt *gebessert zu* wuet *C*, ẘnt *O*; Vñ dorch dat benedigede h'te gud *P*. **748** Dat dat *P*; vil mȳneklich *A*, minicliche *O*, wūnichlike *P*. **749** Vñd daz wasser *D*; von dem herczen] von eme *D*, van der siden *P*.

Und allenthalben nider goz,
Waz leides *u*nd welh ungemach
Diu můter an ir kinde sach,
Wie we und *ouch* wie we ir waz,
Man mocht wundern, wie si genas.
Ir tet vil wirs solhes leben,
Dan ob si lege gar ergeben
Des libes in gelicher not
Von der Juden hende tot.

(1110–18a) So groz waz ir begerde,
(1110–18b) Daz si kuste die erde,
(1110–18c) Da sin blůt waz geflozzen.
(1110–18d) E*r* hete si gar durch || gozzen. G 18^{v}
(1110–18e) Ir *munt waz* und [] *ir* wang*en*
(1110–18 f) Mit blůt<*e*> gar bevang*en*,
(1110–18g) Do si *die* erde kůste,

---

961 leides und welh *μ*] leides wñ welh *G*, leides vnd welhes *H*, leides welch (willich *S*) *TS*, laides vnd was *J*, leydes do (*eingefügt*) vnd *V*. **963–964** *Verse fehlen V*. **963** und ouch wie we *TS*] vñ ach wie we *G μ*, vnd och we *H*, vnd ach *J*. **964** Man mocht wundern *GT*] V́ch mőcht wol (*fehlt μ*) wūdrē *H μ*, Mich wundert *J*, Mih mohte wunderon *S;* wie we si genaz *T*, wie si ie ge nas *J*. **965** vil *GHJ μ*] doch *TVS*; wirz solichez laben *T*, wúrss[s] sőllich lebñ *H*, wee ẙr lange leben *V*. **966** *Ende S:* Danne ob ||; ergeben] durch geben *V*. **968** All von der judden hendē dot *V*. **969** begirde *HTJ*. **970** si *G μ*] ir mv̊nt *THJV*; erdē *H*. **971** Da] Dz *H*; waz geflőzzen *G*, was hin geflossē *HJV*. **972** Er *T*] Erz *G*, Es *H μ*; hatt so gar begossen *H*, hate si dvr gőzen *T*; Vnd die erde gar be gossen *J*, Er sie gar hatte begoszen *V*. **973** *Initiale nicht ausgeführt H*; Ir munt waz und ir wangen *T*] Ir waz mvnt vñ ach (ach *nachgetragen*) die wange (unt wangen *μ*) *G μ*, Ir (Yren *V*) mūd vnd ir (ẙre *V*) wangē *HJV*. **974** bevange *G*; Warēt mit blůt so gar befangē *H*, Daz sie warē mit blůde gar vmƀfangē *V*. **975** *Initiale V*; die *HTJV μ*] der *G*.

Und allenthalben nider doz, O 44v
Was laides do Maria sach
An irem kinde und ungemach,
Wie wee und auch wie wee ir was,
Uns mak wundern, wie si genas.
Ir *was wirs* [] solh*ez* leben,
Danne ob si lage gar ergeben
Des leibes in solher no̊ͤt
Von *der* Juden hende to̊ͤt.
Horent, rainůͤ herzen,
Horent mer der smerzen.
Die raine mait mutter gut,
Do si sach ir kindes plůͤt
An des crůͤczes aste
Nider flieszen vaste,
Do chůͤst<*e*> si daz crůͤcze her. ||
Ir hercze waz ir also ser, O 45r
Daz si auch die erde chůͤste,

---

750 Und] Das es *A*; anderhalben *BCN*; nider doz *OBCND*] nider gosz *A μ*. **750** *reimt in P auf einen Plusvers:*

Vñ ghod to allent haluen nedder
Vñ gaff dem ridder dat gesichte wedder.

751 Vnde waz maria leides sach *D*. **752** An ires kindes *BCN;* und *fehlt ABCN.* **Anstelle von 753–764** *vier Verse in D:*

Da die erde wart nasser
Von blude vnđ von wasser
Daz von dem crutze nedir reisz
Daz waz eres kindes blut vñ sweisz.

753–754 *Inversion Q.* **753** Vil (Wie *μ*) we ir ze mvte was *BCN μ*, Wie we nü ir was *A*, Wu we vnde wu r’chte we er was *P*, Das ir so rechte wee was *Q*. **754** Uns mak wundern *O*] Ez was wunder *BCN μ*, Das wundir was *Q*, Ein yglichē mag wůndᷤn *A*, Mek wundert *P*; wie si *O*] daz sie *BCNAQ μ*, dat se gi *P*. **755–774** *Verse fehlen P.* **755** waz wirs solhez *] tet wirser soliches (wirs solhez *μ*) *A μ*, was ovch wirs svlches *BCN*, wirs· waz in solhem *O*, was wers in sulchin *Q*. **756** Dā ob sie wer gelegē gar vᷤgeben *A*, Wenñ das syͤ lege gancz vmbegebin *Q*. **757** mit allir nöt *Q*. **758** der *ABCNQ μ*] den *O*. **759** *Initiale (nicht ausgeführt O) BCNO μ*; Horent *OA*] Nu horet *BCNQ μ;* reinen *BN*, ir reinen *Q*. **760** mer der *O*] von dem *BCN*, groszen *A μ*; Dessir werdñ mait smerczen *Q*. **761** Diu reine mait muoter *O*] Horet von der maget *BCNA μ*, Do dy werde mait *Q*. **762** Do *ABCN μ*] Als *O*; Dirsach ires kindes blüt *Q*. **764** Nedir rȳnen *Q*. **765** crůͤcze *fehlt Q*; here (: sere) *A*. **766** ir *fehlt BCN*; ser] sweer *Q*. **767–770** *Verse fehlen D.* **767** auch *OA*] *fehlt BCN μ*; Das blut sy vff der erden kuste *Q*.

(1120) Wan von ir kindes brůste
Geflozzen so vil blůtes waz.
Nu sehe*nt*, wie si ie genas,
Und gedenkent, reinu herzen,
(1123) Den vil grozen smerzen
Und daz vil groze ungemach,
Daz si an ir kinde sach.
Lant iuch die maget armen
Und *ouch* ir kint erbarmen.
(1127,1) Weinent mit ir, sehent ir leit
(1127,2) Und ir herzen biterkeit.
Weinent unde schrient vil,
Habt mit ir untrost ane zil,
Sit daz er sin blůt durch *iuch* <*ver*>goz
(1131) Und auch sin milte herze entsloz.
So weinent uf die wunden sin
Und augent im der minne schin.

---

976 Da von *TJV*. **977** Des blutes so vi̊l gefloszen waz *V*. **978** Nu sehent *HT μ*] Nv sehē *G*, Es was wunder *J*, No sehent auch *V*; ie *fehlt JV*. **979** Und] Nun *JV*. **980** Den] An den *JV*. **981** Vnd (Vnd auch *V*) an das *JV*; vil *GH μ*] *fehlt TJV*. **982** Daz maria an irem *J*, Daz die můter an ẙrme *V*. **983** maget erbarmē *H*. **984** ouch *TJ μ*] ach *G*; Vñ ir sū vil armē *H*, Durch got von herczen erbarmen *V*. **985–986** *Inversion V*. **985** Wainent vnd sechent ir laid *J*; Wañ ẙr kint vil der smacheit leit *V*. **986** Und *G μ*] Vnd och *HTJV*. **987** Weynende vnd schriende vi̊l *V*. **989** Sit daz er *GT*] Sid er *HJ μ*, Sehent daz er *V*; sin blůt durch iuch*] sin blv̊t dvrch vnz *GV*, dvr ivch sin blv̊t *THJ μ*; v^{s}goss *HTJV μ*] goz *G*. **990** Und auch *GJ μ*] Vnd och (*fehlt H*) dvr ivch *TH*, Vnd auch vns *V*; milte *G μ*] *fehlt HTJV*; uff slosz *V*. **991** *Vers fehlt T*; So] No *V*, *fehlt J*; uf] vmb *V*. **992** im v̊wer liebin schin *J*.

Wan von ir kindes bruͤste
Geflozen so vil blůtes waz.
Ach sehent, wie si {*ie genas*}. R XXIII^{r}
Gedenchet alliu h{*erzen*}
An ir vil grozzen s{*merzen*},
Ir quale und ir unge{*mach*},
Daz si an irm chind{*e sach*}.
Lat euc*h* di*e* maget {*armen*}
Und auch ir chint erb{*armen*}.

Weinet mit ir, schreiet vil,
Und lat durch got der vreud*en* spil,
Sit Jesus, got, daz gůte gůt,
Durch iuch gegozzen hat sin plůt.
So weinet auf die wunden sin, ||
Sein minne ist euch worden schin.

---

768 Wan] Das *Q*. **769** Her nedir do geflossin was *Q*. **770** *Beginn R XXIII^{r}*; Ach sehent *RA μ*] Evch (Auch *C*) mak wundern *BCN*, Mich wũdirt *Q*, Ach achtent *O*; wie si ie genas *AO μ*] wie si genas *BCN*, das dy mait genas *Q*. **771** Gedenken *B*, Gedencket her an *D*, Gendenkent *O*, Nu gedenckit *Q*. **772** ir vil grozzen *R*] iren (ir *μ*) groszen *AD μ*, der maget *BCNOQ*. **773–774** *Verse fehlen O*. **773–776** *Verse fehlen D*. **773** An ire quale *Q*; ir *RBCN*] an ir *A μ*, *fehlt Q*. **774** Daz *RA μ*] Die *BCNQ*; iren lybē kinde *Q*. **775** euch *ABCNOPQ μ*] ev *R*; diu maget *R*, der maget *P*, dessir mait *Q*; armen *OQ μ*] arme *A*, vil armen *P*, erbarmen *BCN*. **776** auch *RA μ*] *fehlt O*; Vñ eres kindes ser der barmen *P*, Vnd ires kindes irbarmē *Q*, Vnd iren svn vil armen *BCN*. **Anstelle von 777–780** *zwei Verse in D:*

Weynet mit er eres hertzin leid
Er kint vor vns den toid leid.

777 schreiet] vñ schriget *P*. **778** durch got *fehlt Q*; der *fehlt A*; vreuden spil *BCNQ μ*] vrewde spil *R (jedoch nicht erkennbar, ob Nasalstrich über* e *fehlt oder weggeschnitten)*, freudē spile it[em] *A*, werlde spil *OP*. **779** Sit *RO*] Sid^{s} *A*, Sint *BCNQ μ*, Sint dat *P*; got daz gůte gůt *R*] durch uch hat das güt gůt *A*, der gvte (svze *B*) got *NCOB*, god so gud *P*, der heylant gut *Q*, daz guote guot *μ*. **780** iuch *RABCNP μ*] vnz *OQ*; gegozzen hat *RO*] hat v̊gossen *A*, v̊gozzen hat *BPQ μ*, vergoz *NC*; sin plůt *ROPQ*] sin blvt rot *BCN*, das blüt *A μ*. **781–782** *Inversion Q*. **781** Sie weynete *D*; auf] v̈ber *A*; Darvmb̄ bedencke wir dy martir syn *Q*. *Ende R XXIII^{r}*. **782** Sin minne ist evch (iu *μ*) *BCNA μ*, An eme ist vns *D*, Sit vns sein minne ist *O*, Sin leue is vns *P*, Syne gute ist vns *Q*. **Nach 782** *ein Plusverspaar in D:*

Der troist d' waz v́flossin gar
Mangen tag vnde manch jar.

Habent <*mit*> Mar*i*en ungehabe
Und gant mit ir zů dem grabe.
(1136) Troste*nt* si, des bedarf si wol,
Wan si ist alles leides vol.
O ach, Maria, maget gůt,
Wa ist der sin und der můt,
Wa ist daz herze also stark,
(1141) Wa ist diu kraft || und daz mark, G 19r
∞ *Wa ist der mensh so steinen,*
Der nu nit müge weinen,
Der rechte wil gedenken
Und in sin herze senken
(1146) Din weinen und dine not
Und dines suzzen kindes tot.
(1147,1) Welh herze sol nit werden weich,
Swenne es gedenket, wie dir entweich
Din lip, din kraft, din herzeblůt,
(1147,4) Do <*du*> vor dir daz gůte gůt

---

993 mit *HTJV μ*] *fehlt G*; maren *G*, maria *J*. **994** Und *fehlt JV*; gant mit ir zů *G μ*] gant mit ir hin zv̊ *THJ*, Gent mit mariē zü *V*. **995** Trosten *G*; des] wan des *H*. **997** *Initiale (nicht ausgeführt G) G μ*; Ach maria *H*, O maria *JV*. **998** din sin (sy̅ne *V*) *HTJV*; und *G μ*] wa ist *HT*, vnd ouch *JV*; din můt *HTJV*. **999** also] alse *T*, no so *V*. **1000** din crafft *V*; und daz mark *GH μ*] vnd och d$_{c}$ march (din macht *V*) *TV*, wa ist dz marck *J*. **1001–1002** *Inversion G*. **1001** Wa] Wan *T*; dz mēsch *H*; nv so steinen *T*, also stainin *J*; Wo fůnde man eyn hercze so steynen *V*. **1002** Dz nu *H*, Der ietz *J*, Daz *V*; mochte *V*; geweinē *TV*. **1004** hercz wil sencken *V*. **1005** Din weinen *G μ*] Dine (Din *H*) we *TH*, Din liden *J*, Dinen (*gebessert aus* Sinen) smerczen *V*; sinē dot *V*. **1006** suzzen *GT*] liebes (lieben *J μ*, vil liebñ *V*) *HJV μ*; kindes not *V*. **1007** Welh herze *G μ*] Wes hercze *HTJ*, Daz hercze *V*; werden] sin *V*. **1008** Swenne es gedenket *G μ*] Wer gedenkt *H*, Swer wol gedenkit *T*, Der recht wil ge dencken *J*, Wer gedencken wil *V*; wie *fehlt V*; dir] ir *J*. **1009** Din lip din krafft din hercz din blůt *H*, Ir lib ir kraft ires hertzen plůt *J*, Din crafft din macht din hercz vñ auch din blůt *V*. **1010** du *HV μ*] si *J*, *fehlt GT*; dir] ir *J*.

Hant mit *M*arien ungehabe, ||
Get mit dem herczen zu dem grabe O 45v
Und hǒren*t*, waz si d*a* begie,
Do si *in* vo*n* dem *crů*cze enphie.
{O *ach, Maria*}, maget gůt, R XXIIIv
{*Wa ist der*} sin und der můt,
{*Wa ist daz her*}ze also starch,
{*Wa ist der lip*} und auch daz march,
{*Wa ist ieman*} so steine*n*
{*Der nu nicht*} muge weinen,
{*Swer recht*}e wil gedenchen
{*Und in*} sein herze senchen
Dein<*e*> quale und dein<*e*> not
Und deines sůzzen chindes tot,
Der muste mit dir trauren han
Und auch der werlde freuden lan. ||

783–786 *Verse fehlen P.* **783** vnhabe *Q*; Her vme habit mit er vngehabe *D; hinter* Hant mit *folgt getilgt* dem h'czen zu dem grabe *O.* **784** Gand mit ir dē herē zü grabe *A*, Get mit dem h'eren zv dem grabe *BCN*, Vñd geth mir er (mit ir *μ*) zu dem grabe *D μ*, Gehit mit er zcūm grabe *Q.* **785** Und *fehlt Q*; hǒren *O*; da *AD μ*] do *O*, *fehlt BCNQ.* **786** im vom dem cz̊uze *O*; Do sy synē lichnā vmbefing *Q.* **787–798** *Verse fehlen D.* **787** *Beginn R XXIIIv; Initiale (nicht ausgeführt, Platz für* O *O) ABCNO μ*; O ach *O μ*] Owe *BCN*, Ach *A*, O *Q*, *fehlt P*; maget *RAOQ μ*] reyne maget *P*, *fehlt BCN.* **788** Wa ist der sin *OAP μ*] *fehlt BCN*, Wo ist nu synne *Q*; und der můt *RO*] wo ist (ist nu *C*) der müt *ABCNP μ*, vnd mut *Q.* **Anstelle von 789–892** *zwei Verse in Q:*

Czwar das were eӯ mensche wedir czehemē
Das das nicht zcu herczen nehme.

789 daz] ein *P*; also *RACNO*] so *P*, *fehlt B.* **790** dat liff *P*; wa ist daz mark *BCNA μ*, vnd daz mark *O*, vñ dat werk *P.* **791–792** *Verse fehlen P.* **791** steinen *BCN μ*] steinein *RO*, steinin *A.* **792** nu *OBCN μ*] *fehlt A*; nicht *fehlt C*; mochte *NC.* **793** Swer *OBCN μ*] Wer *AP*; gedenchen *RAO μ*] bedenken *BCNP;* Vnd wolde das recht bedenken *Q.* **794** senchen] sechen *O.* **795** Dein *RO*] Iren *A*, Die *BCN*, Dine *PQ μ;* quale] quale groz *O*; deine] ir *A*, die *BCN*, dinen *P*, *fehlt Q.* **796** Vmb deins *C*, Vnd ires *A*; sůzzen *R*] liebes *A*, vil liben *BN*, lieben *CPQ μ*, reinez *O.* **797** Der müsz *O*; dir] ir *A*, *fehlt Q*; trauren han *RAO μ*] trurēt han *P*, vngemach (vngehabe *C*) han *BCN*, trurig stan *Q.* **798** Vnd muste der *Q*; freuden *RO*] vreude *BCNAPQ μ*; *vor* lan *getilgt* ha *B.* **Anstelle von 799–806** *vier Verse in D:*

O susser ih̄us mynneclich
Wer hilffet mir daz ich vor dich (*vgl. 353 f.*)
Werden begraben zu der erdin
Daz mӯes leides ende werden.

Und auch din herzeliebes liep
Seche vor dir hang*en* als ein diep.
Wir si*n*, durch die din kint so hienk,
Do din vil reines herze enphienk
(1147,9) Leit und vil *grozen* smerzen.
Daz sol in minem herzen
Immer me gar niwe sin.
Mir ist diu minne worden schin,
Der nie noch nimmer wirt gelich,
(1147,14) O Jesu, minn*e* minneclich.
(1150) Jesu, got *m*inneclich,
Din minne diu betwinget mich,
Die du mir, *Crist*, erzeig*et* hast.
(1153) Si bant dich an des cruces ast.
(1153,1) O ach, heit ich dich || do gesehen, G 19v
So můst ich menigen herzentreh*en*
Von minne han gegozzen.
Ich můst<*e*> han entslozzen
Mines herzen hertikeit,
(1153,6) O Jesu, sůzze seilikeit.

1011 Vnd ir *J*. **1012** Sach vor ir *J*; hange *G*; ainē *HV*. **1013–1014** *in J:*
Maria mir send vm̄ der wegen din kind er hieng
Da von din hertz grös laid enpfieng
in V:
Yͤr sint vi̊l durch die myn kint hing
Vnd groszes herczeleit enphing.

1013 *Initiale nicht ausgeführt H*; sin *durch Rasur gebessert aus* sind *G*, sind *H μ*; so] ser *H*. **1014** Do *GHT*] Dâ von *μ (vgl. J)*; vil reines herze *G*] gůt hercz ze laid *H*, gv̊t hᷤce leit *T*, reinez herze *μ*. **1015** Leit und vil *G*] Vnd so *H*, Vñ och vil *TJV*, Leit unt *μ*; grozen *über der Zeile nachgetragen G*. **1016** Daz *GHT*] Der *JV μ*. **1017** nvͥwen *T*; Al wegen nůwe sin *J*. **1018** Mir *TJV μ*] Dir *G*, Nū *H*; diu minne *GT*] din miñe *H μ*, der liebin *J*, sin mynne *V*. **1019** Der nimer me wirt gelich *J*, Die mȳne ist gar vnglich *V*. **1020** O (*folgt getilgt* my *V*) jhesus *JV*; minne *gebessert aus* minneclich *G*; minne *GT μ*] herr *H*, *fehlt J*. **1021** *Vers fehlt TJV*; *Initiale (nicht ausgeführt G) G μ (vgl. T 1022)*; [J]hv got *G*, O ihesu criste *H*, O Jêsu got *μ;* mīnecli minneclich *G*. **1022** *Initiale T*; Die mȳne die beduncket mich *V*; Die liebin zwinget mich. ser *J*, *darauf folgt noch ein Ersatzvers für den fehlenden Vers* 1021: Lob vnd danck sag ich dir her. **1023** Vm̄ das du mir *J*, Die du ẙn *V*; Crist *TV*] eirst *G*, *fehlt HJ μ*; erzeigest *G*, beczeuget *V*. **1024** *Vers fehlt V*; Si bāt mich *T*, Die liebin band dich *J*; des *fehlt J*. **1025** Vnd het ich *J*, Hette ich *V*; da vor gesehen *V*. **1026** mv̊ze *T*; herzen trehern *G*, haissē (hiesen *T*) trähē (tråhern *J*) *HTJV μ*. **1027** Von liebin *J*; Von minē augē gegosen (augē han gegoszen *V*)*TV*. **1028** můste auch han *V*. **1029** bittᷤkait *H*, erbarmhertzikait *J*. **1030** O ihesus siesse siessikait *J*, Eya aller wernde selikeit *V*.

O Jesu, minne minnichlich, R XXIIII^r
(1151) Deiner minne [] wart nie <*nicht*> gelich, (O 46^r)
Die du uns erzaiget hast.
(1153) Si *bant dich* an dez chruces <*ast*>.

799 *Initiale μ*; ih̃s *A*; minne *RBCNO μ*] min (*fehlt Q*) kint *AQ*, du leue *P*; wūnichlich *P*, lobelich *Q*. **800** Deiner] Dir er *O*; minne *RABCNO μ*] leue *PQ*; wart nie niht gelich *BCNOPQ*] der wart nie gelich *R*, wart nit glich *A μ*. **801–802** *Inversion Q*. **801** Die] Das *Q*; gezeuget *A*, be reidet *P*. **802** Si bant dich *μ*] Si want sich *R*, Sie hant dich herhengt *A*, Sie hiengen dich *BCN*, Si pantē dich *O*, Man henk dek *P*, Dyne lybe bant dich *Q*; ast *fehlt R*.

(1154) O fůrsten *art*, o reinu frucht,
Mi*n* herze *m*ůz des jamers sucht
An erznei mit smerzen tragen
(1157) Und dich mit diner můter clagen.

(1160) Ei gotes kint, du g*ebe* dich mir,
Wie sol ich nu vergelten dir?
(1161,1) Du hangest bleich, bloz und val,
Groz ist vor dir der Juden schal.
Si spoten din, du h*ast* gedult,
(1161,4) Du bist erhangen ane schult.
(1161,5=1158) Ich bin der, vil werde Crist,
(1161,6=1159) Důrch den du ermordet bist.
Ich siche der engel sunne
Und der fræden brunne,
(1161,9) Ich sich Jesum den gůten
Erslagen mit den růten.
Er stat vor mir wunder und ser,
Er neiget auch sin haubet her.
Daz leben stirbet umbe mich.
(1161,14) O sele min, erkenne *dich*

1031 O fůrsten art *J μ*] O fv̊rsten ak ark *G*, Ain fürst vñ *H*, Ev̍ fursten arc *T*, O fursten ort *V*; o reinu *GV μ*] och rainer *H*, ach reinv *TJ*; frvt *T*. **1032** Mine herze nv̊z *G*; sucht] frvht *T*. **1033** Ain *H*; årczny *HJ*, arzenige *T*, erzenîe *μ;* mit iamer *J*; Ymmer me on ende tragen *V*. **1034** diner] miner *T*. **1035** Ev̍ *T*, O du *H*, O *JV*; du gebe *T μ*] dv gib *G*, du gåbt *HJ*, no gip *V*. **1036** ich *fehlt T*; nu *fehlt V*. **1037** Dz du *H*; hangest bloss *H*, hangest blosz bleich *V*. **1038** Grős was vor dir *J*, Groß ist worden *V*. **1039** spotetent *J*; hast *HTV*] hetest *GJ μ*. **1040** Du hast gelitten *J*. **1041** bin der *G μ*] bin och d^s (*fehlt J*) *HJV*, bin der o *T*; vil werde *GT*] vil werd^s *HV μ*, herr ihesu *J*. **1042** Vmb den *J*; dv wunt vnd irmv̊rdit (wund ge worden *J*, wunt worden *V*) bist *TJV*. **1043** suñen (*gebessert aus* bruñen: bruñē) *H*, sonnen *V*. **1044** Aller wunne brunne (Vnd aller wőnne bornen *V*) *JV*. **1045** Jhes^m den vil gůten (Ich sich *fehlt*) *H*. **1046** Erslagen *G μ*] Zerschlagen *HT*, Ge schlagen (Der ist geslagē *V*) *JV*; den *fehlt JV* **1047–1048** *Verse fehlen H*. **1047** mir *fehlt J*; wnt vnd ser *T μ*, ver wundet ser *J*, dot vnd ser *V*. **1048** hv̊bet ser *T*, heubte mir *V*. **Nach 1048** *ein Plusverspaar in J:*

Mit dorn ward das be krőnet
O got wes hat das ver dienet.

1049 *Initiale nicht ausgeführt H*. **1050** dich *HTJV μ*] mich *G*.

Ach fů̊rsten art, o rainiu frucht,
Min herze můz des jamers sucht
Ane trost *mit* smerzen tragen
Und dich mit deiner můter chlagen.
Ich pin der sunder, werder Christ,
Durch den du so ermordet pist.
O gotes chint, wie sol ich dir
Vergelten? Jesu sende mir
Und schreib in alliu herzen ||
Den jamerlaichen smerczen,
Den spot, die schonde und die not
Und den pitterleichen tot, ||
Den du durch uns erliten hast. O 46^{v}

O sů̊zer got, du ern glast, R XXIIII^{v}
Lazze uns dich also meinen
Und dein<*e*> marter weinen

803–806 *Verse fehlen P.* **803** Ach fů̊rsten art *RO*] Ach fürsten kint *A μ*, Ach min kint *BCN*, O kōnīgis art *Q*; o rainiu *RAO μ*] vil reine *BCN*, du reyne *Q*. **805** mit smerzen *ABCNOQ μ*] meins smerzen *R*. **806** dich] doch *C*, ymber *Q*; Vnd dich mit hertzen klagen *A*. **807** Ich pin] Dü bist *A*; d^{s} sünder werd crist A, din svnder werder krist *BCN*, der sūder eyn^{s} crist *D*, der eyn herre ihesu crist *Q*. **808** Dorch dat du *P*, Durch des willin du *Q*; so ermordet *RO*] also ermordet *A*, ermort (ermordet *μ*) *BCN μ*, gemartelt (gemartirt *Q*) *DQ*, gemordet *P*. **809–826** *Verse fehlen D*. **809** O *ROQ*] Ey (Eya *P*) *BCNP*, *fehlt A μ*; gvtes kint *N*. **810** ihesus *A*, herre *Q*. **811–812** *Inversion A μ*. **811** in allen *BCN*, in in allü *A*, mir in myn Q; herte (: smerte) *PQ; Ende R XXIIII^{r}*. **812** Den *OBCN*] Dinē *A μ*, De *P*, Dyne *Q*; bitterlichen *BCN*, yēm'liche *Q*. **813** die schonde und die not *O*] die schande vñ den tot *BCNAP μ*, schande vnd nöt *Q*. **814** den pitterleichen tot *O*] die bitterlich (bitterlîchen *μ*) not *A μ*, die iemerlichen not *BCN*, dine bitt^{s}like not *P*, dynē yēm·lichñ töt *Q*. **815** Den *Q*] Die *BCNA μ*, Der *O*, De *P;* du *fehlt Q*; geleden *PQ*. **816** *Beginn R XXIIII^{r}*; sů̊zer] svrer *B;* ern glast *R* (*vor* glast *durch Unterstreichung getilgt* gast), eren glast *BCNO μ*, eren gast *AP*, werder gast *Q*. **817–720** *in Q:*

Llas dich also vinden
Das wir mit dir gedingin
Das wir mit marian weynen
Vnd das von herczen meynē.

817 Lasz *ABCNP μ*; also *fehlt A μ* **818** martel *A μ*; be weynen *P*.

Und sich an dine wirdikeit,
Die Jesus hat an || dich geleit. G 20[r]
Er stirbet, daz du nit sterbest me,
Des ist dir wol, so ist im we.
(1161,19) Des si gelopt der werde Krist,
(1161,20) Der aller sel*en* minner ist.
(1176) Nu merkent, kint, me, ob ir welt,
Do sus ermordet und erquelt
Waz diu arme Maria,
(1179) Joseph von Aromatia,
Ein edel Jude, als wir lesen,
Der undertenik waz gewesen
(1182) Jesu vil taug*en*lich*en*,
(1183a) Der gienk andechticlichen
(1183b) Nach sines herzen rat<*e*>
(1183c) Zů dem richter Pilat<*e*>.
(1184) Er bat in flizzeclich<*en*>
Und auch vil gnediclichen
Umb Jesus lip *dez vil* armen.
(1187) Er wolte sich erbarmen
Uber in und von dem cruce haben
(1189) Und in die erde begraben.

1051 din *J*, die *V*. **1053** stirbt *HJ μ*; stirbest *HTV*, sterbet *J*. **1054** Des ist dir wol *G*] Dz dir so wol ist *H*, Daz dir si wol *TJV μ*; so ist im we *G μ*] vnd im so we *H*, vnd im (mir *V*) si we *TV*, dar vm̄ laid er we *J*. **1055** Daz *V*. **1056** aller selen *HJV μ*] aller sele *G*, sel aller *T*; minner] leben *J*. **1057** *Initiale (nicht ausgeführt G) GTJ μ*; kint *fehlt HJ*; me *fehlt V*; wellent (: er quellet) *J*, wolt (: erqwalt) *V*. **1058** Do sich ermirdet vnd *J*, Da alsus waz *V* (ermordet *fehlt V*); v^{s}quelt *HT*. **1059** Die arme maget maria *V* (Was *fehlt V*). **1060** armathija *H*, aramathia *T*, Armathia *V*. **1061** Ein edel ivde gvter alse *T*, Ein judde gůt als *V*; wir sagēt vñ lesēt *H*. **1063** Iesvs *T*; vil] gar *V*; tavgeliche *G*, togēliche *T*, togelichen *J*, togendlichē *H*, taugentlichen *V*. **1064** Der gien *T*, Er ging no *V*; andechticlichen *G μ*] genedecklichē *THJV*. **1065** herczerate *H*. **1066** Zů dem richter *GJ*] Ze dem richtær *μ*, Hin h^{s} zů *H*, Er gienc hin zv *T*, Er ging da vôr *V*; pylato *J*. **1067** Er hat *T*, Vnd bat *V*; flizzeclich *G*. **1068** vil gnediclichen *G*] genådenklichē *HT μ*, genedeclich (: flisseclich) *J*, genedeclichen *V*. **1069** Vber ihesum (lip *fehlt*) *V*; dez vil armen *] vil dez armen *G*, des armen *μ*, den vil armē *HV*, den armen *T*, den richen *J*. **1070** *Vers fehlt T*; Er welt sich v́ber iñ erbarmē *H*, Des niement ie sach ge lichen *J*. **1071** Uber in und *G*] Er wolt (Vnd wolde *V*) in *THJV μ*; ab dem krütz *J*. **1072** Vnd in in die *J μ*, Genōmen vnd in die *V*; erde in begraben *T*.

Und dich von herzen minnen,
Daz wir mit dir gewinnen
Und enphahen die chrone,
Die du wilt geben ze lone
Allen, *die* hie minnent dich.
Dar an erhore, <*herre*>, mich.
Nu horent alle, ob ir welt.
Do sus Maria waz verqůlt,
Si was noch [] bei dem chruce da.
Joseph von Arimathia,||
Ain edel Jude, als wir lesen, ||
Der untertanig waz gewesen O 47r

Uns*ers* herren r*a*te
Der gie zu Pylate
Und pat in fleizicleichen,
Mit trůwen jamerleichen,
Das er im wolte geben
Jesum, der da hieng an leben.
Er wolte in von dem crucze haben
Und in die erde begraben,

---

819 Vñ dek mit herten be sÿnen *P*. **821** Vnd das wir entphā dy crone *Q*. **822** Die wil gebñ *O*; ze] zu *AQ*. **823** Alle *P; die O*] den *R*, den die *BCNAPQ μ*; hie minnent *RABCNO μ*] leff hebben *PQ*. **824** herre *ABCNOP μ*] *fehlt R*; Herre daran irhore mich *Q*. **825–826** *in P:*

Nv er höre der w'lt alle des
Do ma'ia alsüs ghe quelet was.

825 *Initiale RBCNO μ*. **826** Da maria also (so *Q*) was *AQ*; erquelt *A μ*. **827** Do was *P*, Vnd was *Q*; noch bei dem *BNQ μ*] noch mer bei dem *R*, nach by dem (peim *O*) *AO*, nos pei dem *C*, bi deme *P*; Sie sasz bij deme crucze na *D*. **828** Iseph Ioseph *B*, Vnd ioseph *AQ*; aramathia *A*, aromathia *BCNDOPQ μ*; *Ende R XXIIII*v. **829** also *D*, alse *PQ*; wir horen (man hort *C*) lesen *BCN*. **830** De vnderdenich plach to wesen *P*. **831** Vns·n *O*; rote (: pylate) *O*, gebode (: pylate) *D*. **833–835** *Kontraktion in D:* Vnde bad eme gebin. **833** wol mit vlite *P*, flieslichñ *Q*. **834** Mit truren *Q*; vil iemerlich (: fliszeklich) *A*. **835** Ob er (*dahinter getilgt* e *C*) *BCN*. **836** sunder leuen *P*. **Anstelle von 837–840** *in D:*

Er wolde en noch erē vñd werden
Bestaden zu der erden (*vgl. 1031 f.*).

837 von dem cruczē nemē *Q*. **838** Und in die *OQ*] Vnd in in die *BCNA μ*, Vñ to der *P*; erde legin *Q*.

(1192–99a) D*o* wart er von Pilato gewert,
(1192–99b) Des er von im hete gegert.
(1192–99c) Do gab er im <*den*> toten Krist,
(1192–99d) Der aller toten leben ist.
(1192–99e) Doch wundert den richtære,
(1192–99 f) Ob er tot iezů were.

(1200) Do <*nam*> Jose*ph* Nichodemum, ||
(1201) So saget daz ewangelium, G 20v
Der waz <*ouch*> gotes undertan,
Doch heimlich durch [] der Juden wan.

(1206) Er seit im, wie er were
Von Pilato, dem richtere,

1073 *Initiale nicht ausgeführt G*; Do *HTJ μ*] Da *GV*; Pîlâte *μ*. **1074** Wes *H*, Das *V*; er an ẙn *V*; harte *T*, hatte *V μ*; begert *HTJV*. **1075–1076** *folgen nach* 1077–1078 *V*. **1075** den *HTJV μ*] *fehlt G*. **1076** alls selā *H*, der toden *V*. **1077** Do *TV*; wunderte *V*. **1078** tot iezů *G μ*] ietz tod *HJ*, tot (iezuo *fehlt*) T, so balde dot *V*. **1079** nam *TJV μ*] *fehlt G*; iosep *G*; nicomed'vmm *T; Do nā iñ jhoseph (folgt getilgt:* dama) nicodemō *H*. **1080** So *GT*] Alz *H μ*, Also *JV*; seit vns daz *V*. **1081** waz ouch gotes *HT μ*] waz gottes *G*, ouch got was *J*, waz auch got *V*. **1082** Doch *fehlt HJV*; heilich *T*, Heymelichen *V*; der *HTJV μ*] den der *G*. **1083** im] in me *T*. **1084** *Initiale nicht ausgeführt H*; pilate *T*.

Daz er nicht also hieng<*e*> m*e*,
Wan im waz nach im we.
Do der richter das vernam,
Vil sere er sich dez hindercham.
In nam wů̊nder, daz er waz||
So schire tot, doch tet er daz: O 47^{v}
Er gab urlaup, daz er in
Von dem crucze name hin
Und zu dem ertreiche
Begrube [] lob<*e*>leiche.
Do *nam* Joseph Nicodemum,
So [] uns sait daz ewangelium,
Der *waz auch* Christi undertan,
Doch dů̊rch der Juden bosen wan
Und durch ir vorchte und ir haz
Mů̊ste er tun verborgen daz.
Er sait im, wie <*er*> ware
Gesch*eiden* von dem richtare.

---

839 nicht also hienge me *OBN*] nit hieng (hienge *μ*) also me *AC μ*, also nicht henge mer *P*, nicht do hinghe me *Q; me gebessert aus* mer *O*. **840** *Vor* Wanne *getilgt* Nac *C*; we *OAQ μ*] vil (so *C*) we *BCN*; Wēte he eme leuede gar ser *P*. **841** Do daz pylatus v^{s}nam *BCN*. **842** Viel schier *D*, Gar sere *Q*; er sich des hindercham *OD*] in das wünder nam *A*, er des beqvam (erqvam *NC μ*) *BCN μ*, her (*davor getilgt* do) do irquam *Q*, he vnder quam *P*. **Anstelle von 843–848** *vier Verse in D:*

En nam wonder daz er so bald
Gestorbin waz vñd sprach du salt
Myn vrloib han vñd en nach werdē
Wirdeclich bestaden zu d' erden (*vgl.* 837–840 *D*).

843 Eme nā wunder *P*, Vnd nam ein wūd' *Q*. **844** doch tet er daz *OBCN*] da (dô *μ*) tet er das *A μ*, de doch (der da *Q*) ghe nas *PQ*. **845–846** *in Q:*

Do irloubite er ym
Das er en neme hyn.

845 gab *OBNP*] gab im *AC μ*. **847** Und zu dem *O*] Vñ in zv (ze *μ*) dem *BCNAP μ*, Vnd in das *Q*. **848** Besteden *P*; lobeleiche *ABCNPQ μ*] hart lobleiche *O*. **849** Do man *O*, Dar zcu nam *Q*. **850** So uns sait *] So das vns sait *O*, Als vns sagt (Als saget *μ*) *A μ*, Daz saget *BCN*, Also vns sagit *DQ*, So secht *P*. **851** waz auch Christi *] auch waz xp̄i *O*, was auch (Christi *fehlt*) *A*, was ovch kristes *BCN μ*, waz ouch cristo (cristo ouch *Q*) *DPQ*. **852** Doch] Vnd *D*, *fehlt Q*; der] den *C*; bosen] argen *D*. **853–854** *Inversion D*. **853** Und *fehlt DQ*; ir *OABNP*] den ier *C*, die *D μ*, *fehlt Q*; vorchte und ir haz *O μ*] wort vñ iren hasz *A*, grozen (grozzer *C*) haz *BCN*, fochte vñd eren hasz *D*, vröchte vnde hat *P*, vnrecht vñ has *Q*. **854** Müsten sie *A*; tun verborgen *OAP*] tvn v^{s}stoln (verstollen *C*) *BCN*, thū v'holn *D μ*, vorborgñ thū *Q*. **855** Er fragete ob *D*, He sede en wu *P*; er *fehlt O*. **856** Gescheiden *ABCNDPQ μ*] Geschechen *O*; von dem] vom *μ*.

(1208) Gescheiden. Des wart er vil vro.
Si giengen zů dem cruce do,
Da si Crist wisten hangen.
Si komen dar mit [] zangen
Und och mit hemern isenin,
(1213) Dar an so wart ir minne schin.
Si wolten Jesum lǒs*en* abe
Und bevelhen dem grabe.
Do Maria daz vernam,
Ir herze *von frouden* wider kam.
(1217,1) Si wart stark an dem herzen
(1217,2) Und vergaz ein tail ir smerzen.
Geminnert wart ir ungemach,
Do diu *gůte* daz gesach,
Daz si in wolten nider legen
(1221) Und in von dem cruce wegen.
Si half in, daz er kome nider,
Si wolt in toten haben wider.

1085 des was *HV*; er frow (: do) *J*. **1086** by das crucze da (: fro) *V*. **1087** cristm *H*, cristum *J*, ihesum *V*. **1088** da mit *T*; zangen *TJ μ*] stangen zangen *G*; Sie brachten mit ẙn zangen *V; anstelle von 1088 zwei Verse in H:*

Sú komēt dar mit gegangē
Alz geschmid vñ zangē.

1089 och *fehlt J*; mit *fehlt V*; hemer *JV*; yserin *V*. **1090** Dar an so *GT μ*] Da so *H*, Dar an da *J*, Da *V*; waz *T*; liebin schin *J*, mynne vil wol schin *V*. **1091** lǒse abe *G*, lǒsin in abe *T*. **1092** Und] Vnd in *JV*; dem grabe] in dz grab (: ab) *H*. **1093** *Initiale (nicht ausgeführt G) G μ*. **1094** von frouden *HJV μ*] zekreften *G*, vnd frǒde *T*. **1095** fro in dem *H*, starck an irem *JV*. **1096** Und *G μ*] Si *HTJV*; ein teil *GH μ*] gar *JV, fehlt T*; irs *H*, ires *JV*. **1098** gůte *HTJV μ*] reine *G;* er sach *JV μ*. **1100** in *fehlt HV*. **1101** in] im *T*; er *fehlt T*; kam hernider *T*, qwam nydder *V*. **1102** Vnd wolde *V*; tott habñ *HJ*, da haben *V*.

Dez wart Nicodemus vil vroͤ. ||
Si gieng<*en*> zu dem cruͤze do, O 48r
Da si Christum wessen hangen.
(1211) Si brachten mit in zangen,
Si brachten hamer eis<*e*>*nin*,
Mit laiteren stigen si hin,
Si wolten Jesum losen abe
Und bevelchen in dem grabe.
(1216) Do Maria daz vernam,
Ir hercze von froͤden wider cham.

(1218) Geminret wart ir ungemach,
Do dů gůte daz gesach,
Daz si in *wolten nider* legen
(1221) Und in von dem cruͤcze wegen.
Si half *in*, daz er chome nider,
Si wolte in haben toͤten wider. ||

---

857 was *A*; vil *OABNP*] *fehlt CDQ µ*. **858** Si giengen *ABCNDP µ*] Si gieng *O*; Zcü deme cruczen gingin sy do *Q*. **859** Da *fehlt Q*; Christum *O*] got *BCNAPQ µ*, ihesum *D*; gehangen *P*. **860–861** *Kontraktion in DQ:* Sie namen (brachtē *Q*) mit en hamir vñ zāgen. **860** mit sek *P*; zwangen *A*. **861–862** *Verse fehlen P*. **861** Si brachten hamer *OA*] Vnde hemer *BCN µ*; eisenin *AC µ*] eisnein *O*, yserin *BN*. **862** *Vers fehlt D*; Vff stiegē sie die leitern hin *A µ*, Mit leitern stigen sie hin in *BCN*, Mit leitern steigñ sy do hin *Q*. **Nach 862** *folgt ein Plusvers in Q:*

Vnd namē abe yn.

863–864 *in D:*

Vñd losten von dem crucze h'abe
Vñd wolden en bestaden zu dē grabe

in Q:

Mit der selbin habe *Q*
Bestatten sy en zcu grabe *Q*

863 iesu lesen *C*. **864** Vnd enpfelhē dem grabe *A µ*, Vnd in legen in ein grab (: ab) *BCN*, Vñ ene bringen to graue *P*. **865** *Initiale BCNO µ*. **866** to fröuden *P*; Eyne froude sy do gewan *Q*. **867** Vor lichtet wart *P*. **868** gesach *OBCNQ*] ersach *AD µ*, sach *P*. **869–870** *in D:*

Daz man den werden degen
Von dem crucze wolde erwegen.

in Q:

Das sy en wolden abewegin
Vñ in dy erde leigin.

869 Do *NC*; wolten nider *ABCNP µ*] nider wolten *O*. **870** in *fehlt P*. **871** in *ABNDP µ*] im *CO*, *fehlt Q*; kam *ACDPQ*; her nedder *PQ*. **872** So *C*; haben toͤten *OBCN*] haben tot *A*, hebben also dot *P*, toid (tôten *µ*) habin *DQ µ*

Swes si mocht, des half si in,
Wan dar an lag aller ir gewin.
(1226) Ir einer steik an daz cruce her,
Da Jesus hienk tot und ser,
Und zoch im us *der* nagel bant ||
Und lôst im ab die werden hant G 21r
Und auch die andern, dar an er hienk.
(1231) Der ander sinen lip enphienk,
Dar umbe daz der werde
Nit vile an die erde,
So blůtik, ane macht, so wunt.
(1234,1) Der elliu herzen tůt gesunt,
(1234,2) Den namen si ab dem cruce her
(1234,3) Vil bleich, val, tot, wunt und ser.
(1238) Do sin můter vil reine
Ir *kindes lip ein* cleine

1103 Wess *HJ*, Swaz *T*, Waz *V*; daz half *THV*. **1104** Wan *fehlt J*; aller *fehlt H*. **1105** Ir einer clam *TJ*, Da steyg er *V*; kütz *J*; here (: sere) *V*. **1106** Da ihs· an hieng *H*. **1107–1108** *Kontraktion in T:* Vnd zŏch ime abe die wndē hant. **1107** der *HJ μ*] daz *G*; Vnd zoch ẙm abe sin gewant *V*. **1109** Vnd och die arm *H*, Vnd die fies *J*, Vnd die andern *V*; da an er *T*, da er *V*. **1111** *nach* werde *folgt getilgt* ni *H*; der wnwerde *T*. **1112** Iht *μ*; an die *G μ*] vff die *HTJV*; erdē *HV*. **1113** ane macht so wunt *GT*] aͮne massen wūd *H*, amechtig vnd so wůnt *V*; Wan er was also sere wunt *J μ*. **1114** alle mentschen *J*; tůt *GT μ*] machet *HJV*. **1115** ab] von *V*. **1116** Vil bleich val wnt tot vnd ser *T*, Blaich wund vnd ser (: herr) *H*, Do lag er tod vnd ser *J*, Bleich fale dot vnd sere (: here) *V*, Bleich, tôt, wunt unt sêr *μ*. **1117** *Initiale (nicht ausgeführt G) GT μ*; sin] die *J*; vil] die *V*. **1118** Ir kindes lip *TJ μ*] Ir liepes kint *G*, Ir liebes kindes lip *H*, Yres kyndes *V*; ein cleine *HTJ μ*] al cleine *G*, da cleyne *V*.

Swes si machte, dez holff si *in*, O 48[r]
Dez wart vil vro ir hercze, ir sin.
(1226) Ir einer st*aig* an daz crucze her,
Do Jesus *hieng tot* und ser,
Und zach im auz der nagel pant
Und lost im abe die werde hant
Und <*auch*> die andren, *dar an er* hieng.
(1231) Der ander seinen leip enpfing,
Daz der sůsze und der werde
Nicht *viele* auf die erde,
(1234) Also sere und also wůnt.
(1235) Ach, war allen herczen chunt,
(1236) Waz Maria do begieng,
Da si den rainen laip enpfing.
Wann da die magit raine ||
Berůren mochte ein *chl*eine O 49[r]

873–874 *Verse fehlen DP.* **873** Swes *BCN μ*] Was *AOQ*; konde *Q*; das *AQ*; in *ABCN μ*] im *O*, do *Q*. **874** was *A*; vil *fehlt C*; ir] vñ ir *A*; Das waren sy alle vro *Q*. **875–876** *in D:*

Er eyner an daz crucze steig
Der ander sich ouch hen zu neig.

875 Erer ein *P*, Der eyne *Q;* stag *O*. **876** Do an *BCN*, Dar *P*; hieng tot *ABCNP μ*] tot hieng *O*; Do er hing vorwūt seer' *Q*. **877** Sie zogen *D*; im *fehlt Q;* vz *nachgeträglich eingefügt B.* **878** Er lost *BCN,* Vñd loisten *DP*; abe *fehlt DPQ*; die rechtē *D*, syne werde *Q*. **879** Und auch *ABCNPQ μ*] Dar nach *D,* Vnd *O*; das ande'r *Q*; dar an er *AP*] die da *BCN*, da er *DQ*, da er ane *O*, dran er *μ*. **880** Der ander *OPQ*] Der eine *BCN,* Er (Ir *μ*) eyner *D μ*; vmb̄fing *Q*; Maria in mit flisz enpfieng *A*. **881–882** *Verse fehlen P.* **881** sin lip der *BCNA μ*, der heilge lib der *D*, der lichenā *Q*; werde] vil werden *A*. **882** Nicht *OBCNQ*], Icht (It *A*) *DA μ*; viele] en weile *O*; auf die erde *OBCN*] zü der erden (erde *μ*) *AD μ*, an dy erde *Q*. **Anstelle von 883–884** *in D* (*vgl. 771 f.*):

Nu bedencket alle hertzin
Den bitterlichen smertzin.

883 und *fehlt Q*; also *OAP μ*] *fehlt BCNQ*; ghe wunt *PQ*. **884** *Initiale μ*; Ach vnd (*folgt undeutlich* wei...s) weris allen *Q*. **885** *Beginn E 13[r]*; Waz Maria] Den maria *D*, Waz mariē h'cze *E*. **886** toden lip *D*, werdñ lichnam *Q*; vntphȳc *E*, vmb̄fing *Q*. **887–888** *Verse fehlen DQ.* **887–890** *Verse fehlen P.* **888** Rüren *A*; mochten *N*; ein chleine *Aμ*] ein cheleine *O*, alleine *BCN*, yn cleyne *E*.

Berůren mocht<*e*> mit der hant,
(1241) Mit girde greif si den heilant.
(1243) Si leit sin haupet an ir brust,
(1243b) Do wart sin munt vil gar durchkust.
(1244) Si trute sin<*e*> wunden,
Vil tief und unverbunden.
(1246) Sin lip wart gar fur si geleit,
Si vil uf in mit biterkeit.
Si erstabet, als si wer<*e*> tot,
(1249) Von ir herzen biter not.
(1249,1) Von der minne, diu si twank,
(1249,2) Daz wasser von ir augen sprank.
(1250) Die treher sere vluzzen,
Sin antlůz si beguzzen,
Die zeher fluzzen uber al,
<Ir kint lak vor ir ougen val,>
(1254) Er lak tot, *wunt*, bleich und blint.
Doch trute si ir suzzes kint.

1119 *nach* mo̊cht *folgt getilgt* ain klaine *H*. **1120** begird *HJV*, gerde *T*; begraiff *HV*, ir greif *TJ*. **1121** Sin leite *T*. **1122** vil gar *GTV*] so gar *H*, gar *J μ*. **1123** *Initiale nicht ausgeführt H*; trútelt *H*, truret *J*, dro̊ckente *V*; sine] yͤm sine *V*. **1124** Vil] Gar *J*; und] noch *HT*. **1125** *Vers fehlt T*; gar vff gelait *H*. **1127** erstabet *GH μ*] ir stahete *T*, er schrack *J*, erstarp *V*; alse *T*, als ob *JV*. **1128** Von (All von *V*) der bitterlichen not *JV*. **1129** Vnd (All *V*) von *TJV*; minne] liebi *J*; betwanch *TV*. **1130** *Vers fehlt T*; von ir *GV μ*] ir von dē *H*, von den *J*; trang *H*. **1131–1132** *Verse fehlen J*. **1131** tråhē (trehene *T*) *HT μ*, zeher *V*; sere] sere da *V*; flv̍zin (: begvsen) *T*. **1132** antlit *H*, antlv̍z *T*, antlicze *V*. **1133** Die] Ir *μ*; treherē *T*, träher *J*, trehen *V*; flv̍zsin vber al *T*, floszen uber allēthalben *V*. **1134** *HTJV μ*] *Vers fehlt G*; val *HT μ*] sal *J*, *fehlt V*. **1135** tot wunt bleich *] tot̤ vñ bleich *G*, bleich wunt tot *T*, wund tod *H*, vor ir tot *J μ*, dot wunt *V*. **1136** Dar vm̄ *J*; kuste *H*, truret *J*, dro̊ckente *V*; suzzes *GT μ*] totes *H*, liebes *JV*.

Ir kindes leip mit *der* hant,
(1241) Do grayf si an den hailant.
Si traůt in mit dez herczen *l*ust,
Si lait sein *haubet* an ir brůst,
Si chůste [] seine wunden,
Dy waren *un*verbunden.
(1246) Sein laip wart gar fur si geleit,
Si vil auf in mit pitterchait.
(1248) Sie erstoret, alz si ware tot.
Si sprach: „O not vor aller not."

(1250) Die zacher nider fl*uzzen*,
(1251) Sein antlicz si beg*uzzen*,
<*Ir zäher fluzzen uber al,* [B 27rb]
Ir kint lag vor ir bleich und val.>
Der werd*e got*, ir *sůszes* kint,
Lag vor ir toter und blint. ||

889–890 *in D:*

Sie ragkete uff die werden hant
Vn̄d greiff an den heilant.

in Q:

Sy nam mit irre werdin hant
Vnd (*folgt getilgt* begrub) den heilant *Q*.

889 der *ABCNE μ*] ir *O*. **890** So *BCN*; gryf *E*. **891** Vn̄d *D*; traut *OE μ*] trükt *A*, trvtet (truten *C*) *BCN*, druchte *D*, küssede *P*, leigite *Q*; mit] nach *DPQ*; des herczen lust *BCNE*] dez h·tzen gelust *O*, ires (ir *μ*) h[s]tzen lust *A μ*, erer lust *DQ*, iāmers lust *P*. **892** Sie leget *BN*, Vn̄ lede *P*; sein haubet *ABCNP μ*] ir houbt *E*, sein hercze *O;* uf an syne brust *E;* Mit groissem jamere an die brust *D*, Syn werdis houpt uff ire brust *Q*. **893–894** *Verse fehlen D*. **893** seine *ABCNEP μ*] im seine *O*, synē *Q*. **894** Diu *μ*; unverbunden *AEPQ μ*] vngebvnden *BCN*, im verbunden *O*. **895** *Initiale O*; liep *Q*; gar fur si *OA μ*] do vor sy *E*, dar vor er *P*, fvr sie *BCNDQ*. **896** Si vil auf in] Darby viel sy *Q*; mit trvrikeit *BCN*, vol bitterkeid *D*. **897** erstoret *O*] herbleicht *A*, starp *BN*, tet *C*, irstarb *DE*, streuede *P*, lag *Q*, erstabet *μ*; alz si *OBCNE μ*] als (also *DQ*) ob sie *ADQ*, icht se *P*. **898** Si sprach *fehlt Q*; owe noid *DP*; vor *OEPQ*] ob *BCNA μ*, uber *D*; alle *EQ, fehlt D*. **899–900** *Verse fehlen P*. **899** trene *E*; nider fluzzen *ABCN μ*] von er floßen *D*, ned[s] (ir nedir *Q*) guzzē *EQ*, nider flieszen *O*. **900** Sein] Ir *E*, Obir syn *Q*; antzlit *A*; si beguzzen *ABCN μ*] eme begossin *D*, sy bevlussen (sy do vlossin *Q*) *EQ*, si begiszen *O*. **901–902** *Verse fehlen OQ*. **901–906** *Verse fehlen D*. **901** zäher *ABCN μ*] trene *EP*. **902** Ir kint lag vor ir *P*] Ia lack krist vor in *BCN*, Er lag vor ir *AE μ*. **903** Der werde got *BNEPQ μ*] Du werder got *C*, Der werder kayser *O*, Der werd *A*; sůszes *ABCNE μ*] liebes *OPQ*. **904** Lag *fehlt A*; vor] do vor *Q*; toter *O*] tot *ABCNEP μ*, toub *Q*.

Si kuste in minnecliche
Und zar||tet im suzzecliche. G 21v
Siniu augen, diu wange und den můnt
(1259) Kuste si [] me danne tusent stůnt.

(1262) Siten, hende und fůzze
Trute si im vil sůzze.
Si sach in an und aber an.
Von warheit nieman gesagen kan
(1266) Daz wunder, daz sie da begienk,
Do si ir kint fur sich enphienk.
(1267a) Wan wer der himel birmitwiz,
(1267b) Und sa*zt* ich allen minen vliz
Und schrip ich alle min<*e*> tage
(1269) Die vil biterlichen clage
Marien und die ungehab<*e*>,
Die sie begie bi dem grabe,
Ich mocht es <*niht*> geschriben,
Ich můst es lan beliben.

1137–1140 *Verse fehlen V.* **1138** zartete in *μ*. **1139** Sin *HJ μ*; diu wange *G*] wangen *TH*, wange *μ*, *fehlt J*. **1140** Vñ kust *H*; si *H μ*] si im *G*, *fehlt T*; danne *G*] den *HT μ*; Kust si zů der selben stund *J*. **1141** Siten *G μ*] Si tē (*Mone*: Si cen) *H*, Sin *T*, Sin siten *J*; vnd die fůze *T*; Also det sie sinē henden vnd fuszen *V*. **1142** Die trútet (drute *T*, drǒckēte *V*) *HTV*; im *GV μ*] *fehlt HTJ*; vil *fehlt V*. **1143** *Initiale nicht ausgeführt G, Paragraphenzeichen am Spaltenende hinter Vers 1142 V*; Sie sach ẙn auch fliszclich an *V*. **1144** Vǒr ware *V*. **1147** Wan] Vnd *J*, *fehlt V*; bermit wiss *H*, bermidin (wiz *fehlt*) *T*, permet wysz *V*. **1148** satz *G*, sazte *T μ*, lait *H*, tåt *J*, daz *V*. **1150–1151** *Verse fehlen V*. **1150** *Vor* klag *getilgt* tag *H*. **1151** Maria *J*; vnd och die *T*, vnd ir *J*. **1152** Die] Daz *V*; Die si tett jn ir kindes grab *H*. **1153** Ich in mohte ez *T*, Ich mochte i̊r *V*; niht *HTJV μ*] *fehlt G*. **1154** laszen bliben *V*.

(1256) Si kuste in minnicleichen O 49[v]
Und zart ime sůszicleiche*n*.
Syne wange und den můnt
Chuste si mer danne tausen*t* stunt.
Si chuste auch seinů augen klar,
(1261) Si sprach: „Ich pin, diu dich gewar“,
Die hende und auch die fůsze
Und auch die seitten sůsze.
Si sach in an und aber an,
Ich wane, niemen *g*esagen chan
(1266) Daz wunder, daz si do begieng,
Do <*si*> Jesum fur sich entpfing.

Wan sasz ich alle meine tage
Und schribe ir vil sware clage,
(1271) Ir quale und ir ungehabe, ||
(1270) Dy si begieng by dem *g*rabe, O 50[r]
Ich mocht ez nicht gechunden []
Noch daz hercze ergrunden [].

905–906 *Verse fehlen Q.* **905** minnicleichen *OAE μ*] wunnenclichen *BCNP.* **906** zart ime *O*] czarte (zartete *μ*) yn *E μ*, getrutet in *A*, beclagede en *P*; sůszicleichem *O*, dröuechliken *P*; Vñ ovch vil zertlichen *BCN.* **907–908** *Verse fehlen P.* **907** wange *OC μ*] wangen *BNAEQ*; den *O*] sinen *BCNAEQ μ;* Sie koste en an synen munt *D.* **908** Chuste si] Vor liebe *D*; me wenne *BCN*, wol *Q*; tavsen *O.* **909–914** *Verse fehlen P.* **909** auch *fehlt P*; sin *BCNAE μ*; Vñ syne ougen klar *Q.* **910** pin] bins *Q.* **911** Die *fehlt BCN*; Syne hende vnd fuesse *Q.* **912** Und auch] Dar tho *P*, Vnd *Q*; die seit (site *N*) *NC*, synen sytē *Q.* **913–918** *Verse fehlen P.* **914** Ich wane niemen *O*] Ir we nieman *A*, Ich nieman (Niemen ich *C*) *BCN*, Ich wē nymāt *E μ*, Ich meyne das nymāt *Q*; gesagen *ABCNEQ μ*] vol sagen *O.* **915** do *fehlt BCN;* Groisz wonder sie da beging *D*, Den yāmir den sy entpfing *Q.* **916** So *C*; si *fehlt O*; fur sich *OAE μ*] zv ir *BCN*, tot *Q*, *fehlt D*; entpfing *OADQ μ*] gevienchBCNE. **Anstelle von 917–918** *in D:*

In solicher vngehabe
Drugen sie en zu dem grabe. (*vgl. 1005f.*)

917 Vñ sess *E*; alle] all *AC*, alleyne *Q* (*vgl. 1*). **918** schreib *C*; ir vil sware *OAE μ*] von der grozen *BCN*, dy groesse *Q.* **919–948** *Verse fehlen D.* **919–920** *BCNOPQ*] *Inversion AE μ* **919** Vnd von der grozen vngehabe *BCN*, Mit vil groszer vngehab (vngehabe *E μ*) *AE μ*, Ere quale vnde ok er vnghehaue *P*, Dy clage vnd vnhabe *Q.* **920** by] al bi *P; gerabe O.* **921** Ich en mochte is nicht *E*, Des en möchtek nicht *P*, Ich kondes nicht halb *Q*, Ich mohte ez niht *μ*; gechunden *Q*] erkvnden (ergunden *C*) *BCN*, künden *A μ*, vol kūdē *EP*, gechundñ gar *O.* **922** Noch *ABNEPQ μ*] Vnd *O*, *fehlt C*; daz hercze *OABCNP μ*] irs h'czē ser *E*, mȳ hercze *Q*; ergrunden *ABNE μ*] nicht erchunden *C*, ergrundñ swar *O*, dorch gründen *P*, vul grunden *Q.* **Nach 922** *ein Plusvers E:* Ire mage noch ire vrūde.

Si nam sin hende in ir hant,
Die waren ir vil wol erkant,
Die leit si an ir w*an*gen.
Ir herze waz bevangen
Mit weinen und mit biterkeit.
Si sprach: „O sůzziu sůzzekeit,
Ei ed*el* sun, *ach* fursten *blůt*,
Ei blůme scho̊n, ach *gůtes gůt*,
Zů waz leides bistů mir geborn?
Min herze hat an dir verlorn
Wunne, frade unde trost,
Nu sizze ich vor dir un<*er*>lost.
Ach tot, wie du ver||swindest, G 22^{r}
Daz du mich nit verslindest.
Ich meine dich, breit*iu* erde,
Daz ich *bezite* werde
Zů dir, wan ich kom von dir.
Tot, *nu nim* [] din tail an mir.
Daz <*mich*> belucht<*e*> nimer tak.
Des biter*n* mer<*e*>s salz<*es*> smak
Der muste zuker*mezic* sin,

1156 Die] Sie *V*; wil wol *T*; be kant *JV*. **1157** Die *GTJ*] Si *HV μ*; wagen *G*. **1158** hercz ward *H*, hercze waz gar *V*. **1159** wainē (*Mone:* jamer) *H*. **1160** *Initiale nicht ausgeführt H*; o] ach *J*. **1161** Ei *GT μ*] Eya *H*, O *V*, *fehlt J*; edelr *G*, Edler (eddeler *V*) *JV μ*; ach *HT*] nach *G*, o *JV μ*; fursten blůt *JV μ*] fvrsten art *G*, fůrste gůt *H*, frusten blv̊t *T*. **1162** Ei *GHT μ*] O *JV*; ach gůtes gůt *HT*] ach gotes zart *G*, o gůttes gůt *JV μ*. **1163** Ze *T*; laid *H*, laide *TJ*. **1165–1325** *Verse fehlen H*. **1165** vnd allen drost *V*. **1166** Ich sizce *TJV*; von *gebessert zu* vor *J*; unerlôst *μ*] vnlost *G*, an trost *T*, ungetrost *JV*. **1167** O tot *TV*. **1169** Ich meine dich breitiu *T μ*] Vñ avch div breite *G*, Ich erman dich breite *J*, Ich meynē dich werde *V*. **1170** ich *fehlt V*; bezite *T*] enzit *G μ*, be statnet *J*, begangē *V*. **1171** kan och von *T*; Zu dir | Begern ich wañ ich qwam von dir *V*. **1172** Tot nu nim *μ*] Nv tot ninn shier *G*, O tot nu nim *TJV*. **1173** mich *TJV μ*] *fehlt G*. **1174** Des bitern *JV μ*] Der biter *G*, Dez bitirs *T*; meres salzes smak *V μ*] mers salz smak *G*, meris salcis (smak *fehlt*) *T*, gesaltzen mo̊res schmack *J*. **1175** Müsz mir *J*; zukermezic *TJ μ*] zvker sv̊zze *G*, alles zuckermeszig *V*.

Si nam sein hende in ir hant,
Dy waren <*ir*> so wol erchant,
Dy leit si an ir wangen.
Ir sele waz bevangen
Mit laide und auch mit pitterchait,
Si sprach: „Jesu, mein suszichait,
Edel kind, ach fůrsten blut,
Der sunnen glanz, o *gutes* gut,
Zu waz laides pist du mir gebor*n*?
Dein mutter hat an dir verl*orn*
Alle frǒde und wunnetrost,
Nu sicze ich pey dir ungetrost. ||
Ach tot, wie du verswindest, O 50[v]
Daz du mich nicht verslindest.
Ich main dich, *br*aite erde,
Daz ich pezeite werde
Zu dir, wan ich cham von dir.
Tǒtt, *nu* nym deinen tail an mir.
Daz mich *beluchte* nimer tach.
Dez pitren meresz salczesz smach
Der můste zuker*meszich* sein,

---

923 *Initiale EO*; syne hant *Q*. **924** Dy was *Q*; ir *fehlt O*; gar wol *Q*; erkant *OA μ*] bekant *BCNEPQ*. **925** Dy *OA*] Sie *BCNEPQ μ*. **926** bevangen *OEP μ*] gevangen *BCNA*, groes befangin *Q*. **Anstelle von 927** *in A zwei Verse, wobei* 928 *fehlt:*

Vast mit groszem leit
Vnd auch mit bitterkeit.

927 auch *OEP*] *fehlt BCNQ μ*; trvrikeit *BCN*. **928** *Vers fehlt A*; ihesus myn *P*, O myne *Q*. **929–930** *Verse fehlen P*. **929** Edel *OE*] O edel *BCNAQ μ;* ach *O*] o *BCNAQ μ*, du *E*; fursten vlut *C*, szüssis blut *Q*. **930** Der *AEQ μ*] O *BCN*, Ach *O*; glanz *OEQ*] glast *BCNA μ*; o gutes gut *ABCN μ*] o gotis gut *O*, d[s] mÿne (lyben *Q*) glut *EQ*. **931–932** *in Q:*

Czu groessin lyden bistu mir geborñ
Kint ich habe dich vorlorñ.

931 Zu *AEP μ*] Ze *BCN*, E *O*; leide *P*, *fehlt BCN;* geborē (: verlaren) *O*. **933** Alle *fehlt Q*; frǒde und wunnetrost *OBCNEP*] freud wünne vnd trost *AQ μ*. **934** ungetrost *OABCN*] unerlôst *μ*; Sust bÿ ich iamers vnirlost *E*, Wultu noch ek werde der lost *P*, Alhy sitcze ich gar vndirlöst *Q*. **935** Ach tot *OAPQ μ*] Owe tot *BCN*, *fehlt E*; Wy du vor m[s] vor swÿdez (: vor slÿdiz) *E*. **936** vorslingist *Q*. **937–940** *Verse fehlen Q*. **937** dich beraite erde *O*, dek du erde *P*. **938** betiden *P*; Weñ es zyt werde *A*. **939** Das ich kume zü dir *A*, Czu d[s] gemischet wē ich bÿ kom̃ vō d[s] *E*, To dek bestedeghet ek quā von dek *P*. **940** Tǒtt *fehlt A*; nu *ABCNEP μ*] du *O*; din *NCE μ;* ab mir *C*, van mek *P*. **941** beluchte *ABCNEP μ*] belangte *O*; Das mich nÿmer beluchte kein tag *Q*. **942** Noch des *P*; salzes *fehlt P*; gesmag *A*. **943** Der *BCNE μ*] Das *AP*, Da *O*, *fehlt Q*; zukermeszzich *ABCNE μ*] zuker in eszich *O*, eÿ söte sucker *P*, mir czuckirmeessig *Q*.

Ob ein blůtes treher dar in
Koͤme, der von dir, sun, floz.
Nu ligestu wunt, *tot* und ploz.
Din anplik waz ein fraud*en* zit,
(1299) Die Juden hant dich gar verspit.

(1302) Von můter lip wart nie geborn
Din gelich. Du wer [] erkor*n*
Mir zů einer fraud*en*wunne.
Ach kuͤnikliches kunne,
(1306) War sol ich nu keren?
Min smerze můz sich [] meren.“

1176 treher dar in *G μ*] trehin sin *T*, tropf dar in (droppe vi̊l darin *V*) *JV*. **1177** Koͤme *GJ μ*] Reine *T*, *fehlt V*; dir *gebessert aus* dil *G*; der sun von dir *J*. **1178** tot *am rechten Blattrand nachgetragen G*; Min (Din *JV*) lip ist tot wunt (wunt tod *J*) vnd blǒz *TJV*. **1179** *Initiale μ*; Min anblich *T*, Din antlit *J*; was *fehlt T*; ein frauden zit *TJ μ*] ein fravde zit *G*, in freudē zyth *V*. **1180** hant dich gar *GJ μ*] die hant dich *T*, hant an dich *V*; gespyth *V*. **1182** Din *GJ μ*] Dem *T*, Sin *V*; du *fehlt TV*; erkorn *TJ μ*] mir erkoren *G*, er verkorn *V*. **1183** Mir zů einer fraudenwunne *TJ*] Zvͦ minner fravde wnne *G*, Widder zů eyner freuden mȳne (: koͤnne) *V*, Mir ze einer vröude unt wünne *μ*. **1184** Ach] O *V*; künde *J*. **1185** Wa sol ich nv (*fehlt J*) hin keren *TJV*. **1186** Min smerze *GT μ*] Min clag *J*, Mine qwale *V*; mvͦse *T*, die musz *V*; meren *TJV μ*] nv meren *G*.

*S*wie das ein zaher chome dar in
Dez blutez, das gefloszen ist
Von deinem leibe, suszer Crist.
Dein anblich waz ein fraud*en* zit,
Nu hant die Juden dich verspeit.
Ach kint, o got, ach blůme rot, ||
Du sweigest *und* leist vor mir tot. O 51^{r}
Von můtter wart nie laip gepo*r*n
So wunicleich. Du war ercho*rn*
Mir ze ainer frődenwűnne.
O kaysserlich*ez* kunne,
War sol ich nu cheren?
Mein quale muz sich meren.
Edel kint, noch sich mich an,
Wan ich daz nicht gesagen kan,
An wem ich <*műge*> vind*en* trost,
Mit dem tode wurde ich erlőst.
Daz er mein hercze brache inzway.“

944 Swie daz *BNE μ*] Wie das *AO*, Swie des *C*, Wan dar *P*, Ab *Q*; ein zaher *OA μ*] ein zeherl *BCN*, eȳ trā *EP*, haris icht *Q*; chome dar in] kem din *A*. **945** das] des *BCN*. **946** dynir sytē *Q*; suszer Crist] ihesu crist *PQ*. **Nach 946** *ein Plusvers E:* Dez nȳ mich tot an alle vrist. **947–948** *Verse fehlen P.* **947–972** *Verse fehlen A.* **947** *Initiale EO μ*; antliccze *E*; ein frauden zit *BCNE μ*] ein fraude zit *O*, mir der vrouden zciet *Q*. **948** Nu habin dich dy iuden vorspyet *Q*. **949–950** *folgen nach* 953–954 *in D.* **949** Ach kint o got *O*] Ach (*fehlt E*) min kint *BCNE μ*, O (Ach *P*) liebes kint *DP*, O kint *Q*; ach *O*] o *BCNDE μ*, du *P*, vñ *Q*. **950** Du sweigest und leist *CP*] Du sweigest du leist *O*, Dv swigest vñ ligest *BN*, Du sweigist vñ ledist *Q*, Nu ligestu (lystu *E*) *DE μ*; vor mir tot *OBN μ*] vor mein tot *C*, hie (h're *E*) vor mir toid *DEP*, den töt *Q*. **951–952** *Verse fehlen D.* **951–954** *Verse fehlen P.* **951** wart nie laip] lybe wart ny *Q;* geparn (: erchoren) *O*. **952** wunicleich *O*] minnenclich *BCNE μ*, *fehlt Q*; w^{s}e du *E*; üsdirkorñ *Q*; gep *getilgt vor* erchorn *C*. **953–954** *in D:*

Mit groiszes jamers wonne
Sprach si o keyserlichs konne.

953 ze *OC μ*] zv *BNEQ*; frődenwűnne *OBCNE*] vröude unt wünne *μ;* Mir czu allir wūnē *Q*. **954** kaysserliche *OQ*. **955** Wa *E*, Wu^{r} P, Wo hin *Q*; nu cheren] mek nv hen ke'n *P*, mich keren *Q*. **956** Myn leid daz wil sich meren *DQ*. **Nach 956** *ein Plusvers E:* Daz kan dyn tot mich leren. **957–958** *Verse fehlen D.* **957** *Initiale BCNE μ*; Edel *OP*] O edel *BCNQ μ*, Gedēke *E*; noch sich mich an *OE*] nv sich mich an *BCNPQ μ*. **958** daz] des *P*; gesagen *OEP*] gesehen *BCN μ*, gewissin *Q*. **959** ich műge vinden *P*] sal ich nu finden *D*, ich vȳdē moge *E μ*, ich nu vinde *O;* Von wem (dem *getilgt vor* wem *C*) ich mvge werden erlost *BCN*, Wenñ ich werdin sal irloesit *Q*. **960** Des todes wer ich wol getrost *BCN*, Daz ich von jamer werde irloist *D*, Dez lybiz w^{2}de (würde *μ*) ich g^{s}ne irlost *E μ*, Hedde mek de dot van hir ghe lost *P*, Mit dem tode were ich wol getroest *Q*. **961–962** *Verse fehlen D.* **961** er *fehlt Q*; Brich tot mȳ h^{s}cze vntczwey *E μ*.

Si goz der treher also vil,
Daz ich daz nit gar sagen wil,
Wan ich noh kan noch mak.
Ich weiz, es waz ein biter tak
Der megde herze, daz ist war.
Es ducht si meinik hundert jar.
Si wein<*e*>t also sere
Vor dem grabe here,
Daz d*iu* erde und och der stein
Von trehern gar begozz*en* schein. ||

In der jemerlich*en* clag<*e*>, G 22^{v}
Die ich iu von der rein*en* sag<*e*>,

1187 der *fehlt T*; trehene *TV*. **1188** daz] es *JV*; gar *fehlt JV*; salgen *T*. **1189** ich kan wan ich enmag *T*, ich enkan vnd (*fehlt V*) noch enmag *JV*, ich noch kan noch enmac *μ*. **1191** herczē *V*. **1193** wande alse *T*. **1194** Vor *GJ μ*] By *V*; Vñ och der. stein grabe herre *T*. **1195** dv *G*; och *fehlt JV*. **1196** Von trehene *TV*, Von zähern *μ*, *fehlt J*; begozze *G*; Gar begossen er schain *J*. **Hinter 1196** am̄ ::: *G*. **1197** *Initiale (nicht ausgeführt G) G μ*; iemerliche clag (: sag) *G*. **1198** iu *G*] in *μ*; reine *G*; Die (Daz *V*) ich iv reinen h^{s}zen sag (sage *J*, sagen *V*) *TJV*.

Also saz die mutter und schray.

Si wainte also sere
Bey dem grabe here, ||
(1316) Daz die erde und auch der stain O 51v
Von zachern gar begoszen schain.
Sein laip auch gar begoszen waz,
Von zachern durch*flozzen* nasz.
„Nu sage kint, mein susz*ez* kint,
(1321) Nu sage mir, du [] gar gemint,
Wem sol ich klagen mee,
Daz mir mein hercze tut so we?
Sich mich an und erbarme dich,
O czarter Jesu uͤber mich.“
(1326) Nu sage ez, *swer ez muͤge gesagen*,
Vo*n* dem jamerleich*en klagen*,
Daz si tet. Ez was so grosz,
(1329) Daz auch die engel nicht verdrosz, ||

962 Also *BCNEPμ*] So *OQ*; mutter *OEP*] maget *BCNμ*, reyne *Q*. **963–970** *Verse fehlen P*. **963** Vnd weynte so rechte sere *Q*. **965–980** *Verse fehlen D*. **965** Daz *fehlt E*; auch der] auch die *C*, *fehlt Q*. **966** Vō trenē *E*; gar] gancz *Q*. **967** gar *fehlt Q*; bevlozzē *E*; *vor* was *getilgt* wart *B*. **968** durchflozzen nas *B μ*] durch floz er nasz *O*, ovch dvrch vlozzen nas *NC*; *vor* nas *getilgt* sat *B*; Mich wūdirt daz sy ie genaz *E* (*vgl. 754, 770*), Vnđ ouch von czherē näs *Q*. **969–970** *Verse fehlen E*. **969–970** *in Q*:

Nu sage mir szuessis kint mȳ
Du clarer sūnen schyn.

969 Nu sage kint mein susze kint *O*, Sage mir svzez kint *BCNμ*. **970** Du sag *C*; gar *BCNμ*] vil gar *O*. **971** Wenñ sal *Q*; ich nu clagē *EP*. **972** mein] daz *μ*; hertz *nachgetragen C*. **973–974** *Verse fehlen BCN*. **973** und *OAP*] *fehlt EQμ*; dicht *E*. **974** O czarter Jhesu *OA μ*] Czartis kȳt *E*, O reyne kint *P*, Jhesu myn kint *Q*. **Nach 974** *ein Plusvers E:* Dir mac nymant geliche sich. **975** *Initiale AEO μ*; Nu sage ez *O*] Nv sage *BCNAPQ μ*, Her sagiz *E*; swer ez můge gesagen *AE μ*] wer mag nv sagen (gesagen *CN*) *BCN*, wer ez nu sagñ welle *O*, wer dat möghe saghen *P*, wer do moge gesagen *Q*. **976** Vom *O*; dem *OBN μ*] den *CP*, dē *AE*, dissir *Q*; iamerleichem gwelle *O*. **977** Dy se tete dy *EQ*; waren *Q*; so *fehlt Q*. **978** Das ein zeher den and^{s}n schosz *A μ*, Daz ez ovch die engel verdroz *BCN*, Daz dy ēgil nich^{t} vordroz *E*, Dar tho den engelen nicht vordrot *P*, Das is dē engelñ vordroes *Q*.

(1330) Waren frowen unde man,
(1331) Der herze *sere sich* erkam.
Si weinten mit der suzz*en* maget,
Si waren *mit ir gar* verzaget.
Si weinten Jesu Christi tot,
Och tet in we der megede not.
(1336) Die engel waren auch da bi,
Die alles leides sint gar fri.

(1337,1) Solten die gewein<*e*>t han?
Do weinten si. Doch wil ich lan
Den strit, der da von mochte komen.
(1337,4) Doch han ich fur war vernomen,
Si weinten unde weinten ni*ch*t,
(1337,6) Do si ir herren angesicht
(1340) Sachen so jemerliche ligen
Und den tot im angesigen.

1199 Waren och *T*, Da warent *J μ*, Da waren auch *V*. **1200** sere sich erkam *nach T*] sich sere erkam *G μ*, ser sich erkan *T;* Der hertz sere kumer ge wan *J*, In der herczē auch grosze serde qwam *V*. **1201–1202** *in der Position von* 1289–1290 *und umgekehrt in V*. **1201** svzze *G*, rainen *J*. **1202** Si waren mit ir gar *TJV μ*] Vñ waren alle mit ir *G*. **1203** Sie clageten *V*; iesvs xp̄c *TJV*. **1204** Vnd auch der weynēden megde not *V*. **1207** Soldent sie *V*. **1208** Do weinten si *GT*] Doch weynten sie *V*, Si wainten *J μ*; doch wil ich es lån *J*, ich wil uch lan *V*. **1210** Doch han ich ez fvͥr war *TJ μ*, So ich esz recht han *V*. **1211** nit *GJ*. **1212** ires heren *J*, yres herczen *V*. **1214** Vnd den tot an im gesigen *TJ*, Vnd dem dufel angesiegen *V*.

(1334) Si <*en*>weinten, da <*si*> seinen tŏt O 52^{r}
(1335) *Sahen und Marien* nŏt.
(1330) Da waren auch frawn unde man,
(1331) Der hercze [] sere s*ich* ercham.
(1332) Si weinten mit der suszen m*age*t,
(1333) Si waren mit <*ir*> gar vercz*age*t.
(1336) Die engel waren auch do pei,
Die allez laidez sint gar frey.
Der waz da manik tůssent schar,
Si waren alle chomen dar.

(1340) Si sahen iren herren ligen,
(1341) Den swaren tot im an<*ge*>sigen.
Si hetten alle ungehabe
Si waren traurig bey dem grabe. ||

979–980 *folgen nach* 981–984 *μ*. **979** enweinten *E*] weinten *BCNAO μ*, trurden *P*, claiten *Q*; da si seinen tŏt *E*] da seinen töt *O*, da sie in tot *AP μ*, daz sie in (*dahinter getilgt* tot *B*) sahen tŏten (taten *C*) *BCN*, sere ihesus töt *Q*. **980** Sahen und Marien nŏt *AEP μ*] Vnde marien in den nŏten *BCN*, Vnd auch marien sware nŏt *O*, Vnd der reynē mayt nöt *Q*. **981–986** *Verse fehlen P*. **981** auch *fehlt D*; Ouch waren do *Q*. **982** sere sich *] auch sere sy *O*, ovch vil sere *BCN μ*; Der hertz sere trůben began *A*, Vnd sahen den groissen jamer an *D*, D^{s} h^{s}cze iamirs vil gewan *E*, Der hercze gar sere kram *Q*; *Ende E 13^{v}*. **983–984** *in Q:*

Dy do weynitē mit der mayt
Vnd waren mit der mayt vorczayt.

983 mait (: vertzait) *O*. **984** Si] Vnd *D*; ir *fehlt O*. **985–990** *Verse fehlen D*. **985** *Initiale BCN*. **986** Dy szust syn allis leides vry *Q*. **988** Si] De *P*, Dy do *Q*; alle *fehlt Q*. **989–992** *in P:*

Se seghen eren heren
An angestes dot vñ an swe^{s}n
Se weren aller fröude aue
Vñ stünden trurich bi dē gāue.

in Q:

Sy sagin iren herrñ leigin töt
Darvmb hattē sy alle nöt
Vñ groesse vnhab
Do selbist by dem grabe.

990 angesigen *ABN μ*] angesigen *gebessert aus* ansigen *C*, an sigen *O*. **991** all *A*. **992** Si *OA*] Vñ *BCN μ*; Vñd gingen mit er zu dem grabe *D*.

(1350) *Doch wart geminret* ir groz leit
Mit trost<*e*> *von* der sůzzekeit
Und von der grozzen wunne,
Wan alles menslich k*u*nne
Mit sinem tode wart erlost.
(1355) Daz waz ir fraude und ir trost.
(1355,1) Doch erbarmete si Marien leit
(1355,2) Und ir vil swer<*e*> biterkeit,
(1355,3) Die si [] an ir herze gůt
(1355,4) Sachen. Er wer ane můt
(1355,5) Und *wær* gewesen stein*en*,
(1355,6) Der do nit mochte wein*en*. ||
(1356) In der grozzen ungehab<*e*> G 23^{r}
Trůk in Jose*ph* zů dem grab<*e*>.
Er wolt in in die erde legen
(1359) Und ein stein uf daz grab wegen.
Daz mocht Maria nit vertragen,

1215 Doch wart geminret *J μ*] Gemēget waz doch *G*, Do wart geminret *TV*; leit *fehlt T*. **1216** troste von der *TJ μ*] trost vñ der *G*, droste in eyne *V*. **1217** All von *V*; grozer wune *T*. **1218** kv̊nne *G*, künde *J*. **1220** vnd och ir *TV*. **1221** *Initiale V*; Noch erbarmete sich *V*; marie *J*. **1222** vil *fehlt J*; grosze *V*. **1223** si *TJV μ*] si het *G*; an irme h^{s}zen *TJV*; gůt] trůg (: můt) *J*. **1224** Sachen *fehlt J*; Wan der was *J*; vngemůt *V*. **1225** Vñ wæren (wære *μ*) *G μ*, Er wer *TJV*; steine (: weine) *G*, steinin *TJ*. **1226** do] nun *J*, *fehlt V*; nit] iht *T*; geweynen *V*. **1227** *Initiale (nicht ausgeführt G) G μ*. **1228** iosep *G*. **1229** Er] Vnd *V*; in idie erde *T*. **1230** einen *TV*; stain zů dem grab *J*, steyn uff ẙn *V*. **1231** Daz enmochte *V*.

Si traureten alle glaiche O 52[v]
Si weinten pitterlaiche,
Da sy tot sahen ligen Christ,
Der ir frőde ie waz und [] ist
Und immer mer wesen sol.
Si waren alle laides vol.
Dach wart ir grosze pitterchait
Geminret von der suszichait
Und von der groszen wunne,
Das alles menschleich kűnne
Mit seinem tode wart erlőst.
Daz waz ir frőde und ir trost.

In der groszen ungehabe
Trug *in* Joseph zu dem grabe.||
Er wolte in <*in*> die erde legen O 53[r]
Und einenn stain auf *daz grap* wegen.
Daz macht Maria nicht vertragen,

993–998 *Verse fehlen P.* **993** Sie dieneten *D*; alle *OAQ μ*] harte *BCN*, er alle *D*. **994** Si *OA*] Vnde (Vnd *CDQ μ*) *BCNDQ μ*; klagetten klegliche *BCN*. **995–998** *Verse fehlen DQ*. **995** tot sahen ligen *O*] sahen ligē tot *A*, tot sahen *BCN μ*. **996** ie waz und ist *] was und ist *BCNA μ*, ie waz vñ imm' ist *O*. **997** mer *O*] me *A μ*, wser *N*, vnser *C*, *fehlt B*. **998** all *A*. **999** *Beginn E 48*[r]; Dach *OAPQ μ*] Vñ (Vt *C*) *BCN*, Doch so *D*; grosze *fehlt DQ*; Doch |... *E*. **1000** Ø *E;* Geminnet von der *C*, Ghe satet van der *P*, Gemischit mit *Q*. **1001–1002** *Inversion A, wohl nachträglich Korrekturzeichen.* **1001** Vmb dy groesse wūne *Q*; *E nicht lesbar*. **1002** Ø *E*; alle mȳschen *P*, alle mensliche *Q*. **1003** ... |syme tod|... *E*. **1004** Ø *E*; wart *BCN*; und] vñ ok *P*; Vnd wart irfrauwit vnd getrost *Q*. **Nach 1004** *ein Plusvers E:* Dy helle v|.... **1005** *Initiale EO μ*; In d[s] grozē v|... *E*, Nu wir das so habñ *Q*. **1006** Ø *E*; Trug in *ABCNDP μ*] Trug sie *O*, So trug en *Q*. **1007–1008** *Inversion in Q:*

Er wolde en beweigñ
Vnd in dy erde leigin.

1007 Vnde wolde *D*; in *ABCNDP μ*] *fehlt O*; H[s] wolde yn n|... *E*. **1008** Ø *E;* daz grap *AP μ*] in *BCNDO*. **1009–1010** *Inversion in D:*

Da begūde maria aber zu clagen
Sie wolde vor leide gar v'zagen.

1009 *Initiale NC*; Daz mochte m|... *E*; Dat ene maria nicht müchte vor draghē *P*.

Si begunde schrien unde clagen.
Er zoch in hin, si zoch in wider,
Si zoch in uf, er zoch in nider.
(1364) Si umbevienk in mit den armen,
Si sprach: „Lant iuch erbarmen.
Sehent mines leides smerzen,
Den ich han an dem herzen,
Und lant mich genieten me
(1369) Mines kindes, nach dem ist mir we.
Lant trůten mich min herzeplůt.
Oder dunket es iuch, herren, gůt,
So begrabent mich in die erde
(1373) Mit im, daz ist min gerde.“
(1373,1) Da durch liezzen si <*ez*> nit sin,
(1373,2) Swie groz so waz Marien pin.

1233 Er zo̊h hin si zoh her wid[s] *T*, Er zoch in vff si zoch in nider *J*, Sie zoch ẙn hin er zoch ẙn her widder *V*. **1234** Sie zoch uff *V*; er zoch hin wider *J*, er zoch nydder *V*. **1235** in *fehlt μ*. **1236** lant *G μ*] nv lant *TJV*. **1237** Sehent an mynes *V*; hertzen schmertzen *J*. **1238** Dez han ich an *T*; dem *G*] minē *TJV μ*. **1239** Vnd *fehlt V*; geniesin *T*, be langen *J*, sin genyeten *V*. **1240** Mines sones *V*. **1241** truren mich mines *J*; h[s]zen blv̊t *TJ*. **1242** Oder tv̊ht *T*; ez *eingefügt V*; iu *μ*. **1243** So *fehlt TV*; in die erde *fehlt T*. **1244** Mit minem kint *J*; gerde *G μ*] begerde *JV*, rat *T*. **1245** *Initiale J*; Dvr daz liesin (so liessen *J*) *TJV*; ez *JV μ*] in *T*, *fehlt G*; niht hie vor *T*. **1246** Swie groz so waz *G*] Swie groz si waz *T*, Wie (Swie *μ*) gro̊s was *J μ*, Ach (*getilgt*) wie so (*eingefügt*) grosz waz *V*.

(1361) Si begunde schrein unde chlagen.
Er zach in hin, si zach her wider,
Si zach in auf, er zach nider.
Si umbfing in mit <*den*> armen,
Si sprach: „Lat [] euch erparmen.
(1366) Sechent [] meinen smerczen,
Den ich han an meinem herczen.
Lat mich sein genieten mee,
Mir ist nach im sere we.
Lat traůt*en* mich mein herczenblůt.
(1371) Oder důnch*et* ez euch gůt
So begrabet mich in die erde ||
Mit im, daz ist mein begerde, O 53v

(1374) Wan ich mach an in nicht enleben."
Da wart dem wůnde*n* leibe geben

1010 Ø *E;* schrein *OA μ*] weinen *BCN*, to schrigen *PQ*. **1011–1012** *in P:*

Se toch en hen se toch en her
Se toch ene krum se toch ene dwer.

1011 her wider *OA*] in wider *BCN μ*; Er zoch hin sie zoch widder *D*, Joseph czog en hin maria her wedir *Q*; H^s czoch ŷ hŷ sy|... *E*. **1012** Ø *E;* Si zach in auf *OBCN μ*] Sie zog vff *A*, Er zoch uff *DQ*; er zach nider *OA*] er zoch in nider *BCN μ*, sie zoch nydder *DQ*. **1013–1024** *Verse fehlen P*. **1013** in *fehlt μ*; den *ABCNDQ μ*] *fehlt O;* Sy ṽ me fĩc yn|... *E*. **1014** Ø *E;* Vñd sprach *D*; euch *AD μ*] evch in *BCN*, mich euch *O*, euch hute myn *Q*. **1015** Sechent *ABCN μ*] Set *E*, Sechent an *ODQ*; desse groesse smerczin *Q*, mynē g°z|... *E*. **1016** Ø *E;* Dy ich trage in *Q*; meinem *OADQ μ*] dem *BCN*. **1017** Lat *BCN μ*] Lasz *A*, La *O*, Laszet *DQ*; gnissen (doch genyssen *Q*) *DQ*; Daz ich mich|... *E*. **1018** Ø *E;* Myme hertzin ist nach eme we *D*, Wenñ mir ist nach ym wee *Q*. **1019–1020** *Verse fehlen D*. **1019** Lat traůten mich *CN μ*] Lat traůren mich *O*, Lat trevtet mich *B*, Laszent mich trüten *AQ*; mein herzenblůt *O*] mȳ he^s tz blůt (mîn herzebluot *μ*) *A μ*, min blvt *BCN*, mynes herczin trüt *Q;* Lazt trutē m|... *E*. **1020** Ø *E;* Oder důnchet *Q μ*] Oder důnche *O*, Oder lieben dvnket *BCN;* ez euch] is euch allen syn *Q*, ez iu *μ*. **1021–1022** *in BCN*:

So grabt mich in die erde mit im
Den tot ich gerne mit im nim.

in Q:

So begrabit mich by ym in dy erde
Mit myme kinde werde.

1021 So begraben *A*, Nu begrabet *D*; erdē *AD*; Zo begřbet m|... *E*. **1022** Ø *E;* begerde *OD*] begirde *A*, gerde *μ*. **1023–1024** *Verse fehlen Q*. **1023** Wan *fehlt D*; mach an in nicht *OD*] mag nit on in *A*, an in niht mack *BCN μ*; enleben *O*] geleben *BCNAD μ*; Wē ich mac a|... *E*. **1024** Ø *E*; dem wůnden leibe *N*] dem ẘndem leibe *O*, dem wunden lip *B μ*, den wunden lieb *C*, dem doden korper *D*, ihū *A*; geben *O*] gegeben *BCNAD μ*.

Si begrůben den vil werden Crist,
Der aller welte leben ist.
Uf in wart ein groz stein geleit.
Da von [] enphienk [] vil biterkeit
Der megede herz*e*, daz ist war.
Da bi waz auch der engel schar.
Da waren auch ander lute genůk,
Der herze sweren || kumber trůk. G 23v
Si můsten alle weinen.
Wan weren si alle steinen,
Si moͤchten *gar* zer*rizz*en sin,
Do si sachen der megede pin.
Si sachen ir groz ungehab<*e*>,
Do si saz bi ir kindes grab<*e*>.

1247–1282 *Verse fehlen V.* **1248** al der welt *T*, aller totten *J μ* (*vgl. 1076*). **1249** ein groz *GT*] grosser *J*, ein grôzer *μ*; steine *T.* **1250** Da von *TJ μ*] Da von so *G*; enphienk *μ*] enphienk si *GTJ.* **1251** *Hinter* herze *Anstrich eines* r oder n *G*; h^{s}zen *T.* **1253** andere livte gv̊t *T.* **1256** *Vers fehlt T*; Wårent si ge wesen stainin *J.* **1257** Si moͤchten gar zerrizzen *J μ*] So moͤchten alle zeriren *G*, So mv̊hten gar zirisen *T.* **1259** sahen grǒze *T*, sachent an ir grǒs *J*; vngemach (: grab) *J.* **1260** *Vers fehlt T*; Do *vor dem Schriftspiegel nachgetragen J.*

Manik chůssen unde traůten
Vor engeln und vor laůten.
Daz tet sein mutter Maria.
Joseph von Ar*i*mathia
Der want *in* in ein seyden tůch
Mit edeln wurczen, sait *daz* bůch,
Und begrub in in die erde
Nach eren und nach werde.
Da wart ain stain auf in gelait.
Owe, waz groszer pitterchait
Marien hercz*e* da entpfing. ||
Daz volk jamers vil beging. O 54r
Si weinten mit der gutter
Marien gottes mutter.
Si můsten alle weinen.
Wan warn si alle stainen,
Si můsten gar zerriszen sein,
Da si sahen iren pein.
In der grosz*en* ungehabe,
Do si sasz bey dem grabe,

1025–1026 *in P:*
Meñich küssen vnde claghen
Van wenen vñ hant slaghen.

1025 Manch kussen|... *E.* **1026** Ø *E*; Vor den engeln vñ vor den *BCNQ*, Von engeln vñd ouch von *D.* **1027** Dede sin muder *P*, Tat dy lybe *Q*; Daz tet syn m|... *E*; Marjâ *μ.* **1028** Ø *E;* Vñ joseph *PQ*; Arimathia *AP μ*] Aromathia *BCNOQ.* **1029** Der *BCNDEQ μ*] *fehlt AP*, Den *O*; in] er *O*; seyden] reyne *Q;* D^s wāt yn ī eyn |... *E*, *Ende E 48r*. **1030** Mit guter wurcze *Q*; daz *ABCNDQ μ*] er *O*, dit *P.* **1031–1032** *Verse fehlen BCN.* **1031** Gruben sy en yn dy *Q*; erden *AD μ.* **1032** Nach ere *A*, Nach seden *P*; werden *AD μ.* **1033** Dar wart ein steyn up gheleit *P*, Eyn steyn wart dar uff geleit *Q.* **1034** Owe der groissen *D*, O was groessir *Q*; herzenleit *BCN.* **1035** Marien hercze *BCNP μ*] Marien herczen *O*, Maria hertz *A*, Die maria *D*, Marian hercze *Q.* **1036** volk ok iämers *P*; vil da begieng *A*; Da sie von deme grabe ging *D*, Vil yammers sy beging *Q.* **1037–1038** *Verse fehlen Q.* **1037–1054** *Verse fehlen D.* **1037–1038** *in A μ:*
Sie weintē mit der güten
Gottes mütter demůten (*vgl. A 1060*).

1039–1040 *in Q:*
Sy beweẙten alle dy mait reyne
Wen were sy gewest steynē.

1039–1042 *Verse fehlen P.* **1039** all *A.* **1040** Wan *ABCN μ*] Vnd *O*; all *A.* **1041** Sy mochte *Q*; gerizzen *C.* **1042** sahen *OP*] gesahen *BCNA μ*; iren *O*] ir *A μ*, marien (marein *C*) *BCN*, der mait *Q.* **1043–1044** *Verse fehlen Q.* **1043** *Initiale (nicht ausgeführt C) ANCO μ*; den *gebessert zu* der *B*; grozen *ABCNP μ*] groszer *O.* **1044** saze *B*, sazzen *NC.*

Si kust daz grab, si hils den stein,
(1397) Ir herzeminne waz nit clein.

(1400) Do si vil lange da gesaz
Und sich von warheit des vermas,
(1402) Daz si nit dannan wolte komen,
E si d*ie* mer<*e*> het ver*n*omen,
Wie daz erstůnde ir liebes kint,
Do trat zů ir Johannes gemint,
Johannes der vil gůte
(1407) Der quam mit swerem můte.
Swie er vor leide wer verzaget,
Doch hůb er uf die reinen maget.
(1410–19a) Er hůb uf sine můter zart,
(1410–19b) Der nie von frawen gelich enwart.

1261 vnd hiels dem stain *T*, vnd den stain *J*. **1262** Ir hertzlaid *J*. **1263** *Initiale J*. **1264** daz wir mas *T*. **1265** dannen *μ;* niht wolte dan an *T*, nit wolten dannen *J*. **1266** div mer *G*, daz mere *T*, die warheit *J*; vernonomen *G*. **1267** Wie *fehlt J μ*. **1268** ih's gemint *T*, joħes ge schwint *J*. **1270** sweren *T*. **1271** Swe *T*, Wie *J*; von laide wer (von laid was *J*) *TJ*. **1274** gelich von frowē wart *TJ*.

Vor liebe chůste si den stain,
Ir herczeminne was ni chlain.
Si umbvie in und sprach:
„Owe mir armer und *o ach.*“
Si wolt*e* nimmer dannen choͤmen, ||
E daz si het<*e*> gar vern*o*men O 54^{v}
Und daz si [] mit ir augen
Sach*e* ane l*au*gen
Ir kint von dem to̊de erstan.
Johannes kom dar zu gegan,
Johannes der vil gůte,
Der kam mit swarem mute.
Swie er von laide war verzaget,
Doch hub er auf die raine maget.
Er hub auff gottes mutter,
Der nie geleich nach guter

1045–1046 *Inversion in P:*
Van groter leue dar wol schein
Dat küssent up den harden steyn.

1045 Vor leit *A*. **1046** Ir herzen minne *NC*, Ires hertzen pin *A*, Ires herczin leit *Q*; wart *BCN*; ni *OBCN*] nit *AQ μ*. **Nach 1046** *in Q: Blatt 98^{v} endet mit Vers 1047, zu Beginn von Blatt 99^{r} werden die Verse 1046 f. wiederholt:*
(98^{v}) Sy vmb̃fing den steyn ||
(99^{r}) Ires herczin leit was nicht clein.
Sie vmbfing den steyn vñ spͣch.

1048 o ach *BCN μ*] ach *A*, dach *O*; Owe myner armen vngemak *P*, Owee mir vnd ach *Q*. **1049–1054** *Verse fehlen P*. **1049–1054** *in Q:*
Sy meyntē nicht ehir von dennē kōmē
Sy hette denne vor wae' vor nōmē
Vnd gesehen mit den oughin
Das sy is mochte gelouben
Das ire kint were irstan
Do quam sinte johannes gegan.

1049 wolte *ABCN μ*] wolten *O*; nimmer *OBCN*] nie *A μ*; danne *C*. **1050** *Beginn E 48^{v}*; hete gar *O*] gar het (haete *μ*) *A μ*, het *BCN*; vernamen *O*; ...|az sy hette gar|... *E*. **1051** Ø *E*; Wan daz *BCN*; mit ir *ABCN μ*] het mit ir *O*. **1052** Sache *ABCN μ*] Sachen *O*; lo̊ggen (: augen) *A*, langen *O*; ...|ñgelougen *E*. **1053** Ø *E*. **1054** Johannes kam zü gan *A*; ...|s quā dar czu ge|... *E*. **1055** Ø *E*; Der werde vnd gute *Q*. **1056** Der *OBNP*] *fehlt ACDQ μ*; swaren *P*; ...|mit swerē mute *E*. **1057** Ø *E*; Swie *BCN μ*] Wie *AO*, Wol dat *P*; von *OP*] vor *BCNA μ*; was *AP*; Von leide waz he ouch v̓zagit *D*, Er was in leide vorczait *Q*. **1058** Vff hub he die *D*; raine *fehlt Q*;.|och hup h^{s} vf dy reyne mayt *E*. **1059–1060** *Verse fehlen D*. **1059** Ø *E*; Marian gotis muter *Q*. **1060** Der] Die *C*, Dat *P*; geleich nach guter *O*] glich vnd demütiger (dêmuoter *μ*) *A μ* *(vgl. A 1038)*, glich wart so gvter *BCNQ*, ghelik van so guder *P*; ...|lich noch guter *E*.

(1410–19c) Si waz so krank *gar* ane wan,
(1410–19d) Daz si enmocht<*e*> gan noch stan.

1275 gar *am linken Blattrand nachgetragen G*; Sý waz vil swach *TJ*. **1276–1469** *Verse fehlen T*. **1276** si nit mocht *J*.

Von mutter laib<*e*> wart gebor*n*.
Si het ir liebes kint verl*orn*.
Er hub si auf, wan si <*was*> gar ||
Verdorben, *bleich* und tot var. O 55^{r}
(1416) Si waz von laide also kranch,
Daz ir benamen waz der *ganc*.
Von unmacht mochte si nicht gan
(1419) Noch auf ir fus*zen* stan.

1061–1062 *Inversion in D:*
Sie hatte er liebes kint v·lorn
Daz reyne wärt von er geborn (*vgl. 238*).

1061 Ø *E;* Von *fehlt P*; wart *fehlt Q*; geboren (: v·laren) *O*. **1062** Si] De *P*; ire kint (liebes *fehlt*) *Q*; ...|ete ir lybiz kẏt v^{or}lorn *E*. **1063–1064** *Verse fehlen DP*. **1063** Ø *E; Nach* Er *folgt getilgt* s *O*; wan *fehlt Q*; was *ABCNQ μ*] *fehlt O*. **1064** Verdorben] Wurden *Q*; bleich *ABNQ μ*] ser *O*, *fehlt CE*; vnd auch tod geuar *C;* ...|ortorbē vñ tot var *E*. **1065–1066** *Verse fehlen Q*. **1065** Ø *E;* also] so *P*. **1066** ganc *ABCNDE μ*] gedanck *O*; Dat se to der erde sank *P*, ...|az ir benom̄ waz d^{s} gāc *E*. **1067–1068** *Verse fehlen P*. **1067** Von *O*] Vor *BCNADQ μ*; amechtigkeit *Q*; gan *OABCN μ*] gesten *D*, geghen *Q*; ...|gē *E*. **1068** auf ir *O*] vff den (vffē *E*) *AE μ*, vf iren *BCNDQ*; fuszen *ABCNDEQ μ*] fusze *O*; stan *OBCN μ*] gegehin *D*, gesten *AEQ*. **Nach 1068** *folgen in A 24 Plusverse (μ 1420–1443):*
Ir meisterlich sinne
Die wusten vil der mẏne
Wan sie von gotlicher art
Sin werde mütter ward
Des was die mẏne also grosz
Das sie der clag nit verdrosz
Das sie iohes zü im gevieng
Vnd sie von irem kind gieng
Vil cleglich sie hin wider sach
Mit vollem iamer sie da sprach
We mir der scheidunge
Vnd auch der sunderunge
Die an vns beiden hut geschiht
Wer ist der (*fehlt μ*) den das erbarm niht
Dem geschach nie liep noch leit
O dü selige cristenheit
Sihe mit trüwen an (Sich an mit triuwen *μ*) dise not
Wen min kint ist durch dich tot (*über getilgtem* not)
Nu sihe wie din kempffer lit
Der versönet hat dinē (den *μ*) strit
Zwüschet dir vnd dē vatt^{s} sin
Er sol vō reht din tröster sin
Also schied sie vō irem zart
Iemerlichen vnd hart.

(1444–49a) Ir swester hulfen ir zehant,
(1444–49b) Wan sie diu minne da zů bant.
(1444–49c) Si fůrten si hin in die stat
(1444–49d) Ze Jerusalem. Ein dunnes blat
(1444–49e) Mocht ir den atten han verleit
(1444–49 f) Von weinen und von krankeit.
(1444–49g) Och komen genůk frawen dar
(1444–49h) Von der || stat und namen war. G 24[r]
(1444–49i) Si sahen die vil gůten
(1444–49k) Maget mit swerem můte.
(1450) Sie sahen die vil armen
Und begund*en sich* erbarmen,
Si begunden mit der reinen
(1453) Marien herze wein*en*.
(1456) Si clageten me der megde not
(1457) Danne *ir* vil lieb*en* kindes tot.
(1454) Si weinten ane mazze
(1455) Die frawen an der strazze.
(1457,1) Si sachen Marien ung<*e*>mach,
(1457,2) Dem nie d*a* vor gelich geschach
(1457,3) Noch nimmer mer geshechen sol.
(1457,4) Si waren mit ir leides vol.

1278 die liebin *J*. **1282** bitterkait *J*. **1283** Da kamen frowen (No qwamen auch frauwē *V*) gnůg dar *JV*. **1284** und] die *V*. **1286** Die magt *JV*; můten *J*. **1287–1288** *Verse fehlen V*. **1288** Vñ begvnde si *G*, Si begunden sich *J μ*. **1289–1290** *in der Position von* 1201–1202 *und umgekehrt in V*. **1290** herze weinen *μ*] h^{s}ze weine *G*; Maget sere wainen *J*, Marien gar sere weynen *V*. **1291** me *fehlt V*. **1292** *Vor* ir *getilgt* vl, liebē *gebessert aus* liebes *G*; Dan ires lieben (liebes *V*) *JV*. **1293** maszen (: straszen) *V*. **1295** vn gehab *J*. **1296** dar *G*; gelich da vor *JV*. **1297** mer *fehlt V*.

(1444) Ir lieb*en* swestern waren da [],
(1445) Ich mayn<*e*> die zwu Maria
Die hulfen gotes mutter zart,
Daz si ze haûse gefůret wart.

Daz ersachen frawen vil,
(1449) Si liesen gar ir herczen spil.
(1450) Si sahen die vil armen,
Si můsten sich erparmen,
Si begunden mit der rainen ||
Marien sere weinen. O 55^{v}
Ouch weinten an<*e*> masze
(1455) Die frawen an der strasze.
Si *klag*ten mer Marien not
Danne ir lieb*en* kind*es* tot.

1069 Ø *E;* lieben *gebessert aus* liebern *O*; da *ABCNDQ μ*] da bay *O*, ok da *P*. **1070** Ich meynen *D*, *fehlt A*; Vñ de gude magdalena *P*, Ich meyne dy czvu maria *E*. **1071** Ø *E;* Die *OBCNQ μ*] Sie *AP*; hulffin der mait czart *Q*. **1072** wart *gebessert aus* was *C*; ze haûse *OBCN μ*] zu huse *DEAQ*, wedder *P*; gefůret] bracht *Q;* ...|sy czu huze gevuret wa^{s}|. *E*. **1073–1078** *Verse fehlen D*. **1073** Ø *E; Initiale O*; Dar se seghen fröuden vel *P*, Das gesagen ouch ander frauwñ vil *Q*. **1074** Si *OAEP*] Die *BCNQ μ*; leiten doch gar *P*, lyessin do *Q*; ire frouden spyl *Q*. **1075–1076** *Verse fehlen P*. **1075** Ø *E;* Sy sagen an dy vil arme *Q*. **1076** Si *OA μ*] Vñ *BCN*; Vnd lyessin sich irre irbarmē *Q;* ...|tē sych irbarmē *E*. **1077** Ø *E;* Si] Vñ *P*. **1078** Marien sere weinen *OBCN*] Marien vō hertzen (Marîen herze *μ*) weinen *A μ*, ...|ien heyze weynē *E*, Maghet marien to weynen *P*, Heysse (*folgt getilgt* trene) threne weynē *Q*. **1079** Ø *E; Initiale BCN*; Ouch *BCNPQ*] Sie *A μ*, Du *D*, O *O*; weinten] weynten sy *Q*; ane maiszen *D*, svnder mate *P*. **1080** uff den *D*; straiszin *DQ;* ...|vrowē an d^{s} straze *E*. **1081** Ø *E;* Die *A*; klagten mer] clageten alle *D*, beweynden mer *P*, gelakten mer *O*; Sy claitē mariā sere vnd ire nöt *Q*. **1082** Wan *APQ*, Vnde *D*; ir (ires *A*) vil lieben (liebez *C*) *BCNA μ*, eres liebin kindes *DEPQ*, ir liebez kinden *O*;.|ē ires lybē kyndiz tot *E*, *Ende E 48^{v}*.

(1460) Mit dem leide wart si hin
(1461) Gefůret *zů* ir mům̊lin.

(1470) Johannes *ir* mit triwe phlak
(1471) Do und dar nach vil mæ*n*gen tak.
(1468) Er minte si so sere
(1469) Mit triuwen und mit ere,
(1472) Daz si im verre lieber waz
(1473) Danne diu můter, diu sin genas.
(1474) Er bot ir lieb und ere und zůcht,
(1475) Wan si waz aller gnæden frůcht.
(1475,1) Si waz sin můter und er *ir* kint
(1475,2) Und och von herzen im gemint.
(1467) Swi*e daz* er wer ane trost,
(1466) Doch gab er siner můter trost.

1299–1300 *in V:*
Mit dem leyde wart sie hin gefurt
Von johanne dem jungern gůt.

1299 *Initiale (nicht ausgeführt G) G μ.* **1300** zů *J μ*] da *G.* **1301** ir *JV μ*] da *G*; trüwen *JV.* **1302** Vor vnd nach *V*; vil *fehlt J*; mægen *G.* **1303** Er het si lieb so sere *J.* **1304** An truwen vnd auch an eren *V.* **1305** Wañ sie ẙm vil *V.* **1306** Den *JV μ.* **1307** *Initiale V*; Er erbőt *J*; lieb und *G*] liebe unt *μ*, *fehlt JV.* **1309–1310** *Inversion V.* **1309** ir *am linken Blattrand nachgetragen G.* **1310** Si was von hertzen im ge meint *J*, Sie waz ẙm von herczen gemynt *V.* **1311** Wie (Swie *μ*) das *JV μ*, Swir doch *G*; war *J*; vngetrost *J μ*.

∞ *Wer solt<e> nicht gewainet han,*
Ez ware frawe ader man?
Da die maget also zart
Hin durch die stat gefůret wart,
Mit <*so*> swarem mute
In sande Johann*is* hute,
Vil frawen mit *ir* giengen,
Die jamers vil begiengen.
Da troste si Johannes g*ut*,
Wie <*doch*> vil sware *was sin mut*. ||
Er troͤste si vil sere, O 56[r]
Er hut ir leibez ere,
Mit ganczen trewen er ir *pf*lach
Der stunt und da nach manigen tag,
Wan si im verr*e* lieber was
Danne diu mutter, die sein genas.
Er pot ir zucht und ere,
Er het si lieb gar sere.

1083–1084 *ABCNQ μ*] *Verse fehlen DP*; *Inversion O*. **1083–1084** *in Q:*
Sulde nü nicht geweynt han
Beide frauwin vnd man.
1084 Ez *OBN*] Er *AC μ*. **1085** *Initiale μ*; Do dy reyne maria czart *Q*. **1086** Hin *OBCN*] Also *Q*, *fehlt ADP μ*. **1087** so *ABCNP μ*] sulchen *Q*, *fehlt O*; ghe möte *P*; Da ging sie vngemude *D*. **1088** sande *OBN*] sant *AC μ*, sancti *D*, sünte *PQ*; Johannis *BCND μ*] Johannes *OPQ*, johans *A*. **1089** ir *ABCNDPQ μ*] in *O*. **1090** jamers vil] groes yāmir *Q*; begiengen *OP*] geviengen (viengen *C*) *BCN*, enpfiengen *ADQ μ*. **1091–1092** *Verse fehlen D*. **1091** De tröstede dar *P*; iohñes gůte *O*, sinte iohānes güt *Q*. **1092** Wie doch vil sware *P*] Wie (Swie *μ*) doch besweret *A μ*, Wie swere *BCN*, Wie vil sware *O*, Wy sweer ym selbir *Q*; was sin mut *APQ μ*] daz were sin (seinem *CN*) mvt *BCN*, ware in seinē mute *O*. **1093–1094** *Verse fehlen PQ*. **1093** vil *OD*] gar *BCN*, *fehlt A μ*. **1094** ir leibez ere *OBN*] ires libes (ir lîbs *μ*) vnd ere *A μ*, ir liebez ere *C*; Er hatte synes libes ere *D*. **1095–1096** *Inversion D*. **1095** pfelach *O*; Daz he er mit truwen plag D. **1096** Daz stvnt darnach manigē tak *BCN*, Er dienet ir vil mangē tag *A*, Tho der tijt vñ mēnigen dach *P*, He stunt dar nach nacht vñ tag *D*, Beide nacht vnd tag *Q*, Dô unt dar nâch vil mangen tac *μ*. **1097–1144** *Verse fehlen D*. **1097** Wan si im] Wan er ir *A*; verre *BCN μ*] vil *AQ*, vele *P*, verrer *O*. **1098** Den *AP μ*, Wen *Q*. **1099–1102** *Verse fehlen P*. **1099** pat *O*, dirböt *Q*. **Nach 1099** *wiederholt C am Spaltenbeginn 68vb die Verse* 1095–1096 *in der Lesung von BCN und tilgt sie*. **1100** Sie was im liep sere *A μ*, Vnd dar zcu den noch mere *Q*.

Dar zů so het er || gůt recht, G 24v
Si waz sin frawe und er ir knecht.

O Johannes vil gůter,
Nu phlik wol diner můter.
Si hat nit kindes me wan din,
Nu tů ir gantze triwe schin.
Ir edel kint hat si verlorn,
Der ane wewen wart geborn
Von ir in einer sůzzikeit,
Des hat si leit und uberleit.
O Johannes, gotes tr*ut*,
Du liezze eine můter und eine brut
Durch liebes gotes minne.
Nu tů uf dine sinne,
Sich, dir ist vergolten wol,
Du *hast die* der gnaden [] vol
Nu ist, ie <*was*> und immer ist.
Gelobt si der werde Krist,

1313 Dar zů het *JV μ*; gůt *GV μ*] zwar *J.* **1314** Wañ sie waz *V*; frawe *GV μ*] můter *J.* **1315** *Beginn K; Initiale (nicht ausgeführt G, Platz für* O*) GJK*; O *K*] Ey *V, fehlt J μ*; vil *GK μ*] du vil *JV.* **1317** Si enhat nit kindes *K*, Sie hat keyn kint *V*; wan *GK μ*] den *JV.* **1320** Der *G*] Dat *KJV μ*; ŏne we *JV*; waz geborn *V.* **1322** Des] Daz *V*; ser vñ vuer leit *K*, laid vber laid *JV.* **1323** O Johannes] Johannes du *V*; trv̊t (: brvt) *G.* **1324** ain můter vnd ain *JV μ*; *nach* vnd *getilgt* b *K.* **1325** Durch] Du *V*; liebes *G μ*] liebe (lieber *gebessert zu* liebe *V*) *JVK.* **1326** Nu *fehlt JV*; dinē siñē *H*, dynes herczen synne *V.* **1327** Vnd sich *J.* **1328** hast *HKJV μ*] bist *G*; die der gnaden vol *μ*] der gnaden als vol *G*, die genadē (gnåde *J*) vol *HJ*, di di d^s gnaden vol *K*, die da gnaden vol *V.* **1329** Nû ist ie was *μ*] Nv ist ie (was *fehlt*) *G*, Ie was *HJV*, Ist vñ was *K.* **1330** Gelobt si der] Gebet dir *K*; süss (suze *K*) crist *HK.*

Dar zu het er *gut* recht,
Si was sein fraw und er ir knecht.
In seiner hute si belaip,
Da si gar vil der chlage traib.
(1480) Ir swester nach Johannes gut
Mochten iren swaren muͤt ||
Nicht getrosten ain stuͤnt. O 56[v]
(1483) Ir hercze waz von quale wuͤnt.

1101 gut *ABCN μ*] zwar *O*; Er pflag er wol das was recht *Q*. **1102** ir] sein *C*. **1103** *Initiale O*; sy do bleib *Q*. **1104** Da si gar vil *OA*] Daz (Vntz daz *NC*) sie vil *BCN*, Vnd dennoch vil *Q*, Dâ sî vil *μ*; der chlage traib *OBCN μ*] clege treibe *A*, clagē treib *Q;* Dat se schere de claghe vor dreiff *P*. **1105** Ere sweste[s] (swestern *Q*) vnde *PQ*. **1106–1110** *in Q:*

Muchten er nicht den mut
Getrosten zcu der stūt
So sere was ire hercze vorwūt
Das sy bis an den drittē tag
Groes ȳamir vñ clage pflag.

1107 ain stůnt *OAB*] eine (ane *C*) stvnt *NC μ*, to nener stūt *P*. **1108** ghe wūt *P*.

<*Der dir so vil der minne sin*
Erzouget hat, Johannes min>.
Wie sol er dir der minne me
Eraugen? Lob si *im* immer me.
O Johannes ewangelist,
Nu sich, wie liep du got<*e*> bist.
Dar an daz er die můter sin
Dir bevalch, da tet er schin
Die minne und der minne *flůt*,
Dar an gedenke, Johannes gůt.
Nu la si dir bevolchen sin,
Si ist der wunne gnaden schrin,
Si ist dez heiles brunne, ||
Der werden engel sunne, G 25^{r}
Si ist der shazz, der *eren* hort,
Die dir bevalch got, gotes wort.
Nu trǒste wol din mǚmelin.
Daz du *vil* seilik mǚ*zzest* sin.
Du bist gar seilik, daz ist war.
Nu sag*e*, Johannes wer *ist* dir *p*ar
Der ie entslief uf gotes brust

1331–1332 *HKJV μ*] *Verse fehlen G.* **1331** der minne sin *HV μ*] der liebin sin *J*, der minnen schin *K*. **1332** Erzouget hat *K*] Erzögt hett *H*, Erzaiget hat *J*, Hat geczeuget *V*, Erouget hât *μ*. **1333–1334** *Verse fehlen J.* **1333** sol *GK μ*] solt *HV*; der minne me *G μ*] miñe (*folgt getilgt* vnd) me *H*, d^{s} minnen me *K*, der mŷne eugē me *V*. **1334** Eraugen *G*] Ogen *HK μ, fehlt V*; lob sî im *μ*] lob si dir *G*, nū lobend *H*, ime si lof *K*; Lobe ẙn hude vnd ymmer me *V*. **1335** *Initiale (nicht ausgeführt G) GK*. **1336** Nu *fehlt JV*. **1337** Darvmb daz *V*; er dir die *J*. **1338** dz tett *H*. **1339** Die gnad vnd der liebi *J;* flůt *HKJV μ*] plv̊t *G*. **Nach 1340** *folgt ein Plusverspaar in HK:*

Er befalch in din (dine *K*) hůte
Mariē die vil gůtē (gude *K*).

1342 Si ist der wunne gnaden *GH*] Wan si ist aller gnaden (gar d^{s} gnaden *K*) *JK μ*, Wand sie ist der wonnen *V*. **1343–1344** *Verse fehlen V*. **1343** burne (: sůnne) *K*. **1344** Der *GK μ*] Vnd d^{s} *HJ*; w^{s}der *K, fehlt J*. **1345** ain schatz *J*; der eren hort *HV μ*] der ein hort *G*, der engel hort *J*, d^{s} heren ort *K*. **1346** got gotes wort *G μ*] gottes wort (got *fehlt*) *H*, des (dat *K*) gottes wort *JK*, gote vnd gotes wort *V*. **1347** din müt^{s}lin *HJ*, din munelin *K*, die mynnelyn *V*. **1348** vil *HKV*] immer (*folgt getilgt* seikit seilikat) *G, fehlt J μ*; *vor* mv̊ͤ|zze *am Rande nachgetragen* st *G*, müstist *H*. **1349** *Vor* Du *getilgt* Dw *J*; gar *fehlt JV*; das ist mogelich *V*. **1350** *Vor* Nu *getilgt* D *K*, Nu *fehlt V*; sage *K μ*] sagen *G*, sag *HJ*, Sage an *V*; iohan *K*, Jôhanns *μ*; wer ist dir par *H μ*] wer ist (*am linken Blattrand nachgetragen*) dir bar *G*, wer ist din pin *K*, wer ist die gebar *J*, wer ist din glich *V*. **1351** Die *J*, Wer *K*; burst (: lust) *K*.

Mit so *wunne*clicher lust,
Als du Johannes minneclich.
Ja bist du aller gnaden rich.
Dir ist diu gotes můter
Bevolchen, Johannes gůter,
Ir lip, ir ere. Nu phlig ir wol,
Wan si ist aller gnaden vol.
Swer ir er<*e*> bietten kan,
Er <*si*> junk, alt, wip oder man,
Der sol ez wol geniezzen,
Wan si im wil entsliezzen
Der gnaden und der selden schrin.
Si wil bi im nachen sin
Ze allen ziten, in aller not,
Si lat in nit bis an den tot.
Nu sulen wir widerkeren
Und sulen iuch furbaz leren
Von der reiner vil gůter
Marien gotez můter.

1352 Mit] In *V*; so *G μ*] also *KJV*; wunneclicher lust *K*] minneclicher lvst *G μ*, wunderlicher lust *J*, wönneclichem gelǒste (: brǒste) *V*; Alz du johannes minēklichē lust *H*. **1353** wunneclich *J*. **1354** Jo bist du *H*, Wan du bist *J*, Noch bistü *V*. **1355–1358** *Kontraktion in V:*

Dẙr ist die gotes můter beuolen
No plig ẙr myn lyep das stet dir wol *(vgl. K 1358)*.

1356 Johannes *GHJ*] o vil *K*, Jôhanns *μ*. **1357** *Initiale nicht ausgeführt H*; Ir lip ir ere nu *G*] [ ]vt (*Mone:* Hút) ir ere vnd *H*, Erbüt ir ere vnd *J μ*, Nu bud ir ere vñ *K*. **1358** Wan si ist aller gnaden vol *GJ μ*] Vil lieber min du sigest gnadē vol *H*, Dat du min lif dat stet dir wol *K*. **1359** Swer *G μ*] Wan wer (Want so we *K*) *HJK*; ere bietten *HJ μ*] er bietten *G*, ere erbieden *K*; Wer ẙr ere gebieten mag vnd lon *V*. **1360** si *HKJV μ*] *fehlt G*; junk alt *fehlt H*; wip] frou *J*. **1361** Der sol sin *HJ*, He sals *K*. **1362** si im wil *G μ*] si kan im̄ wol *H*, si wil im (in *J*) *KJV*. **1363** shelden *G*; In ir gnad vñ in der såldē schrin *H*, Die gnad vnd der gnaden schrin *J*, Der togende ewigen schrin *V*. **1364** im na bi sin *K*, nach bÿ in sin *J*, auch by ẙm nahe sin *V*. **1365–1366** *in HKJ:*

In aller not (not *fehlt J*) vntz (bis *JK*) an (in *J*) dē tod
Si latt (enlezt *K*) in nit in sin[s] (kainer *J*) not.
in V:
Ymmer me bisz an den dot
Vnd helffen ẙm vsz aller not *V*.

1367 *Initiale (nicht ausgeführt G) GKJV μ*. **1368** *Vers fehlt V*; sulen iuch *GH μ*] sulen och *K*, *fehlt J*. **1369** Von der rainē gůtē *H*, Van der vil reiner gud[s] *K*, Von (Zu *V*) der rainen vnd von (zu *V*) der gůten *JV*. **1370** Mariā *H*.

(1540) Si waz biz an den triten tak,
1372 (1541) Daz si vil grozzer clage || phlak. G 25v
1373 (1554) Si nam in ir gemůte
(1555) Alle ir kindes gůte.

1375 (1560) Si gedacht, wie er ir waz gegeben,
Und an sin minnecliches leben.
Si gedacht an sin*e* miltekeit
Und auch an sine gedultikeit,
(1563,1) Wie milte er waz und auch wie gůt.
1380 (1563,2) Si nam vil gar in ir můt,
(1563,3) Wie er von ir, got, waz geborn.
(1563,4) Si *horte* nie von im zorn.

1371 vntz *HK*. **1372** vil *GJ μ*] gar vil *H*, *fehlt KV*; clagē *K*; phlak *gebessert aus* phak *G*. **1373** ẙr gute *V*. **1374** All *HJ*, *fehlt V*; Yres kindes gemůte *V*. **1375–1380** *Verse fehlen J*. **1375–1376** *folgen nach* 1379–1380 *in V*. **1375** was gebñ *H*, were gegebñ *V*. **1376** wūnēklich *H*, minnecliche *K*. **1377–1378** *Verse fehlen V*. **1377** sine *gebessert aus* sines *G*. **1378** Und auch an sine *G μ*] Vnd an sin *H*, Vnd an sine groze *K*. **1379** waz *fehlt K*; auch *fehlt H*; wie] so *V*. **1380** fůr sich sinē můt (sine demut *K*) *HKV*. **1381** got waz *GJ μ*] was got *H*, got (waz *fehlt*) *K*, waz (got *fehlt*) *V*; **1382** hôrte *μ*] hete *G*, gehort *H*, hort *J*, enhorde *K*, enhatte *V*; nie von im *G μ*] von im nie kainē (engeinen *K*) *HKV*, von im nie *J*.

(1540) Si was uncz an den dritten tag,
(1541) Daz si vil grosz*er* klag<*e*> *pf*lag.
(1554) Si nam in ir gemuͤte
Ires reines kindes guͤte.
Si gedacht in irem synn*e*
An seine zarte minne,
(1558) Und wie er ane sunde waz
Von ir geboren, do si sein genas,
(1560) Wie er <*von got*> ir was geben.
Si gedachte an sein vil reines leben,
An alle seine miltichait,
(1563) Wie er von seiner kinthait ||

1109–1110 *Verse fehlen P.* **1109** bis *A μ.* **1110** grosze klag pfelag *O.* **Nach 1110** *folgen in A zwölf Plusverse (μ 1542–1553):*

> Sie sprach wer mag mir trost gebē
> Sit das mines hertzen leben
> Vnder einen stein ist vergraben
> Den der hÿmel nit moht gehabē
> Von siner groszen mÿnen (minne *μ*)
> Da wart ich des jnnen (inne *μ*)
> Das (Do er *μ*) sich vnder mÿ hertz liesz
> Da (Daz *μ*) in die mÿne her nid^{s} stiesz
> Der minem hertzen nahe lag
> Der ist der mich getröstē mag
> Das lassset er doch nit lang stan
> Er tröstet vns schier sund^{s} wan.

1111 Sy hatte in ere gemute *Q.* **1112** Ires reines kindes *O*] Des svzen ihesus (ih̄u *A μ*) *BCNAPQ μ.* **1113–1116** *Verse fehlen P.* **Anstelle von 1113–1116** *ein Verspaar in Q:*

> Vnd bedachte allis das
> Vnd wy er von er geborñ was.

1113 ier *C μ*; sinne *ABCN μ*] synnen *O.* **1114** sin zarten *A μ*, sin groze *BCN.* **1115** Und *O*] *fehlt ABCN μ.* **1116** Von geburt *A μ.* **1117–1118** *Inversion Q.* **1117** Wie er *OAQ μ*] Vñ wie er *BCN*, De er *P*; von got ir *BCN*] ir von got *A μ*, ir *O*, van godde *PQ;* geben *OC*] gegeben *BNAPQ μ.* **1118** dachte *P*; *vor* syn *getilgt* ires *Q*; vil reines *O*] riches *A μ*, reines *BCNPQ.* **1119–1122** *Verse fehlen P.* **1119** An alle *O*] Vñ an alle *BCN*, Auch an *A*, Unt an *μ;* Sy gedachte an synir mildigkeit *Q.* **1120** *Vers fehlt BCN, folgt Ersatzvers* 1120a *in C:* Vnd als vns die schrift seit; Wie er von *O*] Wie von *A μ*, Vnd wy er in *Q.*

(1566) Si gedacht an elliu sinu wort,
Biz daz er, herre, wart ermort
(1568) Und och erhangen als ein diep.
Si gedach*t* an menik sůzzes liep,
Daz er der welt<*e*> het getan.
(1571) Si mocht<*e*> nit ir weinen lan.
(1564) Wie er dar umb<*e*> wart verspit,
(1565) Und wie der armen Juden nit
(1572) In verrie*t* biz an den tot,
Da von waz si in grozzer not.
Si sach ir kint vor ir begraben,
(1575) Si mochte luzel trostez haben,
(1581–87a) Biz daz si gar befrawet wart,
(1581–87b) Do ir edel kint vil *z*art
(1579) Mit wunne erstunt von dem grab<*e*>.
(1580) Do het ein ende ir ungehab<*e*>.

1383–1385 *Verse fehlen K*. **1383–1384** *Verse fehlen V*. **1383–1384** *in J:*

Vnd ouch wie er wart
Von der besen iuden art.

μ:

Si gedâhte an elliu sîniu wort
Unz daz er gevangen wart.

1384 er herre *G*] ir hercze *H*. **1385–1386** *Inversion V*. **1385** Und och *fehlt J*; Bisz daz er ı̊r erhangē wı̃t als die diebe *V*. **1386** gedach *G*; mēges sůsses liep *H*, manege suze lif (manche susze liebe *V*) *KV*. **1387** getan] getůn *J*; Das hat er der wernde gethan *V*. **1388** Si en mohte *K*; nit von wainen lŏn *J*, ir weinen nit verlan (gelan *V*) *KV*. **1389–1392** *Verse fehlen V*. **1389** v̊spúlt (: núlt) *H;* Vnd wie er ouch ward verspÿt *J*. **1390** wie *fehlt K*; besen iuden *J*, arm^{s} iuden *K*. **1391** verriet *HKJ μ*] verrieten *G*; vntz an *HK*, bis in *J*. **1392** Dan af was *K*; Da was grŏs ires hertze not *J*. **1393** *Initiale nicht ausgeführt H*; v^{s}grabn̄ *H*. **1394** trotes *K*. **1395** Er daz *V*; si *fehlt J*; befrawet *G μ*] erfrŏwet *HJV*, gevrowet *K*. **1396** Do] Bisz daz *V*; edel kint] kint edel *K*; vil *GJ μ*] so *HV*, vñ *K;* zart *gebessert aus* rart *G*. **1397** Mit mÿnen *V*. **1398** Da hatte auch eÿ ende mariē clage (:grabe) *V*. **Hinter 1398** Am̄ *G*.

(1564) Ir was geharsam uncz an <*die*> zeit, O 57^{r}
Daz in verrit der Juden neit.
Si gedacht*e* an alle seine w*o*rt,
Ůͤncz er gevangen und ermort
(1568) Wart und erhangen als ein diep,
Wie er ir vil grosz liep
Erboten het manich jar und tag
Und mit trůͤ<*wen*> er ir pflag.
Si gedachte an alle seine no̊ͤt,
(1573) Die Jesus lait ůͤncz an den to̊ͤt.
Da von mochte si nich*t* haben
Tr*ostes*, wan er was begraben,
An dem ir herczen fro̊ͤde lach.
Daz lait si uncz an den dritten tag ||
(1578) In jamerleicher ungehabe, O 57^{v}
Uncz er erstunt von dem grabe.
Do můͤst *ir leit* ein ende han,
Wan nieman das gesagen chan,
Was si fro̊ͤde do entpfing,

1121 Ir was geharsam *OBN*] Er was gehorsam *A* μ, Was er ier gehorsam *C*, Er vndirtan was *Q*; uncz an die zeit *BCN*] an der zyde (: nide) *A*, vntz an zeit *O*, bis an dy zciet *Q*, an die zît μ. **1122** *vor* der *getilgt* den *B*. **Nach 1122** *Ersatzvers* 1122a *für den fehlenden Vers* 1120 *in BN:* Die in v̊ᷤrieten vñ v̊ᷤspeit (verspit *N*). **1123** gedachten *O*, dachte *P*; alle dy *Q*; wort *APQ* μ] vart *BCN*, wart (: ermort) *O*. **1124** Vntz das gefangē wart ir hort *A*, Vntz biz (daz *C* μ) er gevangen wart *BCN* μ, Beth he ghevangen vñ gemort *P*, Dy sy von ym hotte gehort *Q*. **1125–1126** *Inversion in Q:*

Wy er den tët groes lypp
Dy en sint hingen alss eynē dypp.

1125 Wart *OP*] *fehlt BCNA* μ; ghe hangen alse *P*. **1126** Wol doch he er *P*; vil grosz liep *O*] hete groze (groszes *A* μ) liep *BCNA* μ, grot leiff *P*. **1127–1128** *Inversion in Q:*

Vnd wy er irre mit truwen pflag
Manch iar vnd tag.

1127 Ghe boden hadde mēnighen dach *P*, Erboten manic (maniges *A* μ) iar vñ tack *BCNA* μ. **1128** mit *OP*] mit was *BCNA* μ; trůͤwen *ABCNP* μ] triv *O*; er er wol plach *P*. **1129** Se dachte an *P*, Sy bedachte *Q*; alle seine not *OQ* μ] all sin nott *A*, alle not *BCN*, alle de not *P*. **1130** Jesus *OP*] er *ABCNQ* μ; ůͤncz an *OABCN* μ] beth an *PQ*. **1131** Dar vmb *Q*; *nach* nicht *folgt getilgt* s *O*; gehabin *Q*. **1132** Trostes *ABCN* μ] Tro̊ͤsters *O*, Trost *P*, Keynē troest *Q*; wan] do *P*. **1133** ires hertzē freud *AP*, alle ire froude *Q*. **1134** Des leit *P*, Das treib *Q*; uncz *OBCN*] bis *APQ* μ. **1135** In iēmerliker claghe *P*, Das wolde sy andirs nicht habin *Q*. **1136** Uncz *OBCN*] Bitz das *A*, Beth *PQ* μ; he up stūt ud dem graue *P*. **1137** ir leit ein ende *ANPQ* μ] ein leit ir ende *B*, ier leit ende *C*, er lat ein ende *O*. **1138** Ich wene das nymāt vul sagñ kan *Q* (*vgl. 914*). **1139** Was vrevden sie da *BCN*, Wat se fröuden do *P* μ, Was sy do genaden *Q*.

O frawe, maget [] minneclich,
Můter aller gnaden rich,
Des paradises || sůzzikeit, G 26^{r}
Ein brunne aller miltikeit,
Du bist der megede gimme,
Ein engell*i*chu stimme,
Des himelriches wunne,
Ein keiserliches kunne,
Seilik, heilik, sůzze pia,
Reine, milte, o Maria.
O rose rot, o lilienwiz,
O blume scho̊n, o frawen priz,
O morgenstern, o sunne clar,
O scho̊ner mane, o adelar,

1399 *Initiale (nicht ausgeführt G) GKV*; minneclich *HJV μ*] vil minneclich *G*, o mīneclich *K*. **1400** O můt^{s} *HJKV*; rich *fehlt K*. **1401** parendises *J*. **1403** grim̄e *H*, ginne *J*. **1404** engellivchv *G*, engelschlichú *HJ*, engelische (s *eingefügt in K*) *KV*. **1405–1406** *in J:*

Ain kaiserlicher balast
Wen den ho̊chsten du geborn håst.

1406 baradisliches kūne *H*. **1407** O sålig sůsse pia *H*, Sålige raine pia *J*, Selich selich suze pia *K*, O reyne milte pia *V*, Sælege heilege süeze pîâ *μ*. **1408** o *fehlt H*; Des werden gottes maria *J*, O gotes muter maria *V* (*vgl. 1462*). **1409** rose rot *GK*] rosen rott *HJV μ*; lilie wiz *K*. **1410** O zythlose o frauwen prisz *V* (*vgl. Uvkl. 1156*). **1411–1412** *in H:*

O liecht^{s} morgē sterne
O sunē klar lucerne.

1412 *Vor der ersten Zeile zu Beginn des zweiten Blattes in K getilgt:* O a^{de}lar; adler (: clar) *J*.

(1583) Was ir sele da beging
Von fro̊ͤden und von wůͤnne,
Wan al der werlde chůͤnne
Mochte nicht gesaget han
(1587) Der fro̊ͤden tro̊ͤst, den si gewan.
(1588) O fraw<*e*>, maget minn*n*icleich,
Maria aller *gnaden* reich,
Dez paradyses suszichait,
Ain brunne all*er miltekeit*,
Du bist der magde gimme, ||
(1593) Der patriarchen stimme, O 58r
Des himmelreiches wůͤnne,
Ein kayserliches kůͤnne,
Werde, hoche Maria,
Susze mutter, <*tu*> pia.
(1598) Du rose rot, du lylie weiz,
Du zeitelose, du *vrawen* preis,
O morgenstern, o sunne clar,
Du minnicleicher adelar,

1140–1144 *in Q:*

Vnd groesse vroude beging
Sy gewan so groesse wūne
Das alle werlt nicht kunde
Dy vroude halb vulsain kan
Dy sy do hatte vnd gewan.

1140 Was *OA*] Vnd was *BCNP μ*. **1142** Wanne *C*, Vñ *P*; al der *OC μ*] alle der *BNP*, aller *A*. **1143** gesaget] vul achtet *P*. **1144** Alle der (Alder *C*) vrevden die sie gewan *BCN*. **1145** *Initiale BCNO μ*; O frawe maget *O μ*] Vrowe maget *BCNAP*, O maria magit *D*, Ffrawe vnd mait *Q*; minicleich *O*, ynnichlich *P*, wūniclich *Q*. **1146** Maria *OABCNPQ*] Muter *D μ*; gnaden *ABCNDPQ μ*] tugūte *O*. **1148** brunne *OBN μ*] blūm *ACP*, crone *D*, borñ *Q*; all|...|emechait *nicht lesbar O*, allir wysheit *Q*. **1149–1154** *Verse fehlen P*. **1151–1152** *Inversion D*. **1151** Des paradisis wūne *Q*. **1152** tüne *A*; Du bist clerer (*folgt getilgt* vo) wen dy sūne *Q*. **1153** Werde hoche *OA μ*] O werde maget *BCN*, Bistu edele *D*, Du edelle w'de *Q*. **1154** tu pia *BN*] du pia *AC μ*, pia *O;* O susze vnđ o pia *D*, Du bist aller blumen eyne rosa *Q*. **Nach 1154** *schließt D mit den Versen:*

Hilff vns daz dyne clage
Vnse fredeschilt sie an dē jūgestē tage
Amen.

1155 rose rot *OPQ*] rosen rot *BCNA μ*; du lylie weiz *OQ*] dv lilyen weiz *BCNA μ*, der lylien prys *P*. **1156** zitlozen *B;* du *OAP*] *fehlt BCN μ*; vrawen preis *μ*] frawen brisz *A*, vrevden preiz *BCN*, vewten breis *O*, fröuden rys *P*; Du hast vor alle creatur den pryes *Q*. **1157–1158** *Verse fehlen P*. **1157** Du morgin sterne du sūnē clar *Q*. **1158** wūnīclichir *Q*.

O turteltub, o gotes tron,
Der engel fraud, der sel<*e*> lon,
(1604) Des sunders trost von gnæden gůt,
Der welte liecht, der wunne flůt,
O werdiu maget, o violvar,
(1607) Du bist, diu gotez kint gebar.

(1625) Nu tů mir uf der gnaden schrin,
(1625,1) Daz mir din gůte werde *schin*,

1413 O] Du *H;* du·rczeldube *V*; o] du *HJ;* tron] kron *HV*. **1414** vrode *KV* μ; selen *KHJV*. **1415** von frǒden gůt *J*. **1416** Der welt lon *H*; wunnen *KV*. **1417** o viol farw *H*, van fiolvat *K*; Dů grůnes rysz dů violuar *V* (*vgl. Uvkl. 1163*). **1418** die die gotes son *V*. **1419** *Initiale V*; Nu *fehlt K*. **1420** schin *HKJV* μ] sin *G*.

Du tů̊r*tel*taube lobelaich,
Du lichter mone wů̊nneclaich,
Der engel frő̊de, maget gut,
Der sů̊nder trost, du genaden flut,
Du *grů̊nez ris*, du violvar,
Du bist, diu <*gote*>s kint gebar.
Sophir und carfů̊nkelstain, ||
Der vor des vatir tron*e* erschain, O 58v
Smaragde und berille,
Maria, maget stille,
Gebenediete schone,
Du traist der frő̊den chrone.
Do von *si* <*lob*> und ere
Nu und ymmer mere
Dir mutter und filia,
Du werde gotes Maria. []
Ich pit<*e*> *dich*, o raine maget,
Wan du bist genaden unverzaget,

1159 tů̊rteltaube *ABCN μ*] tů̊rkteltaube *O*, drittel duue *P*, turkil tube *Q*. **1161** Du engil vroude vnd mait gut *Q*. **1162** Du sunder troest *Q*; dü gnadē blüt *A*, der kranken mud *P*, der genadē vlut *Q*. **1163** grů̊nez ris *BCNPQ μ*] grünes grasz *A*, krone p...z *(nicht lesbar) O*; du sūne clar *P* (*vgl.* *1157*). **1164** diu gotes kint *ABCNP μ*] die ... s kint *(nicht lesbar) O*, dy dy gote *Q*. **1165–1166** *Verse fehlen P*. **1165** Sophir *O*] Saphire *A μ*, Dv saphir *BCNQ*; und *OAQ μ*] dv *BCN*. **1166** trone *B μ*] thron *ACN*, thrones *O*; schein *A μ*; Der üs der hougen gotheit entscheyn *Q*. **1167–1168** *in A μ:*

Smaragde vnd (unde *μ*) gȳme
Bist (*fehlt μ*) maria künginne (küniginne *μ*).

1167 Smaragda *P*, Smaragdus *Q*; brylle *Q*. **1168** O maria mait stille *Q*. **1169** Gebenedîetiu *μ*] Dv liehte kristalle *BCN*, Gebenedict *A*, Gesegente rose *O*, Ghe benedigede frowe *P*, Gebenedyet vnd *Q*. **1170** Dü trost *A*; der eren krone *PQ*. **1171–1172** *Verse fehlen P*. **1171** Dar vmƀ *Q*; si *BCN μ*] si dir *AQ*, so *O*; lob *ABCNQ μ*] *fehlt O*. **1172** Gesait nu vnd *Q*. **1173–1176** *in Q:*

Des ebigin gotes tochter vnd muter
Ich bitte dich maria gute
Vnd werde kuesche reyne mait
Wen du bist an genaden vnuorczait.

1173 Dir *BCN μ*] Du *AOP*. **1174** Du werde *OA*] Des werden *BCNP μ*. **Nach 1174** *ein Plusverspaar in O:*

Du wirst gechrő̊net schone
In deines vater throne.

1175 *Initiale BCN*; Ich pite dich *ABCNP μ*] Ich pit euch *O*; o *OA μ*] vil *BCN*, *fehlt P*. **1176** Wan *fehlt P*.

(1625,2) Der du, frawe min, bist vol.
(1625,3) Du weist, daz ich bedarf vil wol
(1625,4) Diner *h*elfe, maget [] gůt.
(1625,5) Frawe, frŏwe mir den můt,
(1627) Fræwe mir die sele min,
(1626) Vertrip von mir des herz*en* pin.
(1627,1) Behůte, reinu můter, mich,
(1627,2) Tů uf diu augen *unde* sich,
(1628) <*Sich an mines herzen not,*
(1629) *Vertrip von mir der sele tot,*>
(1630) Biut mir diner || gnade hant G 26^{v}
(1631) Und brich miner sunden bant.

1421 du *fehlt J*; min *fehlt J*, min (*Jacobi:* nun) *K*. **1422** daz] wol *V*; vil] sin *V*, *fehlt J*. **1423** Diner helfe *HJV μ*] Diner ma helfe *G*, D^{s}in^{s} helpen *K*; maget gůt *HJK μ*] maget wol oder gv̊t *G*, ger ich maget gůt *V*. **1424** Frawe frŏwe *G μ*] Ffrowe erfrǒwe *HJV*, Gevrouwe vrouwe *K*. **1425** Fræwe *G μ*] Erfrŏwe *HJKV*. **1426** *Vor* des *ein Buchstabe getilgt K*; herze *G*. **1427** Erhöre *V*; reinu můter *GK μ*] frowe raine *H*, raine (werde *V*) maget *JV* (*vgl. 1448*). **1428** din ougen *JV;* vñ *unter dem Schriftspiegel nachgetragen, darunter* gv̊t gesaget *G* (*vgl. 1465*). **1429–1430** *HKJV μ*] *Verse fehlen G*. **1429** mines herzen *HKJ μ*] myne groszen *V*. **1430** von *HKV μ*] *fehlt J*; sele *HJ μ*] selen *KV*. **1431** *Initiale nicht ausgeführt H*; mir *gebessert aus* mich *H*; gnadē *HKJV*. **1432** Und *fehlt HJ*; Zer briche *H*; miner *G μ*] mir d^{s} *H*, an (von *V*) mir der *JKV*.

Ich mane dich, Maria gůͤt,
Durch daz minnicleiche blůͤt, ||
Daz dein zartes kint vergoz O 59^{r}
(1623) Do er dez herczen minne entsloz.
Gedenk, fraw, an die quale dein
(1625) Und tue uns dein*er* gnaden schein,
(1627) Du bist der himmel gnaden schrein.
(1626) Gedenck an unsers herczen pein,
(1628) Hilff uns [] auz aller not,
Vertreib von uns der sele tot.
Unser not ist <*dir*> bechant,
Du hilff uns auz der sunden bant.
Gedenck an deine miltichait,
(1633) Die aller tugende chrone trait.
Benam<*en*> pitte ich, fraw<*e*>, dich,
Du solt ez tun, erhore mich.
Du solt besunder genedick sein
All*en*, die *diz* půͤchelein ||
(1638) Lesent oder horent lesen, O 59^{v}
Daz si salich můͤzen wesen,

1177 Ich mane dich *OBNP μ*] Doch mane ich dich *A*, Ich mane *C*, Vnd mane dich *Q*; eddele frowe gud *P*, lybe maria gut *Q*. **1178** wūnichlike *P*, vnschuldige *Q*. **1179** zartes *OA μ*] libes *BCNPQ*; *hinter* v^{s}gosz *folgt getilgt* gut *A*. **1180** Do er] Da sich *A*; des herten leue *P*, das hercze mȳ *Q*. **1181–1184** *Verse fehlen P*. **1181** Gedenk fraw *O*] Gedenke ouch *BCNA μ;* Vnd gedēke an alle dy quale myn (*folgt getilgt* dyn) *Q*. **1182** *Vers fehlt Q*; uns deiner gnaden *BCN μ*] vnß die gnade *A*, vns deins gnadñ *O*; schrein *C*. **1183** Du bist der himmel gnaden schrein *OBN*] *Vers fehlt ACQ μ*; *nach* 1184 *folgt jeweils ein Ersatzvers in A μ und Q:*

Maria hȳmelsche küngin (künegîn *μ*) *A μ*,
Du uszirwelte keyseryn *Q*.

1184 *Vers fehlt Q*; vnser *N*. **1185** uz aller *BCNAQ μ*] rôsch aus aller *O*, ud alle vnser *P*. **1186** Vnd vor tryb *Q*; von *fehlt AQ*; sehelin *Q*. **1187** dir *ABCNPQ μ*] *fehlt O*; bechant *OPQ*] erkant *BCNA μ*. **1188** Du *OBCN*] Nü *A μ*, *fehlt PQ*; auz *OP*] von *BCNAQ μ*. **1189** an die *A*, an alle dyne *Q*. **1190** tugendē kron *A*, döghende kronen *P*. **1191–1192** *Verse fehlen P*. **1191** Benamen *BCNA μ*] Benam *O*, So *Q*; frawe] lybe maria *Q*. **1192** Du solt ez tun erhore *BCNA μ*] So getraw ich wol erhorest *O*, Dastu wollest irhorē *Q*. **1193** bisundern *P*; Vñ wellist frauwe genedig syn *Q*. **1194** *Vers fehlt P*; Allen die *BN μ*] Allen den die *ACQ*, Alle die *O*; dise *O*. **1195** Lesent oder horent lesen *OBCN μ*] Hörent oder lesent *A*, Lesē scriuē vñ hören lesen *P*, Schriebin oddir horen lehsñ *Q*. **1196** salich] seeker *P*; Das allis boesin genehesin *Q*. **Nach 1196** *schließt O mit* Am̄.

(1644.5a) Lip *und sele* [] bevilch ich dir.
(1644.5b) Ach frawe, kum ze hilf<*e*> mir
(1644.5c) An minem ende und alle tag<*e*>,
(1644.5d) Daz ich <*icht*> in der not [] verzag<*e*>.
(1644.5e) So min sele von mir varn
(1644.5 f) Můz, *so* solt du mich bewarn
(1646) Vor des tiefels *banden*
(1647) Und vor den grozzen schanden,

(1647,1) Die alle sunder lident da,
(1656) Des hilf *mir*, werdiu Maria.

1433 Lip und sele *HKJV μ*] Lip sele vñ sin frawe daz *G*; enphilch *HJ*. **1434** Ach *GH μ*] O *K*, *fehlt JV*; ze leste *K*, zu helffe *V*. **1435** In *J*; minen *K*, minē *H*. **1436** ich icht in der not *HK μ*] ich in der not nit *G*, ich diser not nit *J*, ich in der not icht *V*. **1437** von mir far *HJ*, van mir sal varen *K*, sal von mir farn *V*. **1438** Můz *GH μ*] *fehlt JKV*; so *H μ*] da *G*; So bis maget mich be warn *J*, So saltu vrouue mich bewaren *K*, Frauwe so saltů sie bewarn *V*. **1439** Al vor *V*; banden *HJV μ*] hande (handen *K*) *GK*. **1440** vor der *H*, vor des *J*. **1442** Des *G μ*] So *H*, Das *J*, Da *KV*; mir *KJ μ*] vnz *G*, du mir *H*, no *V*; werdiu maria *G*] o maria *HKJV μ*.

Der soltu, gottes mutter, pflegen. A 44[v]
Send in diner gnad<*en*> segen.
Dü solt sie machen *selden* vol,
<*Daz stet dinen eren wol.*>
Frawe, mach ir ende gut,
Das ir sele sy behüt

Vor der helle banden,
Dü hilf in von *den* schanden.
Bring sie zü der kron<*e*>,
Die din kint gar schon<*e*> ||
Sinen frunden bereit hat A 45[r]
In der wünneklichen stat,
In dem hymmelriche,
Da sie ewigliche
Freud uber freud<*e*> hand,
Da sol in sin got erkant.
Dar hilf dü in, o Maria,
Tu plena omni gracia.
Amen.

1197–1198 *Verse fehlen C.* **1197–1202** *in Q:*
Vnd muessist vnsir alle zciet pfleigin
Vnd vns gebn̄ dynen seyn
Vnd laes vns mit dir werden vrö
In dem̄ hy̆milriech hö
Vnd mache vns· ende gut
Das vnsir sehelin werden behüt.

1197 soltu] scholt *N.* **1198** Send in diner *ABN μ*] Vn̄ senden diner *P*; gnaden *P*] gnad (gnâde *μ*) *A μ*, genaden *BN.* **1199** machen selden *P*] genaden machen *BCN*, machen gnadē *A μ.* **1200** *Vers fehlt A*; dinen *BCN μ*] diner *P.* **1201** Frawe mach ir ende *AP μ*] Mach ir ende vrowe *BCN.* **1203** Vor *A μ*] Von *BCNPQ;* bande *P.* **1204** Du *ABCN μ*] Nv *P*; den schanden *BCN μ*] allē schandē *A*, der schande *P*; Vnd vor allin schanden *Q*; **1205** Hilff vns zcu der cronen *Q.* **1206** Die din *APQ μ*] Bi din (deinem *C*) *BCN.* **1207** Sinen frunden *A μ*] Mit wunnen (wūne *P*) *BCNP, fehlt Q*; wol bereit (bereidet *PQ*) *BCNPQ; vgl. Plusvers 10 in P nach Vers* 1212. **1208** An der vroudenriechin stat *Q.* **1209** In deme *P*, In dyme *Q.* **1210** Dar se myt eme ewichliken *P.* ... *siehe S. 177*

1211–1212 *in P:*
Von frouden to fröuden sin bekāt
Dar sek god hefft tho ene ghewāt.
Danach folgen in P 26 Erweiterungsverse:
Dar mach men god bekennen
So men en hir hört nēnen
Ok möghen ene dar schawen
Beide mā vnde ok de frawen
De ene hir gherne eren
Vñ sin loff meren
Ok hir in dögheden varen
De wil he dar bewaren
In der ewighen salicheit
De he sinen fründen hefft bereit (*vgl. A 1207*)
So is vns denne beter dar
Ein dach wan hir wol dusēt iar
Dar is der engel sunder tal
De hilghen singhen eren schal
Se singen sunder ende io
Gloria in excelsis deo
De sulue sank de temet sek wol
Wente er herte es stedes vul
Wūne fröude in der ewicheit
Dar ene god hefft suluen bereit
Sin götlike anghesichte clar
Dat men denne mut (*nachgetr.*) schowen dar
Vñ bekennen sunder mate
An sinem götliken antlate
Dat ene dar wert wert bereit
Den speghel der hilghen dreualdicheit.
1211–1212 *in Q:*
Gote syn bekant
Czu synir rechten hant.
1212 sin got *A μ*] got sin *BCN.* **1213–1214** *in P:*
Des helpe vns god hir na
Vñ maria grā plena.
in Q:
Das hilff vns liebe maria
Das wir alle kōmē da.
1213 Dar *BN μ*] Da *C*, Das *A*; du in *A*] in *BCN μ*. **1214** Tu plena *BCN μ*] Vol plena *A*. **Nach 1214** *schließen BNP mit* Amen. **Nach 1214** *schließt A mit den Versen:*
Amen das büchlin ist volbraht / Als vns saget vnd gedaht /
Der güt Sant lucas / Der ein besünder Capplon was /
Der süssen vnd der fryen / Gottes mutter Sant marien /
Amen: / 1472.

(1632) Gedenk an din<*e*> miltekeit,
(1633) Diu alles trostes krone treit,
(1633,1) Und hilf mir, daz *ich kume* dar
(1633,2) Mit frauden in die engelschar,
(1633,3) Da ich din kint sehe und dich,
(1635) Erhůre, werdu maget, mich.
(1648–55a) Du brink mich fur den [] gotes tron,
(1648–55b) Da der kunik Salomon
(1648–55c) In wunneclicher wunne ist,
(1648–55d) Bi dem du mit fraude bist.
(1648–55e) Dar hilf mir, maget sůzze,
(1648–55 f) Daz ich dich loben můzze
(1648–55g) Und ich von frauden můz<*e*> doben,
(1648–55h) Da <*wil*> ich dich, frawe, loben.
(1648–55i) Du bist des lobes ein krone,
(1648–55k) Geb*enedietiu*, schone.
(1648–55l) Hilf mir ze gotez trone,
(1648–55m) Gib dich mir ze lone,
(1648–55n) O můter und o filia,
(1648–55o) Des werden gotes Maria.
(1648–55p) Dir si lob [] und ere
(1648–55q) Nu und immer mere
(1648–55r) Von allen sele*n* || gůt gesag<*e*>t, Ende G, H 85[vb]

1443 *Initiale K.* **1444** krone trostes *H*, trotes crone *K*; Die jh̄s an dich hat gelet *J.* **1445** No hilff *V*; daz ich kume *HKJV μ*] daz mich ihvs bringt *G.* **1446** an di *K*, in der H, an der *JV.* **1447** Das *JV*; dich kind sech *J*, sihe din kīt *K.* **1448** werdu] reine *K;* maget *GJV μ*] frowe *HK.* **1449** Vnd bring *J*, No brenge *V*; vff dē *H*; gotes tron *HKJV μ*] werden gotes tron *G.* **1450** der kunik *G μ*] din sun (*nachgetragen HV*) kúng *HJV*, din edel kunīg *K*; salamō *H.* **1451** Mit *V*; wunēklichē wuñe *H*, wunneclich[s] wūnen *K*, wonneclicher freude *V.* **1452** du] du da *H*, du ietz *J*; fraude *G*] vrouden *KHV μ*, freden *J.* **1455** Und *G μ*] Da *HJK*, Daz *V*; von *GHV μ*] dich in *J*, *fehlt K*; müssē *H*; toben] schowen *J*, dabin *V*; *mit 1455 endet K.* **1456** wil *HJV μ*] *fehlt G*; frawe *G μ*] maria *HJV.* **1457** ein *G μ*] *fehlt HJV.* **1458** Gebenedîetiu schône *μ*] Gebn̄dictet schůne *G*, Gebenedictú schone *H*, Gebenedicieret schone *J*, Gebenediet sicher schone *V.* **1459–1460** *Verse fehlen J.* **1459** Hilf mir *GH μ*] Brenge mich *V* (*vgl. 1449*); zů *HV.* **1460** Vnd gib *HV μ.* **1461** und *fehlt H.* **1463** lob *HJV μ*] lob las *G* (*lies:* laus?, *vgl. J 1467*). **1465** selen *JHV μ*] sele *G*; *durch Verlust des letzten Blattes fehlt G bis zum Schluß.*

(1648–55s) *Vil reine můter und*<*e*> mag<*e*>t.
(1648–55t) Virtus, <*laus*> et gloria
(1648–55u) Si dir gesag<*e*>t, Maria.
(1655,1) Nun bitt ich úch, kin*t* von Sion,
(1655,2) Durch gott, den werden Salomon,
(1655,3) Und durch die rainen můter sin,
(1655,4) Daz ir *ze gůt* gedenkend min.
(1655,5) Ich man úch bi Marien klag<*e*>,
(1655,6) Daz ir si grůssent alle tag<*e*>.
(1655,7) Sprechent fůr mich ‘Ave Maria’,
(1657) Wan si ist plena gracia.

Der erweiterte Schluß in TJV

Sprechent ein ‘Ave Maria’ T 38[r]
Fur mich, si ist vol gracia,
Wan si ist aller genaden vol,
Daz kumet iuweren selen wol.
Ich han iuch, kint, diz bůch gesant,
Ez sol der ‘spiegel’ sin genant.
Ir sunt iuch ersehen dar in<*ne*>
Und erkennen gotez minne.
Ir sunt ez horen und dik<*e*> lesen,
So || mugent ir vil wol genesen T 38[v]
Got geb iu sinen suzen segen
Und můs iuwer iemer phlegen
An lip und an sele.

1466 Vil raine můter und (unde *μ*) magt *J μ*] O liebes liep vnd raine magdt *H*, Sy dẙr o vil reyne maget *V*. **1467–1468** *Verse fehlen V*. **1467** laus *J μ*] *fehlt H, vgl. G 1463*. **1468** gesagt werde maria *J*. **1469** *Initiale J μ, T setzt wieder ein*; uch *nachgetragen V;* kinder *H*. **1470** werden *HTV*] waren *J μ*; salamō *HT*. **1471** durch *fehlt V*; reinen *HT*] werde (werden *V μ*) *JV μ*. **1472** ze guot *T*] gen gott *H*, ze got (zu gode *V*) *JV μ*. **1473** man rṳch *T*; marie clag (: tag) *J*. **1474** Daz ir si grozen altag (: clag) *T*. **1475** für mich *H μ*] *fehlt TJV*; ein aue maria *TJ*, alle Aue Maria *V*. **1476** Fvr mich si ist (Fůr mich. wen si ist *J*) vol gracia *TJV*. ***1** Wan *fehlt V*; *vor* aller *getilgt* vol *J*. ***2** uch w'dē selē *V*. ***3** das bůch *J*. ***4** Ir sond es dick nemen zehant *J*. ***5** Vnd sond *J*; sechen *J*, besehen *V*. ***6** Vnd er kennent gottes liebine *J*. ***7** *Vers fehlt J*. ***8** vil *fehlt J*. ***9** Doch gebe er uch sinen segen *V*. ***10** Got mies v̊wer pflegen *J*. **Nach *10** *Ersatzvers für den fehlenden Vers *7 in J:* Der da ist das o̊wig leben. ***11** vñ auch an *V*.

Mit Sancte Michahele
Můsent ir ze himel varen,
Maria můse iuch bewaren
*15 Alle zit unz an den tot
*16 Und helfe iuch user aller not.
Amen

***12** sc̄e *T*, sant *JV*; Michel (: sel) *J*, michele *V*. ***13** Daz ẙr zů hẙmel můszent farn *V*. ***14** Maria die můsz *V*. ***15** *Vgl. 1365 f. (1534 f.)*; Alle zẙt alle tag bis an *J*, Ymmer me bisz an *V*. ***16** Die helf *J*; ivch vser *T*] vns (vns allē *V*) vss *JV*. **Nach *16** *T schließt nach dem* Amen:

Der diz bv̊chlin ge /
scriben hat dem sprechent /
ain aue maria.

V schließt links neben dem Amen *im verbleibenden Raum unter dem Schriftspiegel:*

Das w'de war jn got· namē amē.

J fügt weitere acht Verse an:

Hie vnd in o̊wigkait
Sÿe si vnser seligkait
Die sÿ vns vs erkorn
Wan kain sinder wirt ver lorn
Der ir dienet hie im zẙt
Got im nach disem leben fro̊de gẙt
Marien vnd ir kind ze schowen
Amen sprechent baid man vñ frowen.

Anhang

Bernhardstraktat in der Fassung des Baseler Druckes aus dem Jahr 1552

Der Abdruck folgt dem Exemplar der Bayerischen Staatsbibliothek, Signatur: 2 P. lat. 262-1/2#2, der folgenden Ausgabe:

Bernardus <Claraevallensis> / Marcellinus, Antonius: Divi Bernardi, Religiosissimi Ecclesiae doctoris, ac primi Clareuallensis coenobij Abbatis, Opera, quae quidem colligi undequaque in hunc usque diem potuere, omnia, ... Basel: Johannes Herwagen d.Ä., 1552 (VD16 B 1921), Band 2, Spalten 2533 C bis 2544 A.

Vorbemerkung:
Zur besseren Orientierung wurde die Kapiteleinteilung Seewalds mitgeführt, die dem Text eine Struktur gibt und auch den Vergleich mit weiteren Textzeugen erleichtert. Dort vorhandene Bemerkungen wurden übernommen, wenn sie im Zusammenhang mit ‚Unser vrouwen klage' und dem ‚Spiegel' Bedeutung haben. Textkrtische Eingriffe sowie weitere Anmerkungen, die sich auf die Ausgaben Mignes und Mushackes beziehen, wurden auf ein Minimum beschränkt.

Normalisiert wurden nach Lautwert nur die Schriftzeichen u *und* v. *Übliche Abbreviaturen wurden stillschweigend aufgelöst. Beibehalten wurden die vorgefundene Verwendung der Ligaturbuchstaben* œ *und* æ *sowie das Nebeneinander der Drucktypen von e caudata* ę *und* æ *für den Lautwert* „ae".

INCIPIT TRACTATUS

BEATI BERNARDI ABBATIS
de Lamentatione virginis Mariæ

[1] Quis dabit capiti meo aquam, et oculis meis *imbrem*[1] lachrymarum, ut possim flere per diem et noctem, donec servo suo Dominus Iesus appareat visu vel somno consolans animam meam?

1 Vorlage: *fontem* (Ier 9,1). - Uvkl. 129 *zeher regen* setzt *imbrem* (Mushacke, S. 41) voraus.

[2] O vos filiæ Hierusalem, sponsæ dilectæ Dei, una mecum lachrymas fundite, donec nobis vester sponsus in sua speciositate benignus appareat vel occurat. Recolite, recolite, et sedula mente pensate quam sit amarum ab ipso separari, cui vos promisistis ac nupsistis, cui vos in omni sanctitate vovistis. Vovistis vota, reddite ea: vos ipsas Christo vovistis: vosipsas Christo reddite.

Currite filiæ, currite virgines sacrę, currite matres Christo castitatem voventes, omnes ad virginem currite, quæ peperit Christum.

[3] Ipsa enim portavit regem // [2534] gloriæ, illum omni petenti datura. Ipsa genuit eum, lactavit eum, die octava circumcidit, et quadragesima pręsentavit in templo, duos turtures vel duos pullos columbarum pro eo offerens in holocaustum. Fugiens ab Herode ipsum portavit in Aegyptum, lactans eum et nutriens, curam illius habens, sequens eum fere quocunque pergebat.

Credo etiam firmiter quod ipsa mater Iesu erat inter illas fœminas, quę ipsum sequeba*ntur*[2] ministrantes ei. Nullus debet inde admirari si sequebatur eum, cum ipse esset totus eius dulcor, solatium, desiderium et solamen. Hanc etiam arbitror fuisse inter illas dolentes atque gementes, quę lamentabantur flentes Dominum. Poterat etiam et hęc esse inter illas fœminas filias Hierusalem, ad quas Iesus tunc non clarus imperio, sed plenus opprobrio, spinis coronatus, sputis illitus, flagellis afflictus, sibi in angariam mortis crucem baiulans, conversus dixit: Filiæ Hierusalem, nolite flere super me, sed super vosipsas flete, et super filios vestros.[3]

[4] Putasne domina mundi, domina mea, mater dilecta eiusdem Christi, estne verum quod dico? En obsecro, ut dicas servulo tuo decus paradisi, gaudium cœli, veritatem huius rei.

Obliviscere tamen causam doloris rogo, quem tunc passam te fuisse, non dubito. Utinam dolor ille sic quotidie inhæreret visceribus meis, sicut inhæsit tunc tuis. Utinam die qua assumpta fuisti in cœlum, ut in æternum gauderes cum filio tuo, mihi indicasses lachrymas tuas, ut per illas cognoscerem quantum tibi amaritudinis fuit cum Iesum dilectum tibi, heu heu, et parum dilectum mihi, clavis in ligno confixum, capite inclinato suum sanctissimum exhalare videres spiritum.

Sed peto domina mea, ne te moveant verba mea quæ dico, cum tamen saxa deberent scindi ad illa.

[5] Quis unquam regnans in cœlo sursum, aut peregrinans in terra deorsum, audiens vel mente pertractans quomodo factus est opprobrium hominum ipse Dominus angelorum, poterit lachrymas continere etiam in cœlo ubi est impossibile flere: Quare ego miser non ploro, cum abiectio plebis factus est filius Dei

---

2 Vorlage: *sequebamur*.

3 Marginalverweis in Vorlage: „Lucæ 23“. Gemeint ist Lc 23,28.

patris? Veruntamen tu domina gaude gaudio magno valde, ab ipso nunc glorificata in cœlis, quæ in mente tantis clavis amarissimis fuisti confixa suæ piissimæ mortis.

[6] Mihi tamen, obsecro, lachrymas illas infunde, quas ipsa habuisti in sua passione, et ut his affluar largius, de passione fliii tui, Dei mei et Domini mei, verba ad invicem conferamus. Teneris promissione: redde, quia hoc nobis superius promisisti. Memini te mihi in primo exordio nostri sermonis fuisse locutam de doloribus, quos *ipsa*[4] portasti pro morte unigeniti tui. Quod, ut audivi, non modicum perturbatus cœpi quærere dolens, qui essent illi tui sermones. Cui ipsa dixisti: Qui sunt isti mei sermones, interim recogita in amaritudine animæ tuæ, donec de his ad invicem conferamus. En narra // [2536][5] mihi, te flagito, seriem veritatis, quæ mater es et virgo, et templum totius trinitatis.

[7] Ad quem illa: illud quod quæris, compungitivum[6] est magni doloris. Sed quia glorificata sum, ultra iam flere non possum, tu cum lachrymis scribe ea quæ cum magnis doloribus ego persensi.

[8] Cui inquam: Flere peropto, quia et nihil aliud mihi libet, sed ego miser cor lapideum habens flere non possum. Regina cœli, mater crucifixi, da quod iubes, et præbe quod cupio. Loquere, quia audit servus tuus. Dic domina mea, dic mater angelorum, mater misericordiæ, si in Hierusalem eras, quando filius tuus captus fuit et vinctus, et in Annæ atrium tractus et ductus.

[9] Cui illa respondit: Fui itaque in Hierusalem, quando hęc audivi, et gressu qualicunque potui, et vix potui, ad Dominum meum veni plorans. Cumque ipsum fuissem intuita pugnis percuti, alapis cædi, in faciem conspui, spinis coronari, et opprobria hominum fieri: commota sunt omnia viscera mea, et defecit spiritus meus, et non erat mihi fere sensus, neque vox, neque sonus. Erant etiam mecum sorores meæ, et aliæ mulieres multæ, plangentes eum quasi unigenitum. Inter quas erat Maria Magdalene, quæ super omnes, excepta me, quæ tecum loquor, dolebat et plorabat.

[10] Cumque Christus Deus præcone clamante, Pilato imperante sibi baiulans crucem ad supplicium traheretur, factus est concursus populorum post eum euntium, alii super eum plangentes, alii illudentes, et proiicientes lutum, fimum, et immunditias super caput eius.

---

4 Vorlage: *ipse*.

5 Spaltenzählung in Vorlage fehlerhaft, richtig wäre: „2535".

6 Vgl. *caput et initium*, Migne PL 182, 1134A

<*Heu, heu! Percutitur facies decora quam desiderant angeli prospicere, quam cherubim et seraphim ardenter prospiciunt, velatur virtus, sputis linitur, alapis cæditur.*>[7]

[11] Sequebar ego eum prout poteram eius mœstissima mater cum mulieribus, quæ eum secutæ fuerant a Galilæa ministrantes ei, a quibus velut emortua tenebar, et sustentabar, quousque perventum est ad locum passionis ubi crucifixerunt eum ante me. Et ipse me videns, fuit in cruce levatus et ligno durissimis clavis affixus.

[12] Stabam et ego videns eum: et ipse videns me, plus dolebat de me, quam de se.

Ipse vero tanquam agnus coram tondente se vocem non dabat, nec aperiebat os suum.

Aspiciebam ego infœlix et misera Deum meum, et filium meum, in cruce pendentem, et morte turpissima morientem. Tantoque dolore et tristitia vexabar in mente, quod non posset explicari sermone.

Nec mirum. Erat enim aspectu dulcis, colloquio suavis, et omni conversatione benignissimus.

Manabat namque sanguis eius ex quatuor partibus rigantibus undis, ligno manibus pedibusque confixis. De vultu illius pulchritudo effluxerat omnis: et qui erat præ filiis hominum speciosus forma, videbatur omnium indecorus. Videbam, quod complebatur illud propheticum in eo: Vidimus eum, et non erat ei species, neque decor.[8] Vultum enim illius iniquorum Iudæorum fœdaverat livor. Iste erat dolor meus maximus, quia videbam me deseri ab eo quem // [2537][9] genueram: nec supererat alius, quia mihi erat unicus.

[13] Vox mea fere perierat omnis, sed dabam gemitus, suspiriaque doloris. Volebam loqui, sed dolor verba rumpebat: quia verbum iam mente conceptum, dum ad formationem procederet oris, ad se imperfectum revocabat dolor intimus cordis. Vox triste sonabat foris, vulnus denuncians mentis. Verba donabat amor,

7 <> fehlt in Vorlage, laut Seewald, S. 59, belegt nur bei Mushacke, S. 43. – Die Passage wird von Uvkl. 222–230 wie Spiegel 476–484 vorausgesetzt. – Ein sehr ähnlicher Wortlaut wird in Anschluß an Mt 26,67 bezeugt in der Antonius von Padua (+1231) zugeschriebenen Predigt „In die Parasceves": „*O pater, caput filii tui Iesu arundine percutitur. Facies in quam angeli desiderant prospicere, Iudaeorum sputis foedatur, alapis caeditur, eius barba depilatur, per capillos trahitur ...*". Sancti Francisci Assisiatis Minorum Patriarchae nec non S. Antonii Padvani eiusdem Ordinis Opera Omnia. ... Hrsg. Ioannes de la Haye. Paris 1641, S. 263.

8 Marginalverweis in Vorlage: „Esai. 53". Gemeint ist Jes. 53,2: „*et ascendet sicut virgultum coram eo et sicut radix de terra sitienti non est species ei neque decor et vidimus eum et non erat aspectus et desideravimus eum.*"

9 Spaltenzählung in Vorlage fehlerhaft, richtig wäre: „2536".

sed rauce sonabant, quia lingua magistra vocis usum perdiderat loquendi. Videbam morientem, quem diligebat anima mea, et tota liquefiebam præ doloris angustia. Aspiciebat et ipse benignissimo vultu me matrem plorantem, et verbis paucis voluit me consolari, sed ego nullo modo consolari potui.

Flebam dicendo, et dicebam flendo:

[14] Fili mi, fili mi. Væ mihi, væ mihi. Quis dabit mihi ut ego moriar pro te fili mi? O misera quid faciam? Moritur filius meus. Cur secum non moritur hęc mœstissima mater eius?

Mi fili, fili mi. Amor unice, fili dulcissime, noli me derelinquere post te, trahe me ad te ipsum, ut et ego moriar tecum. Male solus moreris. Moriatur tecum ista tua genitrix.

[15] O mors misera noli mihi parcere, tu mihi sola præ cunctis places, exaggera vires, trucida matrem, matrem cum filio perime simul.

[16] <Fili dulcor unice,
singulare gaudium,
vita animæ meæ,
et omne solatium,>[10]

fac ut ego ipsa nunc tecum moriar quæ te ad mortem genui, sine matre noli mori. O fili, recognosce miseram, et exaudi precem meam. Decet enim filium exaudire matrem desolatam. Exaudi me obsecro, in tuo me suscipe patibulo, ut qui una carne vivunt, et uno amore se diligunt, una morte pereant.

[17] O Iudæi impii, ô Iudæi miseri, nolite mihi parcere. Ex quo natum meum crucifixistis, et me crucifigite, aut alia quacunque morte sæva me perimite, dummodo cum meo filio simul moriar. Male solus moritur.

<Orbas orbem radio,
me Iudæa filio,
gaudio et dulcore.>[11]

Vita mea moritur, et salus mea perimitur, atque de terra tollitur tota spes mea. Cur ergo vivit mater post filium in dolore? Tollite, suspendite matrem cum pignore. Non parcitis proli, non parcatis et mihi.

[18] Tu mihi soli mors esto sæva: nunc summe gauderem, si mori cum filio simul possem. Dulce est mihi miseræ mori, sed mors optata recedit. Væ mihi et tibi fili, mors ipsa præcipitata venit. Morte mori melius est mihi, quam vitam ducere mortis. Sed fugit a me misera, et infelicem me relinquit, cui ipsa mors multum optata nunc esset.

---

10 Vgl. Planctus ante nescia 2a,1/2.

11 Vgl. Planctus ante nescia 8b, 2.5.

[19] O fili charissime, o benignissime nate, miserere matri tuæ, et suscipe preces eius. Desine nunc mihi esse durus, qui cunctis semper fuisti benignus. Suscipe matrem tuam in cruce, ut vivam tecum post mortem semper. Nihil mihi dulcius est quam te amplexato, in cruce tecum mori: et nil certe amarius quam vivere post tuam mortem. O vere Dei nate, tu mihi pater, tu mihi mater, tu mihi filius, tu mihi sponsus, // [2537] tu mihi *omnia*[12] eras. Nunc orbor patre, viduor sponso, desolor filio, omnia perdo. O fili mi, ultra quid faciam? Væ mihi, væ mihi. Quo vadam charissime? Ubi me vertam dulcissime? Quis mihi de cætero consilium et subsidium præstabit?

Fili dulcissime, omnia tibi possibilia sunt: sed et si non vis ut moriar tecum, mihi saltem relinque aliquod benignum consilium!

[20] Tunc iam Dominus anxius in cruce annuens oculis et vultu, de Ioanne ait: Mulier, ecce filius tuus. Erat enim Ioannes præsens, vultu tristis, et corde mœstissimus, lachrymis semper plorans. Ac si diceret:

[21] O mater dulcissima mollis ad flendum, mollis ad dolendum, tu scis quia ad hoc veni, et ad hoc de te carnem assumpsi, ut per crucis patibulum salvarem genus humanum. Quomodo ergo implebuntur scripturæ? Sic enim oportet me pati pro salute generis humani. Die namque tertia resurgam, tibi et discipulis meis patenter apparens: desine flere, et dolorem depone, quia ad patrem vado, et ad gloriam paternæ maiestatis percipiendam ascendo. Congratulare mihi, quia nunc inveni ovem errantem, quam tam longo tempore perdideram. Moritur unus, ut totus inde reviviscat mundus.

<Unius ob meritum cuncti periere minores, et nunc salvantur unius ob meritum.>[13]

Quod placet Deo patri, quomodo displicet tibi? Mater dulcissima, calicem quem dedit mihi pater, non vis ut bibam illum? Noli flere mulier, noli flere mater speciosissima: non te desero, non te derelinquo. Tecum sum, et tecum ero omni tempore seculi. Secundum carnem subiaceo imperio mortis, secundum divinitatem sum et ero semper immortalis et impassabilis. Bene scis unde processi, et unde veni. Quare ergo tristaris, si illuc ascendo unde descendi? Tempus est ut revertar ad eum qui me misit. Et quo ego vado, tu non potes venire modo, venies autem postea. Interim Ioannes qui est nepos tuus, reputabitur tibi filius, curam habebit tui, et erit solatium fidelissimum tibi.

---

12 Vorlage: *anima*. - *omnia* nach Migne PL 182, 1136 C, und Mushacke, S. 45.

13 Vgl. lt. Seewald, S. 60: SEDULII OPERA OMNIA. Recensit et commentario critico instruxit Iohannes Huemer. Vindobonae 1885 (Corpvs Scriptorvm Ecclesiasticorvm Latinorum, Vol. X), S. 155, Hymnus I, 5 f.: *Vnius ob meritum cuncti periere minores, / salvantur cuncti unius ob meritum.*

[22] Inde Dominus intuitus Ioannem, ait: Ecce mater tua. Ei servies, curam illius habebis, eam tibi commendo, suscipe matrem tuam, immo magis suscipe matrem meam.

[23] Dum hæc pauca diceret, illi duo dilecti lachrymas fundere non cessabant. Tacebant ambo illi martyres, et præ nimio dolore loqui non poterant. Isti duo virgines audiebant Christum voce rauca et semiviva loquentem, ipsum videbant paulatim morientem: nec ei poterant respondere verbum, quia illum videbant quasi iam mortuum. Erant enim illi duo quasi iam mortui, unde spiritus illorum voces exhalare nequibant. Defecerant spiritus illorum, et virtutem loquendi amiserant. Audiebant et tacebant, quia præ angustia loqui non poterant. Solus illis dolor luctusque remansit amicus. Amabant flere, et flebant amare. Amare fle//
[2538] -bant, quia amare dolebant.

Nam gladius mortis Christi, animas utrorumque transibat. Transibat sævus, *sæve*[14] perimebat utrumque. Quo magis amabat, sævior fiebat in matre. Vulnera Christi morientis, erant vulnera matris dolentis. Dolores sævi, fuerunt tortores in anima matris. Mater erat laniata morte chari pignoris.

Mente mater erat percussa cuspide teli, quo membra Christ servi foderunt iniqui. Ipsa enim erat, quam dolor tenebat. In mente eius creverant immensi dolores, nec poterant extra refundi. Intus atrocius sævientes dolores nati, matris animam gladiabant. In carne Christus solvebat debitum mortis, quod gravius erat, quam mori in anima matris.

[24] Interim Christus matre commendata Ioanni, dixit, Sitio. Et dederunt illi qui crucifixerunt eum, acetum cum felle mixtum. Quod cum gustasset, noluit bibere. Dixitque: Consummatum est. Et exclamavit voce magna, dicens: <*Pater in manus tuas commendo spiritum meum.*>[15]

Heli heli, lamazabathani? hoc est, Deus meus, Deus meus, ut quid me dereliquisti? Et hæc dicens expiravit.

[25] Tunc terra tremuit, et sol sua luminaria clausit. Mœrebantque poli, mœrebant sidera cuncta. Omne suum iubar amisit luna dolendo. Recessitque omnis ab alto æthere fulgor. Finduntur duri lapides, scinduntur fastigia templi.

Petrę durissimę scissę sunt, et monumenta aperta. Surrexerunt multi apertis tumulis, fatentes voce *publica*[16] Christum esse Deum. Cogitare nunc libet quantus

---

14 Vorlage: *sævus*; *sæve* nach Mushacke, S. 47.

15 <> fehlt in Vorlage sowie bei Mushacke, belegt in Migne PL 182, 1137 D. Laut Seewald, S. 61, besteht Unklarheit, „ob hier nicht beide Kreuzworte vorkommen.“ Dafür sprechen sowohl Uvkl. 643–648 als auch Spiegel 866–874 sowie Provenzalische Marienklage v. 553.

16 Vorlage: *magna*. – *voce publica*, Migne PL 182, 1137 D, würde wohl besser zur Zeugenschaft der Toten stimmen, wie sie in Uvkl. 691 f. formuliert wird.

dolor tunc infuit matri, cum sic dolebant quę insensibilia erant. Nec lingua poterit loqui, nec mens cogitare valebit, quanto dolore afficiebantur pia viscera Marię.

Nunc solvis virgo cum usura,
quod in partu non habuisti a natura.
Dolorem pariendo filium non sensisti,
quem milies replicatum filio moriente passa fuisti.

[26] Iuxta crucem Christi stabat emortua mater, quę ipsum ex spiritu sancto concepit. Vox illi non erat, quia dolore attrita iacens pallebat. Quasi mortua vivens vivebat moriens, moriebatur vivens, nec mori poterat, quę vivens mortua erat. In illius anima dolor sæve sæviebat. Optabat mori magis, quam vivere post mortem Christi, quæ male vivens mortua erat. Ibi stabat dolens, sævo dolore confecta.

O verum eloquium iusti Simeonis, quem promisit gladium sentiebat doloris.

Expectans corpus Christi deponi, plorabat dicens:

[27] Heu me, heu me: Reddite, vel saltem nunc mœstissimæ matri extinctum filium. Vel certe si magis libet me morte illi coniungite, ut cum doloribus suis pereant, et dolores mei. Deponite illum, quæso, deponite mihi, ut mecum habeam corpus exanime, sitque meus unicus mihi in solatium, vel defunctus.

[28] Stabat iuxta crucem Maria, intuens vultu benigno Christum pendentem in patibulo, pedumque summitatibus innitens, manus levebat in altum, amplectens rubricatam crucem, ac in oscula eius ruens ea parte, qua// [2539] unda preciosissimi sanguinis defluebat.

Sursum manus nisu, quo poterat, extendebat unicum suum amplecti desiderans, nec valebat. Sperat enim amor multa, quæ nunquam vel raro fieri possunt. Impatiens siquidem amor credit, quod si debeant cedere universa. Volebat amplecti Christum in alto pendentem, sed manus frustra protensæ in se complosæ complexæ redibant. Levabatur a terra sursum, ut dilectum suum contingeret: ipsumque tangere nequiens, durissime recollidebatur ad terram.

Ibi doloris immensitate oppressa, prostrata iacebat: sed maxima vis amoris, qua incensa mens eius ardebat, eam erigere compellebat: et amoris impetu surgens, reextensis manibus suum attrectare filium affectabat: Et rursum magno cruciata dolore, terram repetere cogebatur. O quam male tunc illi erat? Gravius illi erat, vita vivere tali, quam diro gladio sæve necari ab impiis. Tanquam mortis pallor eius vultum perfuderat, genis et ore tantum cruore Christi rubentibus, candentes guttas sanguinis ore sacro tangebat, terram deosculans sæpissime quam cruoris unda rigabat.

O grave martyrium. O frequens suspirium. O languens pectus virgineum. Anima eius tota liquefacta est, facies pallet rosea, sed precioso filii sanguine rubet respersa.

[29] Interim vir quidam nobilis nomine Ioseph, qui erat discipulus eius, occulte tamen <*confidenter*>[17] ad Pilatum accessit, postulans sibi donari corpus Domini Iesu Christi. Quo sibi concesso, accersivit quendam virum sapientem et legisperitum nomine Nicodemum, discipulum Christi occultum similiter, et venerunt ad locum ubi erat Dominus crucifixus, secum instrumenta ferentes, quibus clavos extraherent, et ut eum de cruce deponerent. Quos cum benignissima et mœstissima mater aspiceret, et sciret eos unicum suum velle deponere de cruce, quasi de morte consurgens, paululum revixit anima eius, et de terra festina exiliens, ubi iacebat dolens violentia prostrata, quod poterat adiutorium, debilissima illis ministrabat.

Unus duros illos ac diros clavos trahebat e manibus: alius, ne corpus exanime caderet, sustentabat. Stabat et Maria bracchia levans in altum, vulnera contemplans, manus perforatas, sacroque sanguine respersas intuens, vix sustinere se potuit. Iamque manus, bracchia sancta ut caput supra triste pectus suscepit, ut hoc ultimo et miserando solatio posset consolari.

[30] Quem ut attingere valuit, amore materno ruens in dulcissimos amplexus et oscula, de suo sic male tractato filio non poterat satiari. Sed cum de cruce corpus eius fuisset totaliter depositum, præ doloris vehementia, et amoris immensitate quasi exanimis facta fuit.

Stabat ad caput extincti filii mœstissima mater, et eius regalem faciem mortis obfuscatam palloribus, magna rigabat affluentia lachrymarum.

Aspicie-// [2540] bat illud reverendissimum caput coronę spineę diris aculeis perforatum, manus illas et pedes sacros clavis ferreis crudelissime perforatos, latusque suffossum lancea, cum cæteris membris laceratis, et amarissime suspirans ac flens dicebat:

[31] O fili mi dulcissime, quid fecisti? Quare crudelissimi Iudæi te crucifixerunt?

Quæ causa mortis tuæ? Commisisti ne scelus, ut tali morte damnareris? Non fili, non fili, sed sic tuos redimere dignatus es, ut posteris exempla relinquas.

In gremio meo nunc te mortuum teneo: Quid ego tua mater, fili mi dilectissime faciam? Vę mihi fili mi, dulcedo mea, consolatio mea, vita mea.

Ubi est illud gaudium indicibile quod in tua admirabili nativitate habui? Væ mihi fili mi, in quantum dolorem et tristitiam versum est illud magnificum gaudium?

---

17 Fehlt in Vorlage. - Spiegel 1063 f. *taugenlichen: andechticlichen* (ohne Entsprechung in Uvkl.) macht wahrscheinlich, dass für die lateinische Vorstufe *confidenter* mit Migne PL 182, 1138 D, und Mushacke, S. 48, anzunehmen ist.

Succurre mihi fili mi et spiritum sanctum mihi interim infunde, quia iam gaudii illius quod in obumbratione et angelica salutatione concepi, fere prę dolore immemor deficio.

[32] Interim autem frontem et genas, nasum, oculos, osque simul et frequentius osculabatur, tanta perfluens affluentia lachrymarum, ut carnem cum spiritu resolvi putares in lachrymas. Rigabat felicibus lachrymis corpus exanime filii, et monumentum in quo posuerunt eum, modo mirabili madidabat, ubi et eius lacrymæ adhuc apparere dicuntur, indicativæ doloris intimi qui animam eius tanquam gladius acutus pertransivit.

Cogitabat mirabilia facta unici sui: et durissima opprobria et tormenta quæ viderat oculis suis, et auribus audierat, revolvebat in mente, quis videlicet, qualis et quantus fuerat quem ipsa virgo concepit illæso pudore, et peperit sine dolore, quem etiam cum summa diligentia lactaverat, custodierat, et educaverat, qui erat ei vita, dulcedo, gaudium, et solatium, consilium, refugium et auxilium vitæ suæ. Videbat, inquam, Dominum et Deum suum, unicum suum filium sic viliter et crudeliter pertractatum. Unde dicebat:

[33] Dic fili *dulcissime*[18], dic amor unice, vitæ meæ singulare gaudium, unicum solatium, quare sic me dolore perimi permittis? Cur tam longe factus a me? Deus meus consolare animam meam, miserere mei, et respice in me.

[34] Dicat qui potest, cogitet quantum potest, meditetur si potest quę doloris immensitas tunc maternam animam cruciabat. Non credo plene enarrari vel meditari posse dolorem virginis, nisi tantum fuisse credamus, quantum unquam dolere potuit de tali filio talis mater.

Veruntamen rectum erat amoris et mœroris continens modum. Non desperabat, sed pie et iuste dolebat, sperans tamen fimiter fortiterque tenens ipsum secundum promissum suum tertia die resurgere.

In ipsa enim sola in triduo illo fides ecclesiæ stabat: et dum unusquisque hæsitabat, hæc quæ fide concepit, fidem quam a Deo semel suscepit, nunquam perdidit, speque // [2541] certissima Domini resurgentis gloriam expectavit.

[35] Aderant secum quædam sanctæ et paucæ mulieres, parvusque virorum numerus, qui Christum Dominum cum matre flente amarissime flebant.

[36] Erant similiter et angeli dolentibus condolentes. Dolebant quidem pio iustoque dolore, morti compatie<*n*>tes Dei et Domini sui, si tamen dolere quomodolibet poterant. Sed credo quod gaudentes erant eo quod genus humanum miserum et captivum misericorditer redimebatur. Flebant et ipsi (ut arbitror)

---

18 Vorlage: *dilectissime*. – Wohl besser *dulcissime* nach Mushacke, S. 49; vgl. *süezikeit* Uvkl. 928 und Spiegel 1160.

amarissime mente turbati, videntes dominam suam matrem utique Dei sui tam vehementi dolore repletam, tot rivulis affluentium lachrymarum perfusam. O quis tunc angelorum archangelorumque etiam contra naturam suam non fleret, ubi author naturæ, Deus immortalis, homo mortuus iacebat? Videbant Christi corpus sic male tractatum ab impiis, sic laceratum a pessimis iacere exanime, suo sanguine cruentatum. Videbant etiam illam piissimam, illam sanctissimam ac beatissimam virginem matrem eius tantis cruciari singultibus, tam amaris repleri doloribus, tam abundantibus lachrymis madidari, sic amarissime flere, quo nullo modo poterat suas lachrimas refrænare. Et quis poterat tunc a lachrymis se abstinere? Fiebat proinde mœror et luctus ab angelis ibidem præsentibus, qualis decebat spiritus almos: immo mirarer si omnes angeli in illa beatitudine ubi flere est impossibile, non flevissent. Credo propter quod et loquor, quia dolebant si dolere valebant. Sicut enim fuit possibile Deum per assumptum hominem mori, ita forte possibile angelos bonos dolere de morte Domini Dei sui.

[37] Ioseph autem ab Arimathia vir sanctus et iustus, qui corpus Christi cum Nicodemo deposuerat de cruce (sicut evangelistæ testantur) mercatus sindonem involvit illud, preciosis conditum aromatibus: et in monumento novo, quod sibi exciderat, sepelivit.

Tunc angelorum milia milium qui ad Christi sepulchrum convenerant, dulces ei ac devotas exequias et victoriam decantabant. Illi Domino laudes canebant, sed Maria gemitus et suspiria emittebat.

Dum igitur Ioseph et Nicodemus Dominum ponerent in sepulchro, volebat simul cum illo mater mœstissima sepeliri. erat enim innixa super dilectum suum: quem amplectens, suaviterque deosculans, sic dicebat:

[38] Miseremini mei, miseremini mei, saltem vos amici mei. Illum adhuc paululum mihi relinquite, ut faciem ipsius, sublato velamine, valeam contemplari, et præ amore ipsius aliquantulum videndo consolari. Nolite quæso eum tam cito tradere sepulturæ, sed ipsum reddite mihi miseræ matri suæ, ut illum mecum habeam saltem vel defunctum: aut si illum in sepulchro reconditis, ibidem me miseram matrem cum ipso sepelite, quia male post ipsum superero. Ut quid // [2542] post ipsum vivam?

[39] Illi ponebant Dominum in sepulcro, et illa nisu quo poterat illum ad se trahere conabatur. Illa volebat eum sibi cum totis viribus retinere, et ipsi volebant eum tradere supulturæ. Sicque pia lis erat et contentio miseranda inter ipsos. Omnes tamen virgineo compatientes dolori, pio desiderio coacti, sic amarissime flebant, ut nullus eorum posset ad plenum verba formare. Videbant etenim piam matrem omni quidem solatio destitutam, et super ipsam potius, quam super Dominum suum extinctum plangebant. Maior illis inerat dolor de dolore matris, quam de morte Domini sui: flebant igitur omnes miserabili dolore gementes, cum Christum Iesum, vitæ Dominum et mortis, traderent sepulturæ.

[40] Sepulto itaque domino, mater eius sepulchrum amplectitur, et voce, qua poterat, suum benedicebat filium iam sepultum, ingemiscensque vocabat.

O singularis virgo et mater, iam dicere poteras: Anima mea liquefacta est, ut dilectus locutus est in cruce, quando dixit: Mulier, ecce filius tuus. Nunc dicere potes: Quæsivi, et non inveni illum. Vocavi, et non respondit mihi, scilicet ad sepulchrum.

Ibi sedens innixo capite, manus extendebat, desuper illud osculans, amarissimisque singultibus suum filium deplorabat.

Accessit autem novus filius eius Ioannes, cui de cruce Christus eam commendaverat, diligenter lugens et ipse inconsolabiliter: ipsam lugentem ac gementem levavit. Nam cruciata gemitibus, fatigata doloribus, afflicta ploratibus, pedibus se sustinere nequibat: tamen sicut potuit a mulieribus honestis ac sanctis adiuta, cunctis simul plorantibus, Hierusalem ingreditur. Multæ autem fœminæ videntes eam, commotæ pietate super illius doloribus, amarum convertebantur ad luctum. Quędam vero post *illam*[19] euntes lamentabantur et ipsæ. Dolor etenim eius cunctos intuentes dolere compellebat, vixque lachrymas continere valebant, qui eam plorantem conspicerent. Tam pie plorabat, tam amare dolebat, quod sui ploratus pietate, multos etiam invitos ad lachrymas provocabat. Fiebat planctus quacunque Maria transibat. Omnesque plorabant qui obviabant ei. Sic igitur perducitur a plorantibus et dolentibus ipsa plorans et gemens, quousque pervenerunt ad domum Ioannis. Ibi resedit, ibi permansit, ibi in sua domo Ioannes retinuit, et super propriam matrem in omne charitate dilexit.

Erat enim sibi datus in filium, sed ipse se fecerat servulum eius, in omnibus et per omnia sibi familiariter serviendo. Denique resurgente filio, pręnimia debilitate membrorum deficiens, pia mater ad sepulcrum ire nequibat. Tunc currentibus aliis, et unicum filium cernentibus, dicere potuit virgo Maria: Filię Hierusalem, nunciate dilecto, quia amore langueo.

[41] O felix et beate Ioannes, cui talem thesaurum Dominus dignatus est com// [2543] -mendare.

O Christi dilecte præ omnibus, et prudens quem constituit Dominus privatum camerarium aulæ suæ speciosissimæ.

Retribuet[20] tibi Dominus vicissitudinem amoris mercedemque dilectionis, quam in eius ac tua matre taliter desolata usque ad finem vitæ suæ exhibere curasti. Benedictus quidem tu es a Domino, benedictus a matre Domini, quam dilexisti, et cui servisti puro corde et mundo cordore. Benedicti sint omnes qui diligunt illam matrem, et super omnia sit benedictus fructus ventris sui Iesus

---

19 Vorlage: *ipsam*.

20 Vorlage: *Rutribuet*.

Christus Dominus noster, qui cum patre et spiritu sancto vivit et regnat Deus in ęternum, et in secula seculorum: Amen.

[42] Sepulto itaque domino, a Iudæis signatum est monumentum, et traditum est custodibus, ut custodirent illud. Interim virgo Maria in domo Ioannis manebat, ibique iacebat: quia nimio dolore confecta, non poterat nisi cum difficulitate magna ambulare. Ibi enim die noctuque plorans gemebat, nec erat qui consolari eam posset ex omnibus charis suis, nec suæ sorores, nec etiam ipse Ioannes. Ibi amaro corde opprobriosam passionem dilecti filii sui revolvebat, modo sputa, modo ludibria, modo colaphos, alapas et flagella, modo crucis angariam, modo dira clavorum vulnera, modo lanceam, modo coronam spineam, modo aceti et fellis pocula, mortem, verbera et improperia, modo mortem, mortem autem crucis. Hæc autem cogitando plorabat, atque plorando et eiulando clamabat:

[43] Fili mi Iesu, Iesu fili mi, bone ac benigne, ac creator omnium Deus, qui factus homo, morte turpissima es peremptus: quem terra, pontus, æthera, capere nequeunt, modo arcto clausus es sepulcro. Iacet filius meus extinctus, et sub lapidibus clausa est vita mea. Sumens enim corpus fragilitatis humanæ, dignatus est ad terram descendere: et sui eum non receperunt, sed malum semper machinati sunt contra eum. In illum sæviebat Herodes ille tyrannus iniquus cum turba crudelissima Iudæorum: quando scilicet ad magorum verba turbatus est, et omnis Hierosolyma cum illo, parvulumque et tenellum ad ubera materna pendentem morte crudelissima perdere nitebatur. Dehinc proficiens ætate et sapientia coram Deo et hominibus, factus est vir discurrens per civitates et castella, prædicans et annuncians regnum Dei, elementis et dæmonibus imperabat, infirmos sanabat, et mortuos suscitabat. Et cum talia faceret, sustinebat insidias, sustinebat calumnias, sustinebat blasphemias, quas principes sacerdotum, scribæ et pharisæi, et omnis populus contra eius innocentiam invehebant: sed cum eorum perfida et perversa nequitia unici filii mei bonitatem superexcellentem sustinere non posset, ipsum auferre de terra nefarie cogitantes, ligaverunt, flagellaverunt, deturpaverunt, crucifixerunt, dilaniaverunt, et morte turpissima occiderunt, sicut præsens dies liquido manifestat.

[44] Ergo vos omnes fideles Christi, recolite de morte et passione Domini nostri Iesu Christi, et per totum istum venerabilem diem lachrymas fundere non cessetis, // [2544] ut in die resurrectionis Domini ad laudem et honorem illius resurgere valeatis, qui cum patre et spiritu sancto vivit et regnat Deus per infinita secula seculorum: Amen.

www.ingramcontent.com/pod-product-compliance
Lightning Source LLC
Chambersburg PA
CBHW060820310726
48980CB00002B/356

* 9 7 8 3 1 1 0 4 8 6 5 6 8 *